U0934579

高职高专工学结合课程改革规划教材

Chaiyou Fadongji Diankong Xitong Jiance Zhenduan yu Xiufu

柴油发动机电控系统检测诊断与修复

（汽车运用技术专业用）

交通职业教育教学指导委员会
汽车运用与维修专业指导委员会 组织编写

杨宏进 韦 峰 主 编
张西振 主 审

人民交通出版社

内 容 提 要

本书是高职高专工学结合课程改革规划教材，是在各高等职业院校积极践行和创新先进职业教育思想和理念，深入推进"校企合作、工学结合"人才培养模式的大背景下，由交通职业教育教学指导委员会汽车运用与维修专业指导委员会根据新的教学标准和课程标准组织编写而成。

本书以汽车柴油发动机电控系统的检测、诊断与修复过程为主线，内容主要包括柴油发动机电控泵系统、泵喷嘴电控系统、共轨燃油喷射系统、进气控制系统、排放控制系统的检修以及电控系统综合故障的排除，共6个学习任务。

本书主要供高职高专院校汽车运用技术、汽车检测与维修专业教学使用。

图书在版编目(CIP)数据

柴油发动机电控系统检测诊断与修复 / 杨宏进，韦峰主编. — 北京：人民交通出版社，2012.12

ISBN 978-7-114-10055-0

Ⅰ. ①柴… Ⅱ. ①杨… ②韦… Ⅲ. ①汽车－柴油机－电气控制系统－故障检测－高等职业教育－教材 ②汽车－柴油机－电气控制系统－车辆修理－高等职业教育－教材 Ⅳ. U464.172

中国版本图书馆 CIP 数据核字(2012)第205480号

高职高专工学结合课程改革规划教材

书　　名：**柴油发动机电控系统检测诊断与修复**

著 作 者：杨宏进　韦　峰

责任编辑：富砚博

出版发行：人民交通出版社

地　　址：(100011)北京市朝阳区安定门外外馆斜街3号

网　　址：http://www.ccpress.com.cn

销售电话：(010)59757969，59757973

总 经 销：人民交通出版社发行部

经　　销：各地新华书店

印　　刷：北京交通印务实业公司

开　　本：787×1092　1/16

印　　张：11.75

字　　数：243千

版　　次：2012年12月　第1版

印　　次：2012年12月　第1次印刷

书　　号：ISBN 978-7-114-10055-0

印　　数：0001－3000册

定　　价：24.00元

(有印刷、装订质量问题的图书由本社负责调换)

交通职业教育教学指导委员会
汽车运用与维修专业指导委员会

主 任 委 员：魏庆曜

副主任委员：张尔利　汤定国　马伯夷

委　　　员：王凯明　王晋文　刘　锐　刘振楼
刘越琪　许立新　吴宗保　张京伟
李富仓　杨维和　陈文华　陈贞健
周建平　周柄权　金朝勇　唐　好
屠卫星　崔选盟　黄晓敏　彭运均
舒　展　韩　梅　解福泉　詹红红
裴志浩　魏俊强　魏荣庆

秘　　　书：秦兴顺

编审委员会

公共平台组

组　　长：魏庆曜

副 组 长：崔选盟　周林福

成　　员：王福忠　林　松　李永芳　叶　钢　刘建伟　郭　玲

马林才　黄志杰　边　伟　屠卫星　孙　伟

特邀主审：郭远辉　杨启勇　崔振民　韩建保　李　朋　陈德阳

机电维修专门化组

组　　长：汤定国

副 组 长：陈文华　杨　洸

成　　员：吕　坚　彭小红　陈　清　杨宏进　刘振楼　王保新

秦兴顺　刘　成　宋保林　张杰飞

特邀主审：卞良勇　黄俊平　蹇小平　张西振　疏祥林　李　全

黄晓敏　周建平

维修服务顾问专门化组

组　　长：杨维和

副 组 长：刘　焰　杨宏进

成　　员：韦　峰　罗　双　周　勇　钱锦武　陈文均　刘资媛

金加龙　王彦峰　杨柳青

特邀主审：吴玉基　刘　锐　张　俊　邹小明　熊建国

保险与公估专门化组

组　　长：张尔利

副 组 长：阳小良　彭朝晖

成　　员：李远军　陈建宏　侯晓民　肖文光　曹云刚　廖　明

荆叶平　彭晓艳

特邀主审：文爱民　任成尧　李富仓　刘　璘　冷元良

前言

为落实《国家中长期教育改革和发展规划纲要(2010—2020年)》精神,深化职业教育教学改革,积极推进课程改革和教材建设,满足职业教育发展的新需求,交通职业教育教学指导委员会汽车运用与维修专业指导委员会按照工学结合一体化课程的开发程序和方法编制完成了《汽车运用技术专业教学标准与课程标准》,在此基础上组织全国交通职业技术院校汽车运用技术专业的骨干教师及相关企业的专业技术人员,编写了本套规划教材,供高职高专院校汽车运用技术、汽车检测与维修专业教学使用。

本套教材在启动之初,交通职业教育教学指导委员会汽车运用与维修专业指导委员会又邀请了国内著名职业教育专家赵志群教授为主编人员进行了关于课程开发方法的系统培训。教材初稿完成后,根据课程的特点,分别邀请了企业专家、本科院校的教授和高职院校的教师进行了审阅,之后又专门召开了两次审稿会,对稿件进行了集中审定后才定稿,实现了对稿件的全过程监控和严格把关。

本套教材在编写过程中,主要编写人员认真总结了全国交通职业院校多年来的教学成果,结合了企业职业岗位的客观需求,吸收了发达国家先进的职业教育理念,教材成稿后,形成了以下特色:

1. 强调"校企合作、工学结合"。汽车运用技术专业建设,从市场调研、职业分析,到教学标准、课程标准开发,再到教材编写的全过程,都是职业院校的教师与相关企业的专业人员一起合作完成的,真正实现了学校和企业的紧密结合。本专业核心课程采用学习领域的课程模式,基于职业典型工作任务进行课程内容选择和组织,体现了工学结合的本质特征——"学习的内容是工作,通过工作实现学习",突出学生的综合职业能力培养。

2. 强调"课程体系创新,编写模式创新"。按照整体化的职业资格分析方法,通过召开来自企业一线的实践专家研讨会分析得出职业典型工作任务,在专业教师和行业专家、教育专家共同努力下进行教学分析和设计,形成了汽车运用技术专业新的课程体系。本套教材的编写,打破了传统教材的章节体例,以具有代表性的工作任务为一个相对完整的学习过程,围绕工作任务聚焦知识和技能,体现行动导向的教学观,提升学生学习的主动性和成就感。

前言

《柴油发动机电控系统检测诊断与修复》是本套教材中的一本。与传统同类教材相比,本教材倡导"在工作中学习,通过学习学会工作"的理念,学习内容以柴油发动机电控系统维修生产中的问题引入,通过学习引导勾勒出每个学习任务的学习主线,围绕汽车维修工作中典型任务的实施组织学习内容,实现理论与实践的融合;注重学习效果的评价,每个学习任务制定了技能考核评分标准;本教材还考虑到各地的差异,增加了拓展学习部分。由于本教材是系列教材中的一本,考虑到教材间的内容衔接,书中未对发动机电控系统的结构原理作过多描述,仅针对任务实施涉及的柴油发动机电控系统进行结构简介,若需要学习更多结构原理知识请在使用中参阅本套教材中的《汽车结构与拆装技术》。

参加本书编写工作的有:云南交通职业技术学院的杨宏进(编写学习任务5)、钟彦雄(编写学习任务1和学习任务3)、韦峰(编写学习任务2和学习任务6)、叶升强(编写学习任务4)。全书由云南交通职业技术学院的杨宏进、韦峰担任主编,辽宁省交通高等专科学校的张西振担任主审。

限于编者经历和水平,教材内容难以覆盖全国各地的实际情况,希望各教学单位在积极选用和推广本系列教材的同时,注重总结经验,及时提出修改意见和建议,以便再版修订时补充完善。

交通职业教育教学指导委员会
汽车运用与维修专业指导委员会
2012年6月

目录

目录

目录

学习任务1　检修柴油发动机电控泵系统

工作情境描述

一辆装有SDI柴油发动机的大众捷达汽车，发动机无法起动，通过故障检测仪进行诊断，判定是发动机转速传感器故障，用万用表检测确认该故障原因并予以排除。

学习目标

通过本任务学习，应能：

1. 叙述柴油发动机电控泵系统结构特点；
2. 叙述柴油发动机电控泵系统类型、结构、工作原理；
3. 对柴油发动机电控泵系统主要部件进行检修；
4. 根据维修手册，对柴油发动机电控泵系统常见故障进行诊断排除。

学习时间

10学时。

学习引导

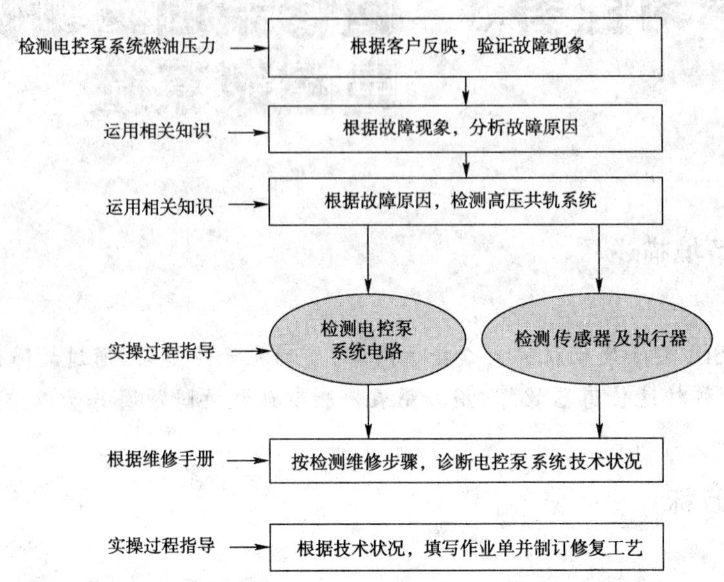

一、知识准备

(一)柴油发动机电控系统发展

20世纪50年代中期开始，汽车排放污染问题已经引起人们的重视；20世纪70年代出现的两次(1973年和1979年)波及世界的石油危机，使得柴油发动机燃油经济性好、CO和HC排放量低的特点受到关注，国外各大汽车公司和研究机构纷纷加大对轻型车柴油发动机的投入，使柴油发动机在升功率、比质量、振动和噪声等方面与汽油机的差距明显缩小，轿车的柴油化率逐年提高。

20世纪80年代电控技术、增压技术、净化处理技术在柴油机上的应用，使柴油发动机的燃油经济性和升功率进一步提高，CO、HC和NO_x的排放量进一步降低，柴油发动机的优势开始显现。20世纪80年代以来，电控技术在柴油发动机供给系统中的应用，按照对供(喷)油量、供(喷)油正时、供(喷)油速率和喷油压力等的控制方式划分，经历了3个发展阶段：第一阶段是位置控制；第二阶段是时间控制；第三阶段是时间—压力控制。这三个阶段分别所采用的燃油喷射技术均具有各自的技术特点，其典型技术分别为：电控泵技术(电控分配泵技术)、电控泵喷嘴技术、电控单体泵技术和电控高压共轨喷射技术，各阶段特点如下：

1 第一阶段（第一代柴油发动机电控燃油喷射系统）——位置控制

在这一阶段，保留了传统柴油发动机供给系统（直列柱塞泵、分配泵、P-T系统等）的基本组成和结构，取消了机械控制部件（调速器等），在原有的喷油泵基础上增加了传感器、电控单元、电子调速器或电/液控制执行元件等组成的控制系统，使控制精度和响应速度得以提高。在燃油系统结构上保留了传统喷油泵、高压油管、喷油器三大系统。对喷油泵中齿条或滑套的运动位置由原来的机械调速器控制改为电子伺服机构控制。控制的优点是：柴油发动机的结构几乎不需改动，生产继承性好，便于对现有柴油发动机进行升级换代；缺点是："位置控制"系统响应慢、控制频率低、控制自由度小、控制精度还不够高，喷油压力也无法独立控制。

2 第二阶段（第二代柴油发动机电控燃油喷射系统）——时间控制

在这一阶段，保留了传统燃油供给系统的组成和结构，增加了传感器、电控单元、高速电磁阀和有关电/液控制执行元件等，构成数字式高频调节系统，由电磁阀的通、断电时刻和通、断电时间控制喷油泵的供油量和供油正时。其典型的技术代表就是泵喷嘴电控系统。采用时间控制系统的优点是：控制自由度和控制精度都是"位置控制"所无法比拟的；缺点是：供（喷）油压力无法独立控制。

3 第三阶段（第三代柴油发动机电控燃油喷射系统）——时间—压力控制

在这一阶段，改变了传统燃油供给系统的组成和结构，主要以电控共轨式喷油系统为特征，直接对喷油器的喷油量、喷油正时、喷油速率和喷油规律、喷油压力等进行"时间—压力控制"或"压力控制"。

第三代柴油发动机电控燃油喷射系统的主要特点是对各个喷油器的喷射压力、喷油量实现了独立控制。这就是目前为中小功率柴油发动机所广泛运用的共轨式电控燃油喷射系统。

（二）电控泵技术

电控泵技术也称为电控分配泵技术，采用位置控制系统。该技术用电子伺服机构代替机械调速器控制供油齿条或滑套的位置来实现供油量的调整，保留了传统的喷油泵、高压油管、喷油器系统，将对齿条或滑套的运动位置由原来的机械调速器控制改为电子伺服机构控制。这项技术1990年投入使用，喷油压力能够达到100MPa。就分配喷油泵而言，目前已经开始生产第四代产品。博世公司的VP44第四代分配泵将高压油泵技术和电控技术结合在一起。这些技术的采用使得直喷高性能柴油发动机能够满足越来越严格的排放法规和降低燃油消耗的需要。目前即使不带排放后处理系统也能达到欧Ⅲ排放标准的要求，而新一代的电控泵技术可将喷射压力提高到185MPa，柴油发动机的动力性能、燃油经济性和排放性能可以得到进一步的提高。

电控泵技术因为依然采用传统的机械式燃油供给方式，因此在喷油泵中依然采用了传统的柱塞来实现高压燃油的供给。根据喷油泵中柱塞的位置和工作方式不同，电控泵技术

又分为直列柱塞泵电控系统、轴向柱塞式分配泵电控系统、径向柱塞式分配泵电控系统。

(三)直列柱塞泵电控系统

由于电控泵技术依然采用传统的机械式燃油供给方式,因此有必要了解直列柱塞泵燃油供给系统的机械部分。

1 直列柱塞泵燃油供给系统

1)直列柱塞泵燃油供给系统功用

完成燃料的储存、滤清和输送,并以一定压力和喷油质量定时、定量地将燃料喷入燃烧室。

2)直列柱塞泵燃油供给系统组成

根据发动机工作时的燃油压力不同,燃油供给系统可分为高压油路和低压油路两部分。低压油路主要包括油箱、输油泵、柴油滤清器和低压油管等;高压油路主要包括直列柱塞泵、喷油器和高压油管等,如图 1-1 所示。

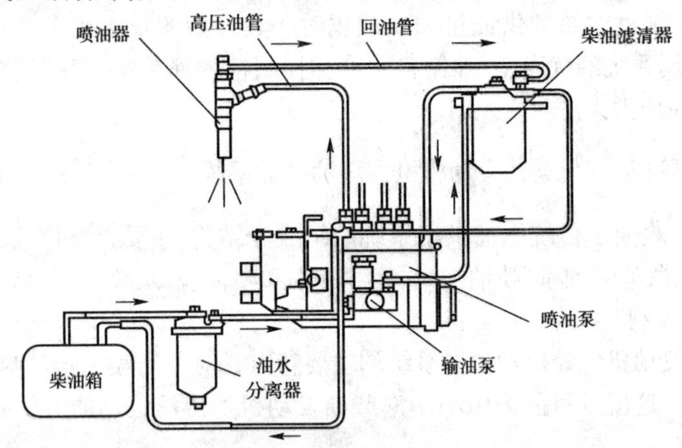

图 1-1　柱塞式喷油泵柴油发动机供油系统组成示意图

3)直列柱塞泵燃油供给系统工作方式

柴油发动机工作时,输油泵将柴油从油箱内吸出,并以 0.15 ~0.3MPa 的低压输送给柴油滤清器,清洁的柴油经低压油管进入直列柱塞泵;直列柱塞泵将柴油压力提高 10MPa 以上,并根据发动机负荷的大小,将一定量的高压柴油经高压油管输送给喷油器,由喷油器将柴油喷入燃烧室。

输油泵的供油量远大于发动机消耗的油量,多余的柴油经喷油泵回油管流回油箱。喷油器间隙泄漏的少量柴油经喷油器回油管流回油箱。

2 直列柱塞泵的功用及结构

1)功用

据发动机工作顺序及工况要求,定时、定量、定压、定质地将柴油按特定的规律送入喷油器、喷入汽缸雾化混合燃烧。

2)组成

直列柱塞泵主要由柱塞分泵、油量调节机构、驱动机构、泵体4部分组成。

3 喷油器

1)喷油器功用

将燃油雾化并合理分布到燃烧室内,以便与空气混合形成混合气。

2)技术要求

喷油器应有一定的喷射压力和射程(即喷射距离)以及合适的喷射锥角。此外喷油器停止供油时不应有滴漏现象;多缸机各缸喷油器喷油量应均匀一致。

3)类型

开式喷油器内部通过喷孔与燃烧室相通,喷射质量差,易积炭,滴油,已淘汰;闭式喷油器除了喷油时刻,喷油器内部都与燃烧室隔开。按针阀形状分有轴针式、孔式(单、多孔、普通型、长型)。

4)喷油器的构造与工作原理

(1)轴针式单孔闭式喷油器。

如图1-2所示,喷油嘴针阀、针阀体为喷油器偶件,针阀体上有油道、喷孔。喷油器的其他部分还包括:喷油器体、挺柱、弹簧、调压螺钉、锁紧螺母、回油管接头。

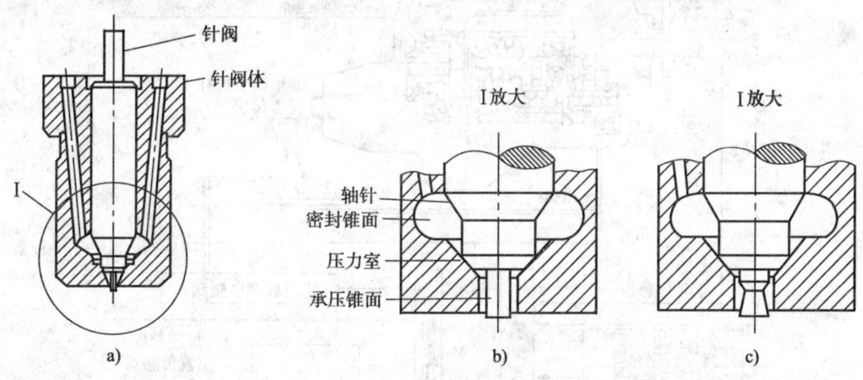

图1-2　轴针式喷油器结构

a)结构图;b)圆柱形轴针;c)截锥形轴针

喷油器的工作原理如下:

①喷油:来自喷油泵的高压柴油经过喷油器体油道进入针阀承压锥面,针阀锥面受压克服针阀弹簧弹力使针阀升起,针阀离开阀座打开喷孔,柴油以雾状喷入燃烧室。

②停喷:喷油泵停止供油,高压油管油压急降,针阀在针阀弹簧弹力复位作用下迅速关闭喷孔,迅速断油。

③回油:高压油从针阀与阀体间隙渗漏完成润滑后从回油管回至油滤器或油箱。

(2)孔式长型闭式喷油器。

如图1-3所示,其结构与轴针式大致相同,仅针阀偶件略有不同;喷油嘴(针阀及阀体)较长,有1~7个喷孔,ϕ0.25~0.5mm;喷油压力较高,大于等于17.5MPa,为防止喷孔堵塞,

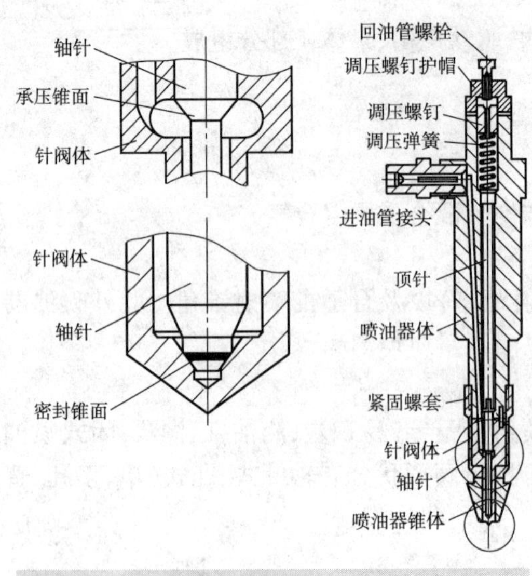

图 1-3　孔式喷油器

油管接头上有缝隙式滤芯。

4　直列柱塞泵电控系统

对柴油发动机进行电子控制最早是通过对直列柱塞式喷油泵进行改造而实现的，它是将控制喷油泵的执行元件（机械式调速器）改成用占空比电磁阀式电子调速器和直流电动机式电子调速器两种类型装置。装用直流电动机式电子调速器的直列柱塞泵电控系统如图 1-4 所示。改造后的电控柴油发动机，用电子调速器代替原有的机械离心式调速器对喷油量进行控制；用正时控制器代替原有的机械离心式供油提前角自动调节器，对喷油正时进行控制；并且设有油量调节拉杆（齿条）位置传感器和正时传感器，对发动机的喷油量和喷油正时进行闭环控制。

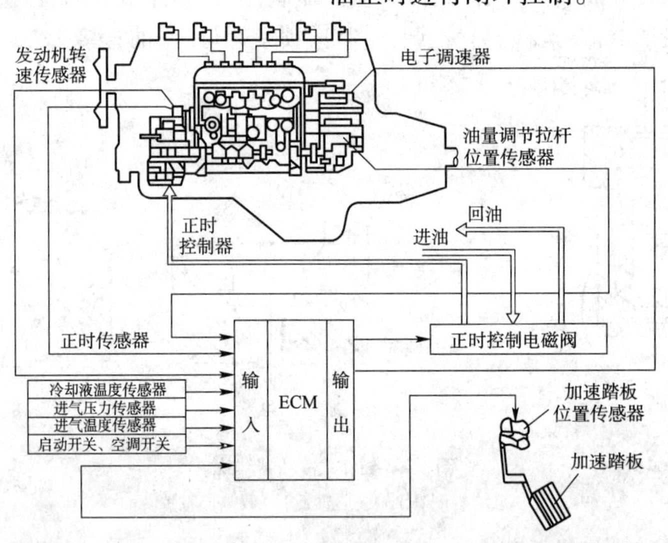

图 1-4　直列柱塞泵电控系统

1）供油量控制系统

安装电子调速器的柱塞泵电控系统，其喷油量控制是由 ECM 通过控制电子调速器来实现的。直流电动机式电子调速器的结构如图 1-5 所示。直流电动机式电子调速器中的控制杆直接与喷油泵的油量调节拉杆连接，电动助推器通过杠杆机构与控制杆连接。电动助推器是一个直线运动的直流电动机，电动机的定子线圈位于圆柱形的径向磁场中，ECM 通过控制线圈的电流方向使助推器向上或向下移动，通过输送不同占空比控制信号使助推器产生不同的移动量。

其控制原理如图 1-6 所示：ECM 根据各种传感器输入的信号确定喷油量，并按喷油量的多少向电动助推器发出相应的控制信号，使助推器向上或向下移动，再通过杠杆机构把助推器的上下运动变为控制杆的水平运动，由控制杆带动喷油泵油量调节拉杆动作，以实现喷油量控制。所以直列柱塞泵电控系统属于位置控制式燃油系统。控制杆（齿条）位置传感器安装在电子调速器内，用于检测控制杆的位置，而 ECM 根据该传感器的反馈信号对喷油量进行闭环控制。

安装使用占空比电磁阀式电子调速器的柱塞式喷油泵，ECM 是通过电磁阀直接控制油量调节拉杆，实现对喷油量的控制的。

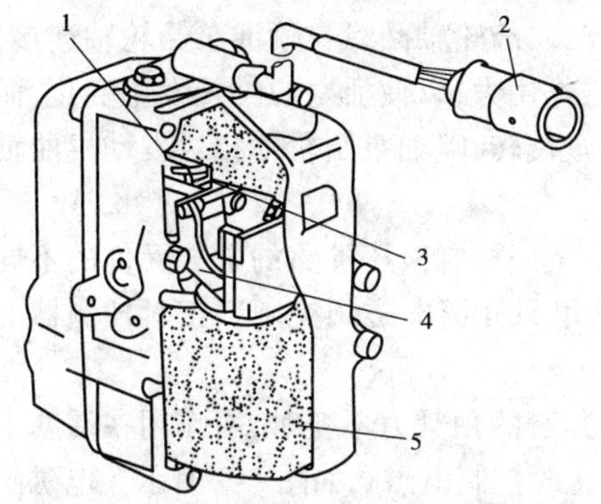

图 1-5　直列柱塞泵直流电动机式调速器

1-控制杆；2-线束连接器；3-控制杆位置传感器；4-杠杆机构；5-助推器

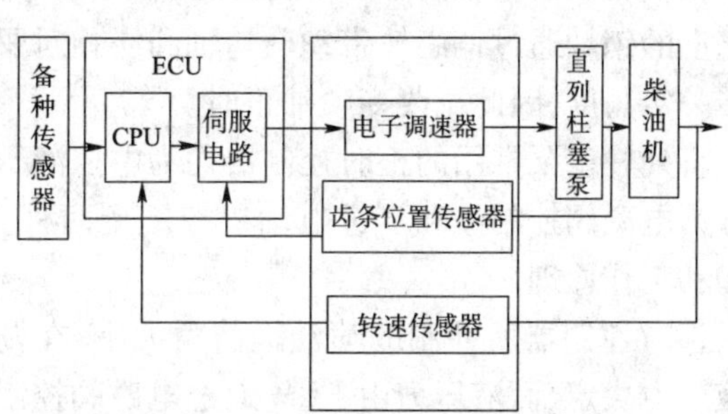

图 1-6　直列柱塞泵供油量"位置控制"系统

2）供油正时控制系统

直列柱塞泵供油正时电控系统主要由正时控制器、电磁阀、柴油发动机转速传感器、正时传感器和 ECU 等组成，见图 1-7。

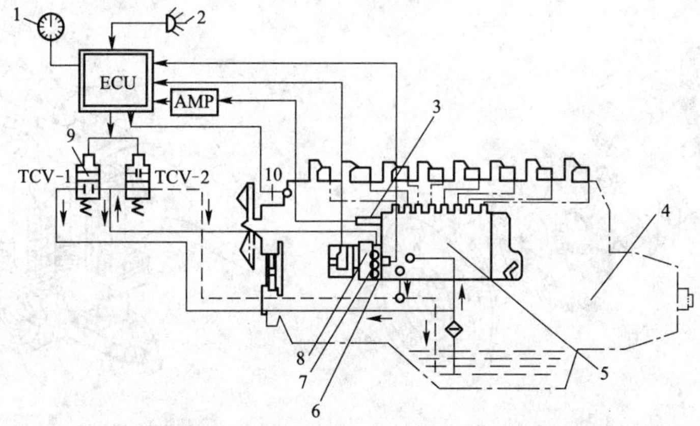

图 1-7　直列柱塞泵供油正时电控系统

1-转速表；2-故障指示灯；3-供油齿条位置传感器；4-柴油发动机；5-喷油泵；6-正时传感器；7-正时控制器；8-转速传感器；9-电磁阀；10-冷却液温度传感器

两个电磁阀分别安装在正时控制器进、回油路中，控制正时控制器工作的液压油来自柴油发动机润滑系。直列柱塞泵正时控制器安装在喷油泵驱动轴和凸轮轴之间，为液压控制式。ECM 通过电磁阀控制正时控制器的液压油路,实现喷油泵正时控制。

柴油发动机转速传感器安装在直列柱塞泵驱动轴上,ECU 先根据柴油发动机转速和负荷传感器信号确定基本供油提前角,再根据冷却液温度等传感器信号进行修正,并通过两个电磁阀控制正时控制器工作,来实现对直列柱塞泵供油正时的控制。正时传感器安装在直列柱塞泵凸轮轴上,用来检测凸轮轴的位置和转角,ECU 根据正时传感器信号判断实际的供油正时,对供油正时进行闭环控制。

柱塞泵正时控制器的结构如图 1-8 所示,它主要由缸体、活塞、偏心轮、凸轮轴凸缘、驱动盘、调整弹簧等组成。驱动盘与喷油泵驱动轴相连接,凸轮轴凸缘与喷油泵凸轮轴连接,偏心轮松套在活塞轴销上,改变作用在活塞上的液压作用力,以使活塞的位置发生变化,而活塞上的销轴通过偏心轮带动凸轮轴凸缘相对驱动盘偏转,喷油泵凸轮轴相对发动机曲轴偏转一定角度,因此可改变喷油正时。

直列柱塞泵常用的正时控制器均为电控液压式,按照控制液压油路的电控元件的不同可分为电磁阀控制型和步进电动机控制型两种。这里只介绍电磁阀控制型正时控制器的结构和工作原理。

正时控制器所控制的喷油提前角大小,在调整弹簧的预紧力不变时,由作用在活塞上的液压力决定,而液压力由 ECM 通过电磁阀控制。正时控制电磁阀如图 1-9 所示。电磁阀上有 3 个液压通道,进油孔与发动机润滑油道相通,回油孔与发动机油底壳连通,供油管通向正时控制器;正时控制电磁阀由两个电磁阀组成,这两个电磁阀接收相同的控制信号,分别用于控制进、回油道的通路开度。ECM 根据各种传感器输入的信号确定喷油正时,并向正时控制电磁阀输入相应的电信号,以此控制电磁阀的开度,调节作用在正时控制器活塞上的液压作用力,以实现喷油正时控制。

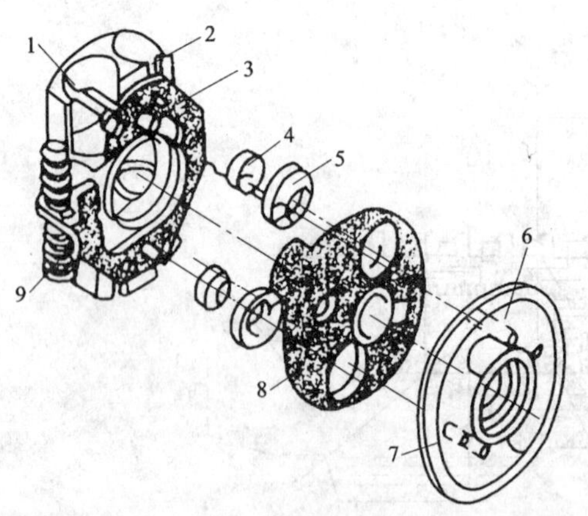

图 1-8 柱塞正时控制器的结构

1-活塞;2-缸体;3-销轴;4-小偏心轮;5-大偏心轮;6-驱动盘销;7-驱动盘;8-凸轮轴凸缘;9-调整弹簧

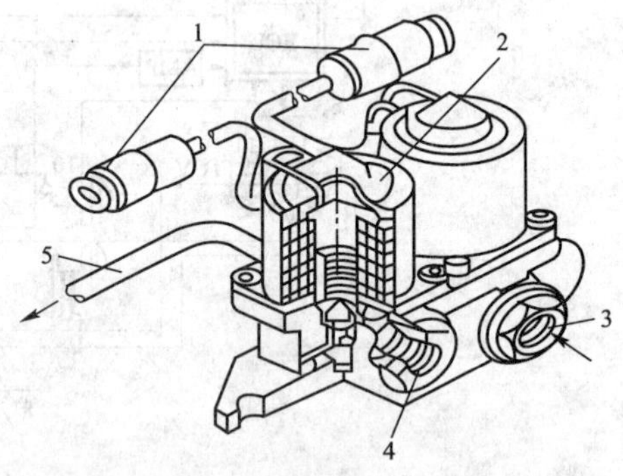

图 1-9 正时控制电磁阀

1-线束连接器;2-电磁阀;3-进油孔;4-回油孔;5-供油孔

其工作原理见图 1-10。直列柱塞泵驱动轴通过驱动盘、滑块、滑块销、大小偏心轮驱动凸轮轴转动。当需减小供油提前角(正时推迟)时,ECU 控制电磁阀使正时控制器的进油通道关闭而回油通道开启〔图 1-10a)〕,液压腔内的油压下降,在复位弹簧作用下活塞向右轴向移动，而滑块和滑块销向内径向移动，安装在滑块销上的大小偏心轮转动，使凸轮轴相对驱动盘沿转动相反的方向转过一定角度，从而使直列柱塞泵供油提前角减小（正时推迟）。反之，需要使直列柱塞泵供油提前时，ECU 控制电磁阀使正时控制器的进油通道开启而回油通道关闭〔图 1-10b)〕，润滑油进入液压腔使油压升高，并推动活塞向左移动，活塞推动滑块和滑块销向外移动，偏心轮转动使凸轮轴相对驱动盘沿转动方向转过一定角度，直列柱塞泵供油提前角增大。直列柱塞泵的供油正时随正时控制器液压腔内的油压而变化，ECU 通过电磁阀控制液压腔内的油压，即可控制供油正时。

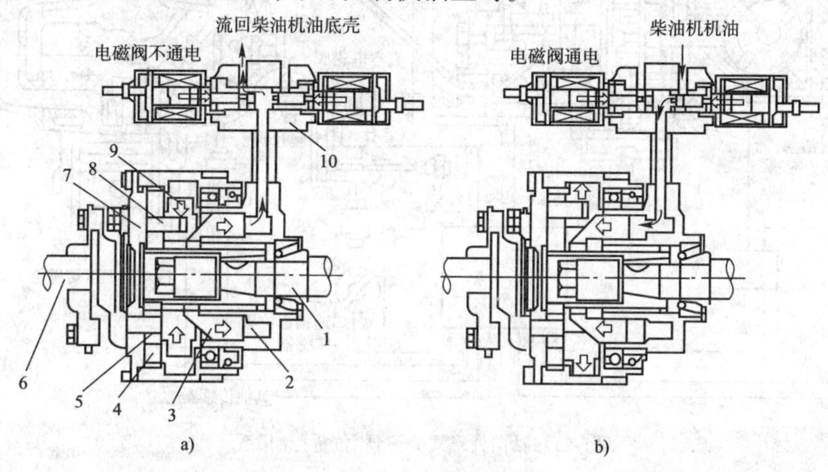

图 1-10　直列柱塞泵电磁阀控制型正时控制器

a）进油通道关闭；b）进油通道开启

1-凸轮轴；2-液压腔；3-液压活塞；4-大偏心轮；5-小偏心轮；6-驱动轴；7-驱动盘；8-滑块销；9-滑块；10-电磁阀

（四）轴向柱塞式分配泵电控系统

1　轴向柱塞式分配泵燃油供给系统

轴向柱塞式分配泵燃油供给系统的功用是轴向柱塞式分配泵利用柱塞的轴向移动泵油、利用柱塞（转子）的转动向各缸分配高压燃油。

（1）优点：体积小、重量轻、成本低等。

（2）特点：轴向柱塞式分配泵电控系统就是在传统轴向柱塞式分配泵燃油供给系统基础上发展而来的。

（3）分类：按对供油量和供油正时的控制方式不同，轴向柱塞式分配泵电控系统可分为“位置控制”和“时间控制”两种类型。

2　轴向柱塞分配泵位置控制电控系统

轴向柱塞式分配泵“位置控制”系统的主要组成见图 1-11。该系统利用电子调速器通过控制分配泵中的油量控制滑套位置来实现供油量的控制，利用电磁阀通过控制供油提前角自动调节器中正时活塞两侧的油压（决定正时活塞位置）来实现供油正时控制。

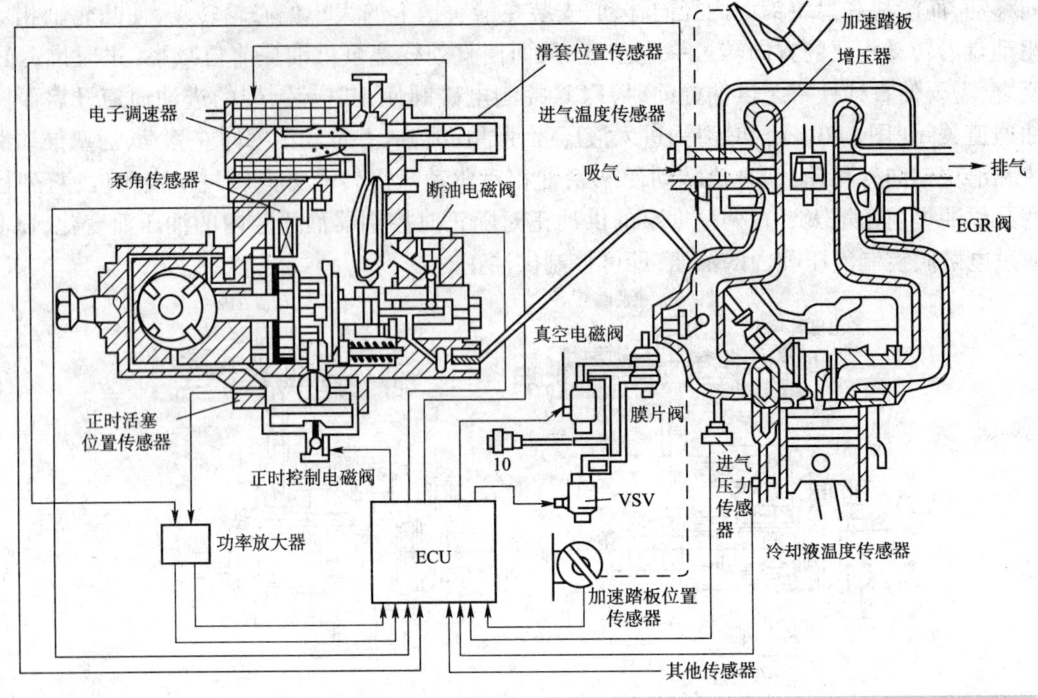

图 1-11　轴向柱塞式分配泵“位置控制”系统

1)供油量控制

分配泵供油量“位置控制”系统中,采用的电子调速器有转子螺线管型和螺线管型两种。一汽大众捷达轿车装用的 1.9L SDI 柴油发动机电控燃油喷射系统即采用了转子螺线管型电子调速器。

(1)转子螺线管型电子调速器。

调速器主要由定子铁芯、线圈、转子轴和滑套位置传感器等组成,见图 1-12。转子由永

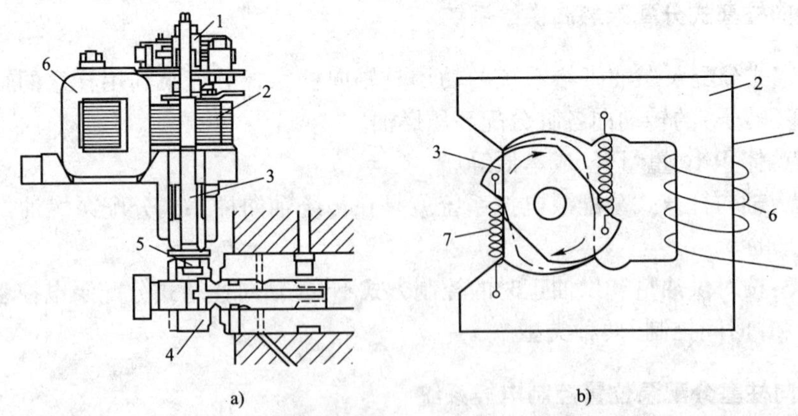

图 1-12　分配泵转子螺线管型电子调速器

a)结构图;b)原理图

1-滑套位置传感器;2-定子;3-转子轴;4-滑套;5-偏心钢球;6-线圈;7-复位弹簧

久磁铁制成,当给绕制在U形定子铁芯上的线圈通电时,产生的磁场使转子转动,直到转子轴转动到其所受电磁力矩与弹簧产生的力矩平衡时为止;转子轴下端的偏心钢球伸入油量控制滑套的凹槽中,转子轴转动时,通过伸入滑套凹槽内的偏心钢球使滑套轴向移动,从而改变喷油泵的供油量。ECU可以通过控制流经线圈的电流方向来控制转子轴的转动方向,通过控制通电占空比来控制转子轴转动的角度。滑套位置传感器安装在转子轴上,ECU通过该传感器检测的转子轴位置信号确定油量控制滑套的实际位置,并对滑套位置(即供油量)进行闭环控制。

(2)螺线管型电子调速器。

调速器主要由螺线管、复位弹簧、控制臂、滑套位置传感器等组成,见图1-13。螺线管中的电枢、滑套位置传感器的铁芯与控制臂连成一体,控制臂下端伸入油量控制滑套的凹槽中;当螺线管通电时,使电枢通过控制臂带动滑套移动到电磁力与复位弹簧力平衡的位置,螺线管通电占空比不同,产生的磁场强度不同,电枢、控制臂和滑套的位置不同,分配泵的供油量也就不同,ECU就是通过控制螺线管的通电占空比来完成供油量控制的。

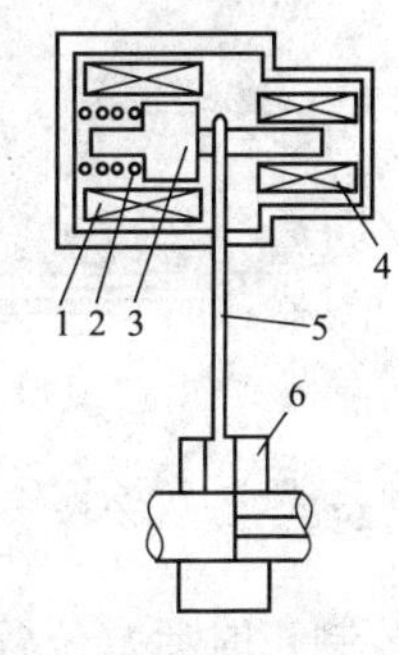

图1-13　分配泵螺线管型电子调速器

1-螺线管;2-复位弹簧;3-电枢;4-滑套位置传感器;5-控制臂;6-滑套

滑套位置传感器为差动电感式,螺线管中的电枢和传感器铁芯移动时,在滑套位置传感器线圈中产生感应电压信号,ECU根据该电压信号来确定油量控制滑套的实际位置以实现供油量的闭环控制。

喷油量的控制方式如图1-14所示。ECU根据发动机的状态计算出目标喷油量,并将其结果输出到驱动回路,驱动回路根据ECU的指令一边反馈控制执行机构的位置,一边控制输出。这样,将VE分配泵的溢油环控制在目标位置,从而控制喷油量。

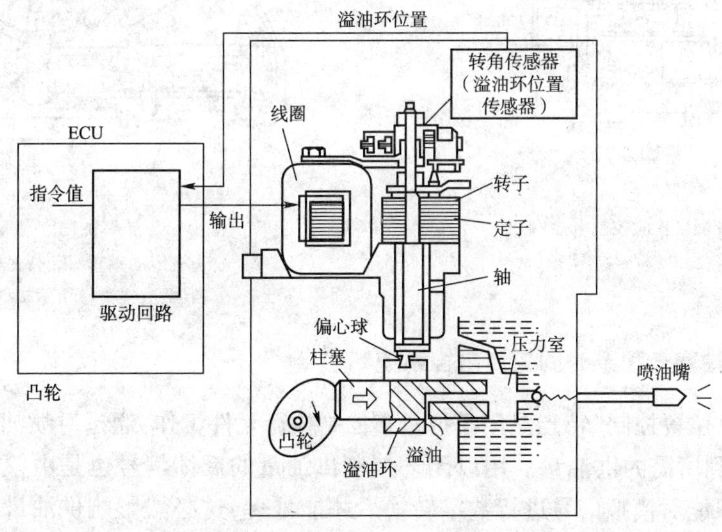

图1-14　喷油量控制方式

2)供油正时控制

在分配泵"位置控制"系统中,通常是在原供油提前角自动调节器活塞两侧油腔之间增加一条燃油通道,并由ECU通过电磁阀控制该燃油通道的开度来实现供油正时控制,见图1-15。ECU先根据柴油发动机转速和负荷传感器信号确定基本供油提前角,再根据冷却液温度等传感器信号进行修正,并通过电磁阀控制正时活塞左右两侧油腔内的燃油压力差,以改变正时活塞的位置。正时活塞左右移动时,通过传动销带动分配泵内的滚轮架转动,从而改变喷油泵的供油正时。

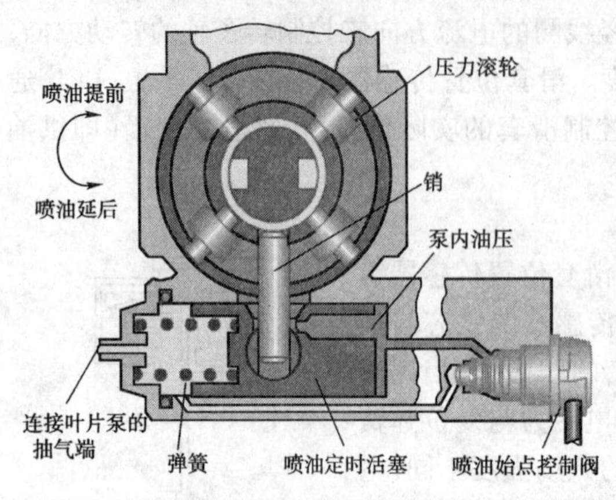

图1-15 分配泵供油正时控制系统

正时控制电磁阀实际就是螺线管中的电枢与控制阀连成一体构成的电磁阀,其结构见图1-16。ECU通过控制其通电占空比使控制阀移动,改变正时活塞两侧高、低压油室间的通道开度,调节正时活塞两侧的压差,以达到控制正时活塞位置、实现供油正时控制的目的。

正时活塞位置传感器为差动电感式,见图1-17。传感器铁芯随正时活塞移动,传感器线圈内产生与活塞位移成正比的电压(自感电动势)信号,ECU根据此传感器信号对喷油泵供油正时进行闭环控制。

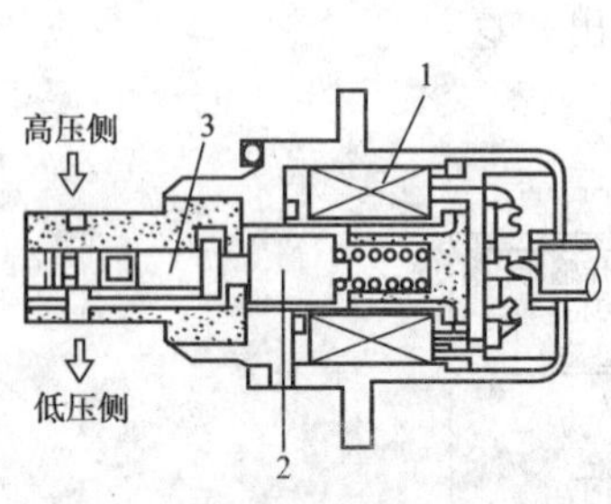

图1-16 分配泵正时控制电磁阀

1-螺线管;2-电枢;3-控制阀

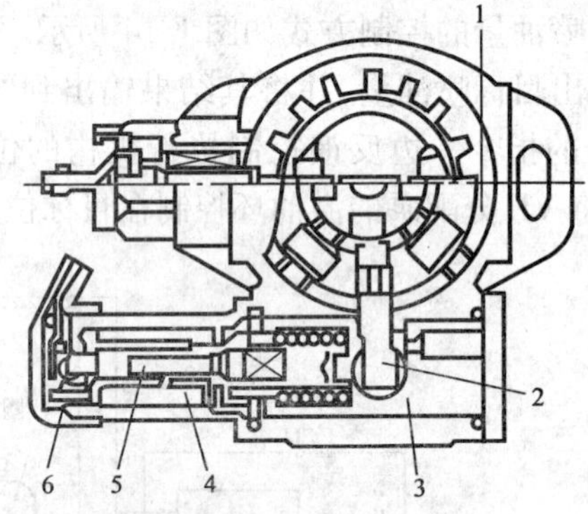

图1-17 正时活塞位置传感器

1-滚轮架;2-传动销;3-正时活塞;4-传感器线圈;5-铁芯;6-线束连接器

3 轴向柱塞分配泵时间控制电控系统

供油量的"位置控制"特点是用模拟量来控制执行元件工作,通过对喷油泵油量控制机构的定位来得到所需的供油量。用以闭环控制供油量的反馈信号也是由模拟信号传感器检测的,ECU只能对模拟信号进行数字转换后才能处理,这必然影响供油量的控制精度和执行元件的响应速度。此外,不论采用何种类型的电子调速器,总是需要由部分机械装置来完成对喷油泵供油量的调节,也会降低控制精度和响应速度。所以继供油量"位置控制"

之后出现了“时间控制”。

1)供油量控制

分配泵的供油量“时间控制”系统见图1-18。控制ECU根据各种传感器信号计算出供油量后,向控制器发出指令和相关信息;控制器则根据ECU的指令和相关信息,并参考燃油温度传感器信号对分配给各缸的供油量进行平衡(均匀性控制),并通过驱动器(放大电路)直接控制高速电磁阀工作,以实现供油量的“时间控制”。控制器是ECU与分配泵之间的“信息中转站”,它根据ECU的指令控制分配泵,同时将分配泵的信息(如电磁阀关闭时间信号、喷油始点信号等)传递给ECU。驱动器的作用是对控制器输出的控制信号进行放大以便能够驱动高速电磁阀工作。在后期开发的此类柴油发动机电控燃油喷射系统中,一般将控制器、驱动器和ECU组合为一体。

采用“时间控制”方式的分配泵电控系统,根据高速电磁阀对分配泵供油的控制方式不同,可分为回油控制方式和进油控制方式两种类型。

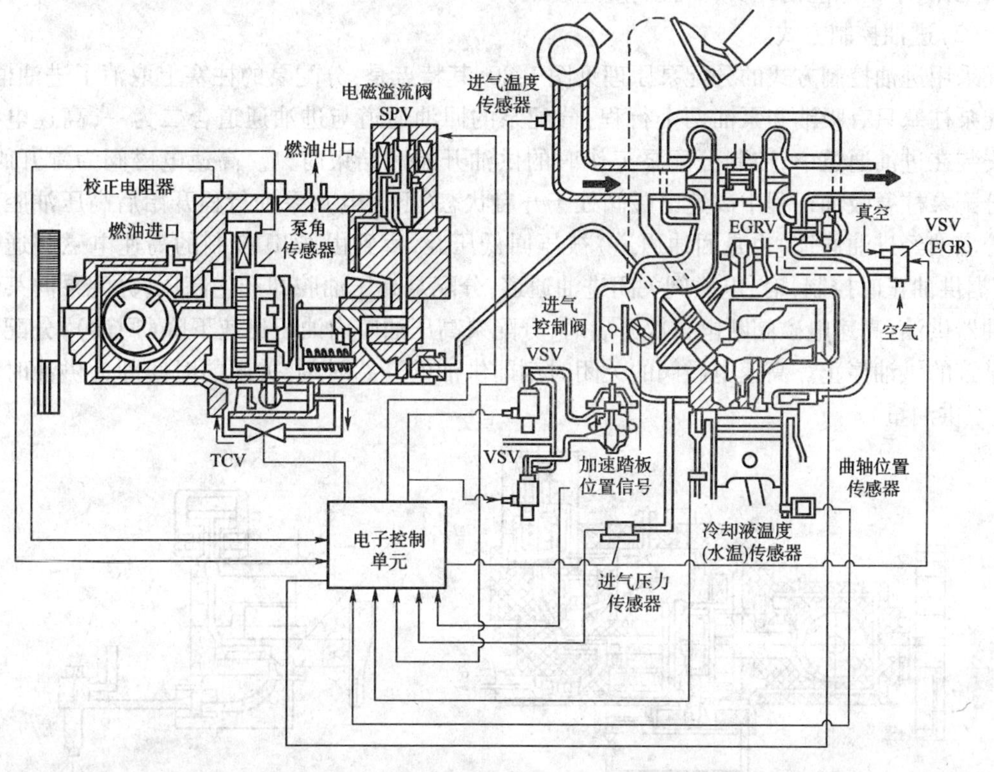

图1-18 分配泵供油量“时间控制”系统

(1)回油控制方式。

传统分配泵是利用油量控制滑套的位置变化来控制分配泵回油过程开始时间的变化,即在机械控制的供油压力和供油开始时刻一定时,通过滑套的位置变化来改变停止供油(即回油)的时刻,从而实现供油量控制。因此,早期的供油量“时间控制”分配泵上,就是在分配泵回油(或称溢油)通道中安装一个由ECU控制的高速电磁阀来取代滑套,用以控制回油时刻,实现供油量的“时间控制”。此类系统中装用的高速电磁阀为常闭式,即断电时

关闭分配泵回油通道,而通电时则开启分配泵回油通道。

采用回油控制方式的分配泵见图1-19。其特点是:分配泵的进、回油通道相互独立,高速电磁阀安装在分配泵回油通道中,只能对分配泵工作时的回油过程进行控制;而分配泵的柱塞上仍保留有进油槽,由柱塞上的进油槽和柱塞套筒上的进油孔控制分配泵的进油过程。在柱塞吸油过程中高速电磁阀处于关闭状态,泵油过程开始后高压油腔即产生高压,分配泵向某缸喷油器供油;当由ECU控制的高速电磁阀通电时,电磁阀打开高压腔回油通道,柱塞顶部的高压油腔内油压迅速下降,分配泵向某缸的供油停止。

柴油发动机电控系统中所用的高速电磁阀一般体积和质量较大,这是因为要产生较大的电磁力,以满足高压密封和动态相应性好的要求,就需要增加线圈的匝数和电枢的受力面积。为解决这一问题,在"时间控制"方式的分配泵中,常采用双重阀结构的伺服式电磁阀,其特点是:利用较小的电磁力控制一个较小的辅助阀,而通过辅助阀的工作控制较大的主阀工作,不仅电能消耗少,而且响应速度快。

(2)进油控制方式。

采用进油控制方式的分配泵原理见图1-20,其特点是:分配泵的柱塞上取消了进油槽,分配泵柱塞只有吸油和泵油两个行程;分配泵的回油通道与进油通道合二为一,高速电磁阀安装在进油通道中,控制分配泵工作时的供油开始和结束时刻。高速电磁阀为常开阀,在分配泵柱塞吸油行程中高速电磁阀处于开启状态(不通电),泵油行程开始后高压油腔的部分燃油经进油通道(也是回油通道)被压回低压腔,直到由ECU控制的高速电磁阀通电(根据供油正时控制)时,电磁阀关闭进油通道,分配泵高压油腔即产生高压,分配泵向某缸喷油器供油;高速电磁阀断电再次开启时,分配泵高压油腔内油压迅速下降(回油),分配泵向某缸的供油停止。高速电磁阀的关闭时刻即供油的开始时刻,关闭的时间即为供油时间(决定供油量)。

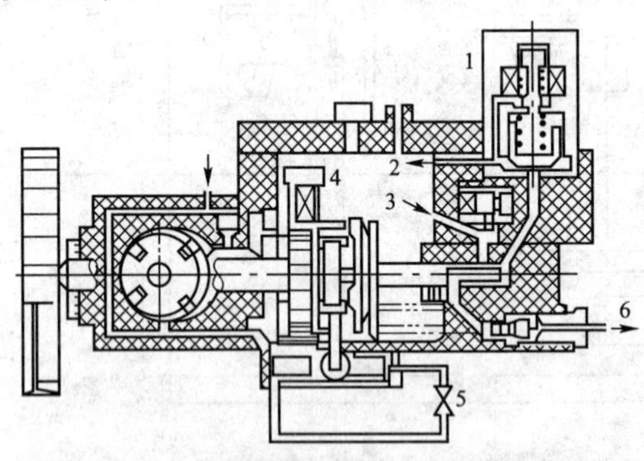

图1-19　回油控制方式的分配泵

1-高速电磁阀;2-回油口;3-进油口;4-泵角传感器;5-正时控制电磁阀;6-至喷油器

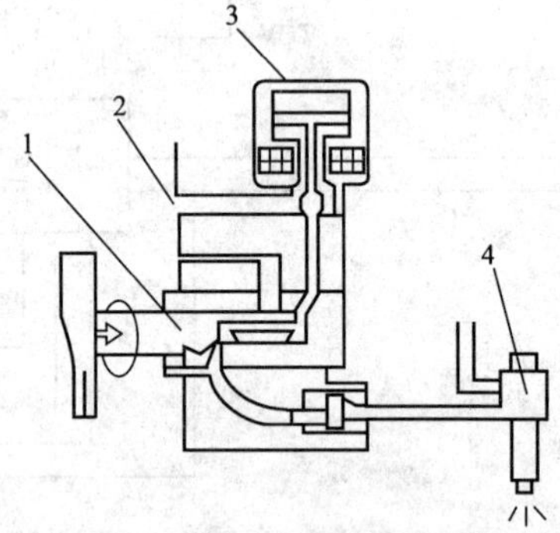

图1-20　进油控制方式的分配泵

1-分配泵柱塞;2-进回油口;3-高速电磁阀;4-喷油器

2)供油正时控制

早期采用"时间控制"方式的分配泵中,与采用"位置控制"方式的分配泵相同,保留了电控液压供油提前角自动调节器,通过改变分配泵驱动装置中滚轮架与端面凸轮的相对位置,来实现供油正时的控制。两者的共同特点是供油的开始时刻取决于分配泵驱动装置中滚轮架与端面凸轮的相对位置,而不同的是供油结束时刻的控制方式不同,采用"位置控制"方式的分配泵供油结束时刻取决于油量控制滑套的位置,采用"时间控制"方式的分配泵供油结束时刻取决于高速电磁阀的开启时刻。

后期采用"时间控制"方式的分配泵中,取消了电控液压供油提前角自动调节器,完全用高速电磁阀的关闭和开启时刻来控制供油的开始和结束时刻,真正实现了供油正时的"时间控制"。

利用高速电磁阀的关闭和开启时刻来控制供油的开始和结束时刻,虽然实现了供油正时的"时间控制",但由于在分配泵柱塞高压腔内建立压力需要时间,燃油通过高压油管时的压力传递也需要时间,所以ECU输出的电磁阀驱动脉冲正时与喷油器的实际喷油正时之间必然存在一定程度的时间延迟,总的延迟时间取决于柴油发动机转速、温度和高压油管长度等因素。在分配泵供油正时的"时间控制"系统中,为提高供油正时控制精度,ECU除了根据检测柴油发动机工况信息的各种传感器信号控制供油正时外,一般还采用两种控制措施:一是采用电磁阀关闭时间传感器来精确测定电磁阀关闭始点和终点时刻,以便向ECU提供电磁阀驱动脉冲的实际输出正时,实现对电磁阀驱动脉冲输出正时的闭环控制;二是采用各种类型的喷油始点传感器,精确测定喷油器的实际喷油始点,ECU根据此传感器的反馈信号修正对分配泵供油正时的控制。

采用"时间控制"方式的分配泵,为准确控制各缸的供油顺序,一般设有供油信号发生器(同汽油机普通电子点火系统中的点火信号发生器),该信号发生器与凸轮轴/曲轴位置传感器制成一体。

(五)径向柱塞式分配泵电控系统

1 径向柱塞式分配泵的结构原理

传统径向柱塞式分配泵燃油供给系统与轴向柱塞式分配泵基本相同。径向柱塞式分配泵的结构见图1-21,主要由叶片式输油泵、调压阀、传动轴、分配泵、调速器、供油提前角自动调节器等组成。

柴油发动机工作时,从滤清器来的清洁柴油由叶片式输油泵泵入分配套筒的轴向油道,然后低压柴油分成两路:一路经油道流往供油提前角自动调节器,另一路经分配套筒进油口、油量控制阀、分配转子径向油道和中心油道流到两个柱塞之间的泵油腔。柴油经柱塞压缩提高压力后,高压柴油经分配转子中心油道和分配口、分配套筒出油道输送给喷油器。分配泵的供油量通过油量控制阀控制进油量来实现。

按控制方式的不同,径向柱塞式分配泵分为位置控制和时间控制两种。

2 径向柱塞式分配泵"位置控制"电控系统

由径向柱塞式分配泵的结构原理可知,径向柱塞式分配泵的供油量控制可以通过两种途径来实现:一种是控制泵油柱塞的行程,另一种是控制进油量。在非电控径向柱塞式分配泵基础上,取消油量控制阀,利用电控元件控制泵油柱塞行程即可实现供油量的"位置控制"。而供油正时的"位置控制",可以利用电控元件直接或间接控制分配泵内凸轮相对分配转子的位置来实现。

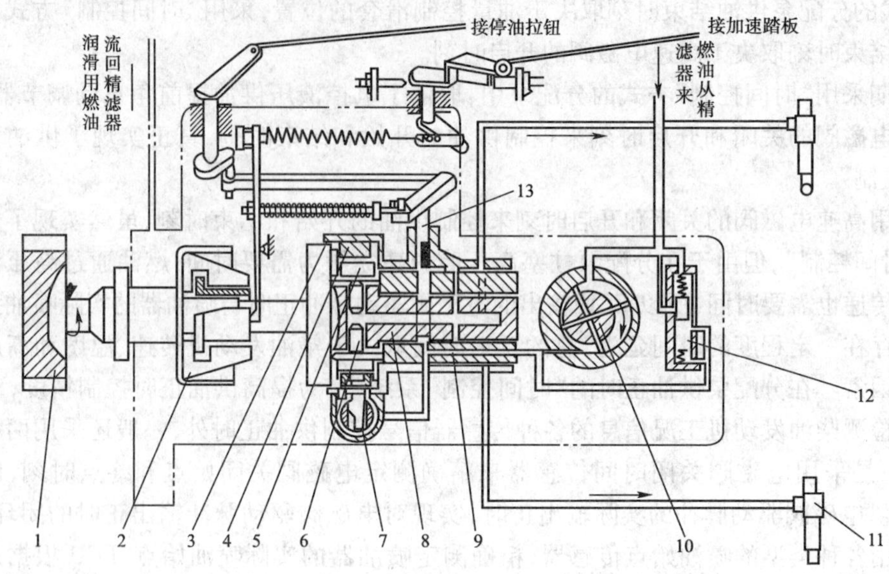

图 1-21 径向柱塞式分配泵

1-联轴器;2-调速器飞块;3-内凸轮,4-滚柱;5-滚柱座;6-泵油柱塞;7-供油提前角自动调节器;8-分配转子;9-分配套筒;10-叶片式输油泵;11-喷油器;12-调压阀;13-油量控制阀

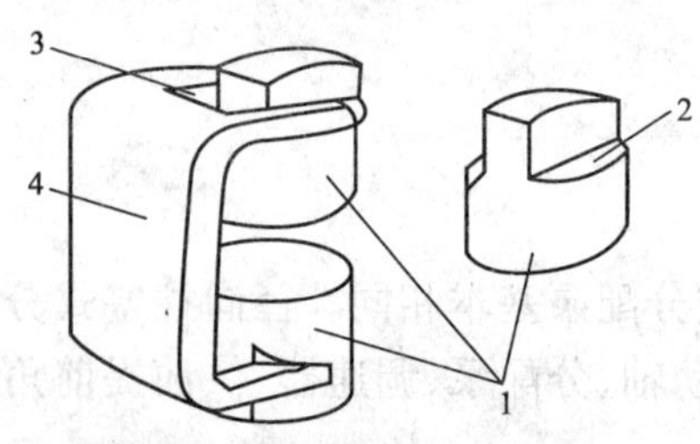

图 1-22 泵油柱塞和座架

1-泵油柱塞;2-柱塞斜面;3-座架弯臂槽;4-座架

1)供油量控制

为实现对泵油柱塞行程的控制,柱塞的外端(伸出分配转子的一端)加工有两个对称的斜面(见图 1-22),并用一个座架限制柱塞运动(只能沿分配转子径向移动而不能转动),座架上开槽的弯臂与柱塞外端具有相同的斜度。由于泵油柱塞安装在分配转子中的压油腔内,所以分配转子和泵油柱塞与座架相对位置(沿分配转子轴向)发生变化时,因泵油柱塞斜面与座架弯臂斜面的配合关系,就会改变泵油柱塞的行程,从而改变分配泵的供油量。改变分配转子与座架的相对位置,可以通过使分配转子轴向移动或使座架轴向移动来实现。

(1)座架轴向位置控制。

座架轴向位置控制机构见图 1-23,在驱动分配转子的中部装有端面凸轮和导向管,导向管与端面凸轮接触的一侧为与端面凸轮配合的曲面,导向管轴向是固定的(但随驱动轴转动),因此端面凸轮相对导向管转动时,端面凸轮同时会产生轴向移动。松套在驱动轴上的端面凸轮向右移动时,通过推力圈(用十字轴与驱动轴连接)和推杆(位于中空的驱动轴内)推动柱塞座架向右移动;端面凸轮向左移动时,座架弹簧则推动座架、推杆和推力圈跟随端面凸轮向左移动。

导向管与端面凸轮之间的相对转动，通过步进电动机控制的液压油缸来实现，见图1-24。步进电动机通过伺服阀控制液压油缸的油路，以控制液压油缸中活塞的上、下移动，再由液压活塞驱动齿杆和端面凸轮外齿圈使端面凸轮转动，从而实现对座架轴向位置的控制，也就是分配泵柱塞行程或分配泵供油量的“位置控制”。端面凸轮位置传感器用来检测端面凸轮转动的实际位置（反应座架位置或泵油柱塞行程），用以实现分配供油量的闭环控制。

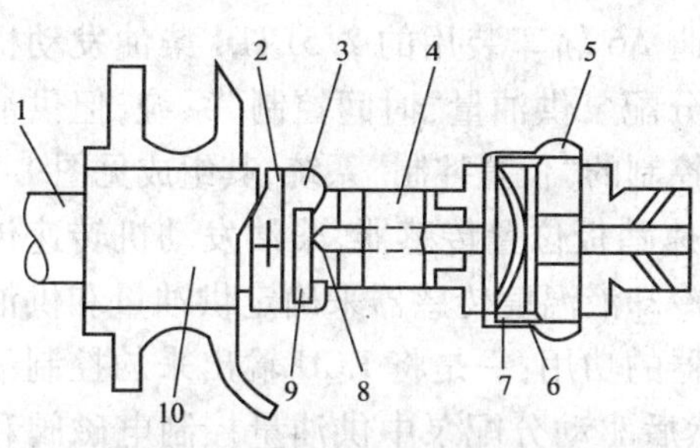

图1-23　座架轴向位置控制机构
1-驱动轴；2-端面凸轮；3-推力圈；4-驱动轴；5-泵油柱塞；6-座架；7-座架弹簧；8-推杆，9-十字轴；10-导向管

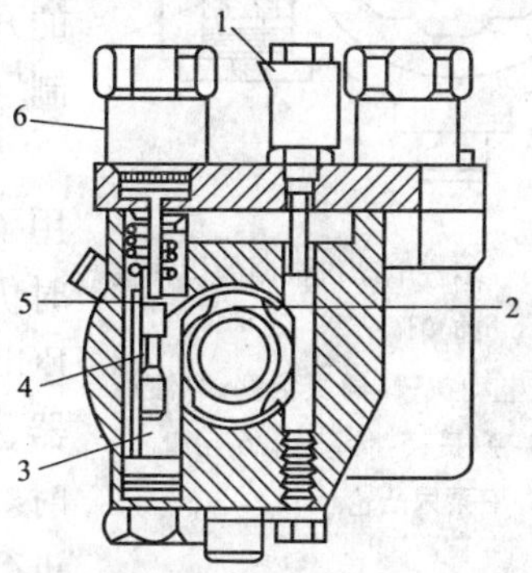

图1-24　端面凸轮转动位置控制机构
1-端面凸轮位置传感器；2-端面凸轮；3-液压活塞；4-液压油路；5-伺服阀；6-步进电动机

（2）分配转子轴向位置控制。

如图1-25所示，ECU通过两个电磁阀控制分配转子尾部油腔内的油压，使分配转子产生轴向移动；当进油电磁阀关闭、回油电磁阀开启时，分配转子在弹簧力的作用下向右移动，由于滚柱座斜面与驱动轴爪形槽斜面的配合关系（与前述柱塞斜面与座架弯臂斜面类似），使泵油柱塞行程增大，分配泵供油量增加；反之，进油电磁阀开启、回油电磁阀关闭时，分配转子向左移动，泵油柱塞行程减小，分配泵供油量减少。在分配转子的尾部装有转子位置传感器，向ECU提供分配转子实际位置的反馈信号，以便对供油量进行闭环控制。

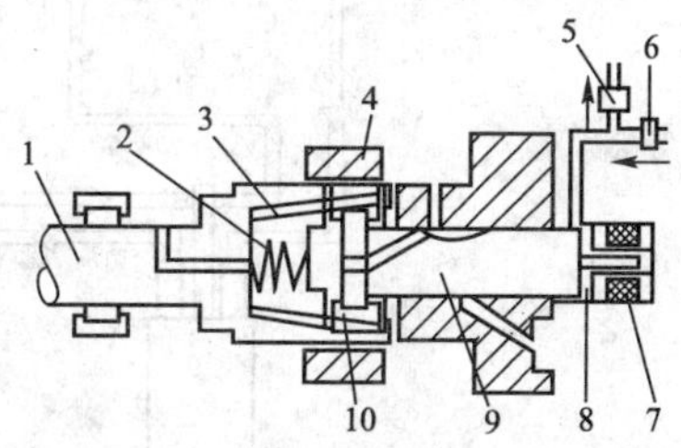

图1-25　分配转子轴向位置控制
1-驱动轴；2-分配转子复位弹簧；3-驱动轴爪形槽斜面；4-内凸轮；5-回油电磁阀；6-进油电磁阀；7-转子位置传感器；8-油腔；9-分配转子；10-滚柱座

2）供油正时控制

径向柱塞式分配泵供油正时的“位置控制”与轴向柱塞式分配泵基本相同，通过在供油提前角自动调节器的油道中安装电磁阀或步进电动机来实现。图1-26所示为用步进电动机控制的供油提前角调节器，步进电动机通过伺服活塞控制供油提前角调节器的液压油路，进而控制调节器中正时活塞的位置，从而实现径向柱塞式分配泵供油正时的“位置控制”。

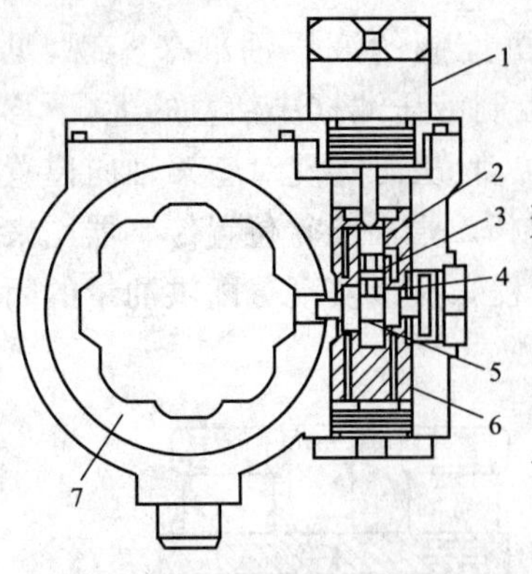

图1-26　步进电动机控制的供油提前角调节器

1-步进电动机;2-伺服活塞;3-液压油路;4-弹簧;5-传动销;6-正时活塞;7-分配泵内凸轮

3　径向柱塞式分配泵时间控制电控系统

径向柱塞式分配泵"时间控制"系统与轴向柱塞式分配泵"时间控制"系统类似,在分配泵的进油道(也是回油道)中安装一个由 ECU 控制的电磁阀(取代传统的油量控制阀),在保证分配泵柱塞行程一定的前提下,通过控制电磁的开启和关闭时刻,来实现供油量和供油正时的"时间控制"。

一汽大众奥迪 A6 轿车装用的 2.5LTDI 柴油发动机采用了径向柱塞式分配泵供油量"时间控制"系统,但供油正时仍采用电磁阀控制的"位置控制"系统,其组成见图 1-27。ECU 主要根据加速踏板位置传感器、柴油发动机转速传感器、空气流量计、冷却液温度传感器来确定供油量和供油正时。分配泵控制器的功用:一是将 ECU 输出来的控制信号进行转换放大,然后驱动分配泵中供油量控制电磁阀和供油正时控制电磁阀工作;二是将安装在分配泵中的泵角传感器(即凸轮轴/曲轴位置传感器)和柴油温度传感器信号经处理后输送给 ECU。

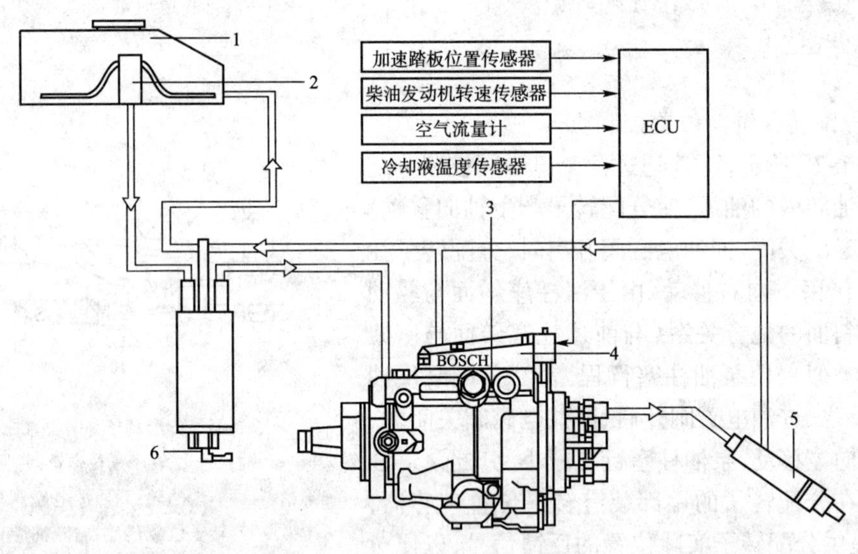

图1-27　奥迪 A6 轿车 2.5L TDI 柴油发动机电控燃油喷射系统

1-燃油箱;2-燃油泵;3-电控径向柱塞式分配泵;4-分配泵控制器;5-喷油器;6-柴油滤清器

一汽大众奥迪 A6 轿车 2.5L TDI 柴油发动机电控径向柱塞式分配泵见图1-28。供油量的"时间控制"与轴向柱塞式分配泵采用"进油控制方式"基本相同。供油正时控制与本节前述"位置控制"电控系统基本相同,只是控制供油提前角调节器油路的是电磁阀,而不是步进电动机。

(六)柴油发动机电控系统故障检测流程及方法

1　故障检测流程

电控柴油发动机燃油系统通过各种传感器检测出发动机的实际运行状态,送入电控单元进行计算和处理,可以对喷油时间、喷油压力和喷油率进行最佳控制。由于采用了电子控制技术,故比较传统的柴油发动机故障检测流程又有其独特之处:

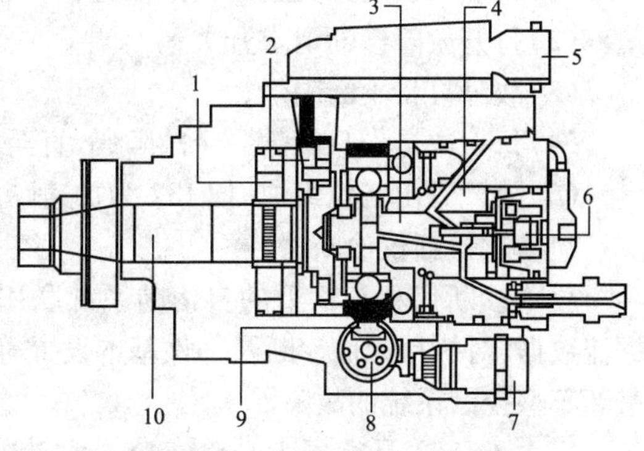

图1-28　奥迪A6轿车柴油发动机电控径向柱塞式分配泵

1-叶片式输油泵;2-泵角传感器;3-分配转子;4-分配套筒;5-分配泵控制器;6-供油量控制电磁阀;7-正时控制电磁阀;8-供油提前角调节器;9-内凸轮;10-驱动轴

(1)静态模式读取和清除故障码:确认故障码是现行故障码还是非现行故障码。若为非现行故障码,则清除该故障码,重启系统试机即可。

(2)症状确认:若为现行故障码,则表明发动机目前有现行故障在起作用。

(3)动态故障码检查:运用故障诊断仪器设备对故障码进行读取分析,读取故障码信息,为检修提供参考依据。

(4)电路检查:根据故障码信息检查相应电控系统的电路。

(5)部件检查:根据故障码信息检查相应电控系统的传感器、执行器。

(6)调整、设定、激活或维修:通过对电路和部件的检查,对故障部位或部件进行调整、设定、激活或维修。

(7)试车检验:在对电控系统进行检修的过程中,要注意下列安全事项:

①禁止使用大功率仪器,避免对电控单元产生无线电干扰。

②在拆除蓄电池的搭铁线前,先读取ECU中的故障码。

③检修燃油系统时,先对油路进行卸压。

④在拆卸和插接线路或元件连接器之前,点火开关一定要置于“ON”。

2　检测与诊断方法

以一汽大众装备1.9LTDI柴油发动机的宝来轿车为例。现今在用的柴油发动机电控系统大多具有故障诊断功能,系统会检查从传感器输入的信号是否正确、软件操作是否有错误,以及电子控制模块(ECU/ECM)中的驱动电路是否发生了故障。当检测到一个故障时,就会在存储器中记录下该故障和相应的发动机运行参数数值。这就给发动机故障的检测与诊断带来了极大的便利,可大大提高故障检测与诊断的准确性和效率。

因此对故障码的读取在电控系统检修过程中就显得尤为重要,目前常采用的检测和诊断方法主要有:

1)故障码诊断法

目前,国内电控柴油发动机普遍采用故障诊断灯进行读取故障码。在发动机运行过程中，如果电控系统出现故障，则汽车仪表盘上的故障指示灯会点亮进行故障报警。在进行故障诊断时，按一定的操作程序，可以通过故障码灯的闪烁读取故障码，对柴油发动机电控系统进行初步诊断。此方法不需要专用诊断仪，方便有效。故障码的读取方法与步骤如下：

(1)将点火钥匙开关置于接通位置；

(2)打开故障诊断请求开关；

(3)故障灯将不断闪烁；

(4)每一次操作只闪烁一个故障码，直至循环至第一个为止；

(5)故障码由三位组成，如 132 为加速踏板位置传感器故障。

2)专用诊断仪诊断法

故障诊断仪和车辆上的自诊断系统联用，能够读取和清除故障存储器，读取系统的数据流数据，对执行元件诊断及部件基本设置等。另外，通过更换检测程序卡升级，可以检测最新车型控制系统的故障。

V. A. G1552 是德国大众汽车公司设计的便携式电控系统故障诊断仪，可用于大众捷达、高尔夫、奥迪、红旗、帕萨特、桑塔纳、宝来等车型的发动机、自动变速器、ABS、防盗器、自动空调等系统的检测。

(七)柴油发动机电控系统故障检测设备及使用方法

V. A. G1552 故障诊断仪如图 1-29 所示。V. A. G1552 和 V. A. G1551 使用操作是完全相同的，区别在于 V. A. G1552 故障诊断仪没有打印输出功能。

V. A. G1552 的键盘包括以下几个功能键：

(1)数字键 0 ~ 9 ：用于各种状态、功能选择；

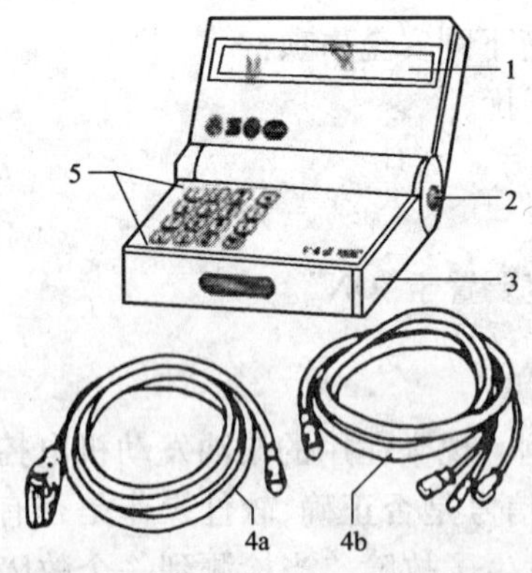

图 1-29　V. A. G1552 故障诊断仪
1-显示屏；2-诊断连线插座；3-程序卡罩盖；4a-V. A. G1551/3 诊断连线(用于 16 针插头的车辆，自 1993 年 1 月起的大众车)；4b- V. A. G1551/1 诊断连线(用于 2 + 2 针插头的车辆)；5-键盘

(2)C 键：用于消除键入，退回到上一个操作步骤或终止程序运行；

(3)Q 键：用于确定输入；

(4)“→”键：用于使程序继续运行或翻页；

(5)HELP 键：用于调出当前功能的说明；

(6)“↑”和“↓”键，分别用于屏幕显示向前和向后翻页。

液晶显示屏只能显示两行数据，每行 40 个字符。字符高约 12mm，有较好的对比度。除故障码和故障说明外，按 HELP 键，屏幕还可显示各个功能状态下的辅助文字说明。

仪器的功能主要由一个易于更换的电脑软件程序控制。这样当出现新车型时，就不必经常更换 V. A. G1552 的面板和连线，更新程序卡即可。程序卡的安装槽位于仪器后上半部，由一个盖板盖住。程序卡可提供不同语言形式，如英语和德语。

1 V. A. G1552 故障诊断仪的特点

1）故障自诊断

当大众车系各控制系统出现故障时，其控制单元将故障存储在故障存储器内，连接 V. A. G1552 故障诊断仪即可调出故障码，使维修方便快捷。

2）双向数据传递

V. A. G1552 故障诊断仪不但能读取控制单元内的数据流，而且还能够通过 V. A. G1551 故障诊断仪的键盘将各种数据和指令传输给控制单元，对控制单元的参数进行调整。

3）程序卡软件控制

V. A. G1552 故障诊断仪中的所有功能，都是由程序卡内的软件控制的。程序卡中的软件应与车辆控制单元及各种装置相适应。在检测新车型时，应安装与其相配套的程序卡。

2 V. A. G1552 故障诊断仪的安装调试

1）程序卡更换

更换程序卡时须切断电源，并注意不要接触程序卡上的触点，以避免使用时出现差错及防止静电。程序卡更换步骤如下：

（1）拔下 V. A. G1552 故障诊断仪的电源线；

（2）松开 V. A. G1552 故障诊断仪上方壳体护板上的螺钉，并向后推开程序卡槽盒盖；

（3）将夹板中的旧程序卡向上抽出；

（4）将新的程序卡插入安装基座的挡块处（注意不干胶纸上的插入方向）；

（5）将夹板后置，关上程序卡护盖；

（6）连接诊断连线；

（7）选择工作模式 3 ，进行仪器自检。

仪器自检结束后，新程序卡的程序就被故障诊断仪读入，仪器的功能就由新程序控制。

2）故障诊断仪的连接

V. A. G1552 故障诊断仪配有电源电压极性变换的保护装置。当电源电压正常时，仪器即可正常工作；当电源电压不正常时，输入和输出板的保护装置就会起作用，屏幕显示出错误信息，从而保护仪器内部电路不被损坏。

（1）诊断连线 V. A. G1552/1，如图 1-30 所示，诊断座中黑色插座 A 的插孔 1 为电源负极，插孔 2 为电源正极；白色插座 B 的插孔 1 为数据线 L ，插孔 2 为数据线 K 。

故障诊断仪长时间使用后，连线容易从根部断路，或者诊断座供电不正常，这些都会造成故障诊断仪显示不正常，此时应对连线进行检查。首先检查车辆黑色插座 A 插孔 1 与插孔 2 之间的电压，应至少为 10V 。然后按图 1-31 和表 1-1 检查 V. A. G1552/1 中每根导线是否导通。

（2）诊断连线 V. A. G1551/3。采用 16 针诊断座的大众车系均采用诊断连线 V. A. G1551/3 与故障诊断仪相连。16 针诊断座如图 1-32 所示。其中端子 1 搭铁，端子 2 接电源正极。

V. A. G1551/1 连线 表 1-1

<table>
<tr><th colspan="2">接车辆一侧</th><th>接仪器一侧</th><th colspan="2">接车辆一侧</th><th>接仪器一侧</th></tr>
<tr><td>扁平插头</td><td>端子</td><td>插头 D 端子</td><td rowspan="2">白色插头 B</td><td>1</td><td>4-数据线 L 线</td></tr>
<tr><td rowspan="2">黑色插头 A</td><td>1</td><td>3-接搭铁</td><td>2</td><td>1-数据线 K 线</td></tr>
<tr><td>2</td><td>2-蓄电池正极</td><td>黑色插头 C</td><td>1</td><td>5-照明线</td></tr>
</table>

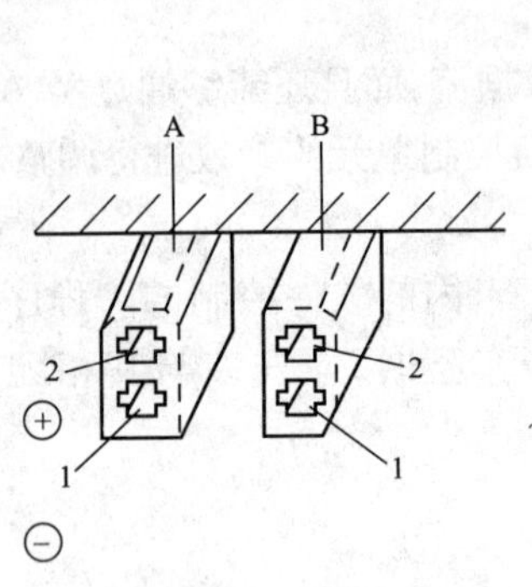

图 1-30 2-2 针诊断座
A、B-插座;1、2-插孔

图 1-31 检查 V. A. G1552/1 连线
A ~ D-插座;1 ~ 5-端子

若连接后显示不正常,首先检查 16 针诊断座端子 1 与端子 2 之间的电压,应有 10V 。然后按图 1-33 和表 1-2 所示检查 V. A. G1551/3 中每根导线是否导通。

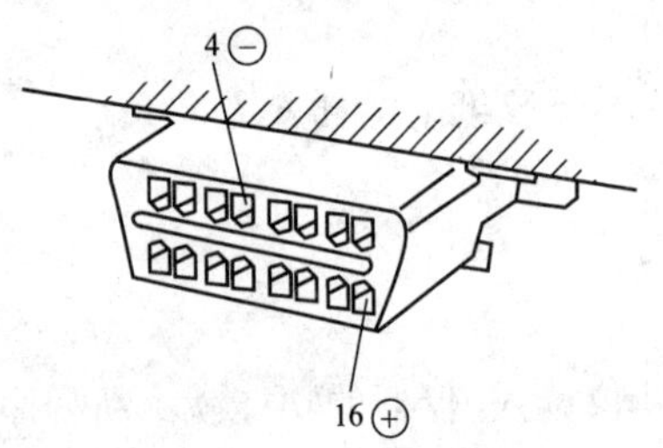

图 1-32 16 针诊断座

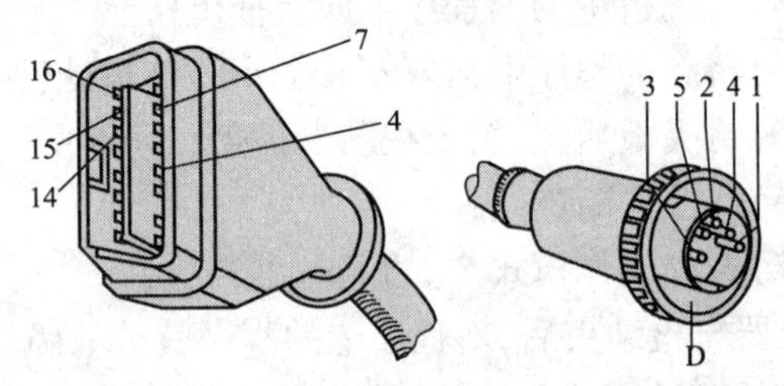

图 1-33 检查 V. A. G1551/3 连线

诊断连线 V. A. G1551/3 表 1-2

<table>
<tr><th>车辆侧插头端子</th><th>仪器侧 D 插头端子</th><th>车辆侧插头端子</th><th>仪器侧 D 插头端子</th></tr>
<tr><td>4</td><td>3-接搭铁</td><td>15</td><td>4-数据线 L 线</td></tr>
<tr><td>7</td><td>1-数据线 K 线</td><td rowspan="2">16</td><td rowspan="2">2-蓄电池正极</td></tr>
<tr><td>14</td><td>5-照明线</td></tr>
</table>

此外,程序卡脏污,特别是触点处有油污,也可能使屏幕上产生错误信息。在这种情况下,可用酒精棉将程序卡脏污部分擦干净,晾干后插回安装槽内即可。

3 V. A. G1552 故障诊断仪的操作及内容

当故障诊断仪连线正确时,屏幕应显示:

V. A. G SELFDIAGNOSIS　　V. A. G 自诊断
1-Rapid data transfer　　1-快速数据传递
2-Flash code output　　2-闪光码输出

(注:左边为显示屏实际显示的内容,右边为其中文解释。以下同)

在屏幕下方会交替出现"1-Rapid data transfer"(快速数据传递)和"2-Flash code output"(闪光码输出)。此外仪器还有以下未显示的工作模式,按 HELP 键可打印出来:"3-自我检测"和"4-服务站代码"。常使用的就是第1种工作模式,即快速数据传递,一般很少使用闪光码输出、自我检测和服务站代码工作模式。模式"自我检测"用于仪器本身电子元件的检查及更换程序卡时调入程序。模式"服务站代码"用于"编制控制单元代码"和"改变匹配值"两种功能。这两种功能只有在输入服务站代码后才能执行。

选择工作模式时,只要输入其代码即可。例如按"1"键,即可进入"快速数据传递"工作模式。此时屏幕显示为:

Rapid data transfer HELP Enter Address words XX	快速数据传递帮助 输入地址码:XX

此时故障诊断仪等待两位数字编码的输入,它代表车辆上各控制单元的地址码。按 HELP 键,可将地址码一览表打印出来。常用的地址码如表1-3所示。

地址码一览表　　表1-3

编　码	控制系统	编　码	控制系统
00	整车电器自动检测	22	四轮驱动电控系统
01	发动机电控系统	24	驱动防滑控制系统
02	变速器电控系统	25	防盗系统
03	防抱死制动系统	26	电动车顶控制
08	空调/暖风电控系统	34	悬架控制系统
14	车轮减振电控系统	35	中控门锁
15	安全气囊	37	巡航控制系统
16	动力转向电控系统	56	收音机
17	组合仪表	65	轮胎气压检测

输入地址码后,显示屏上会出现该总成及名称,例如:

Rapid data transfer　Q 01 Engine electronics	快速数据传递确定 01 发动机电控系统

这时,用C键可以修改输入的地址码,用Q键可以确认输入。显示如下:

Rapid data transfer Tester sends address word 01	快速数据传递 测试器发送地址码 01

在进入"快速数据传递"工作模式输入地址码的过程中,仍然可能出现错误而使诊断过程中断,此时显示屏显示"控制单元不予答复!"。这种情况可能是用于中断插座连线故障或控制单元引起的。可按屏幕右上角 HELP 键,按照仪器中的说明排除故障。

如果正常则继续执行程序，按"→"键，V. A. G1552 进入功能选择状态，并显示如下：

Rapid data transfer　HELP Select function XX	快速数据传递帮助 功能选择　XX

此时，仪器等待输入一个 2 位数的功能代码以传递给发动机控制单元。按 HELP 键，可将功能代码一览表打印出来，如表 1-4 所示。

功能代码一览表　　表 1-4

代　码	功　能	代　码	功　能
01	查询控制单元类型	07	控制单元编码
02	查询故障存储器	08	读测量数据块
03	执行元件诊断	09	读单元测量数据块
04	基本设置	10	匹配、自适应
05	清除故障存储器	11	登录
06	结束输出		

无论是哪个地址码，上述功能代码都相同，举例来说，即无论是在发动机电控系统还是变速器电控系统，"02"都是查询该控制单元的故障存储器，"05"都是清除故障存储器。

(八)电控泵系统主要部件检修

本节以大众公司捷达车所装备的 1.9L SDI 发动机为例。该发动机使用电控轴向柱塞分配泵电控系统，是典型的电控泵系统代表，同时也是目前市场占有率较高的轿车用电控柴油发动机。以下将介绍该发动机电控泵系统的主要部件检修。

1.9L SDI 柴油发动机电控系统如图 1-34 所示。

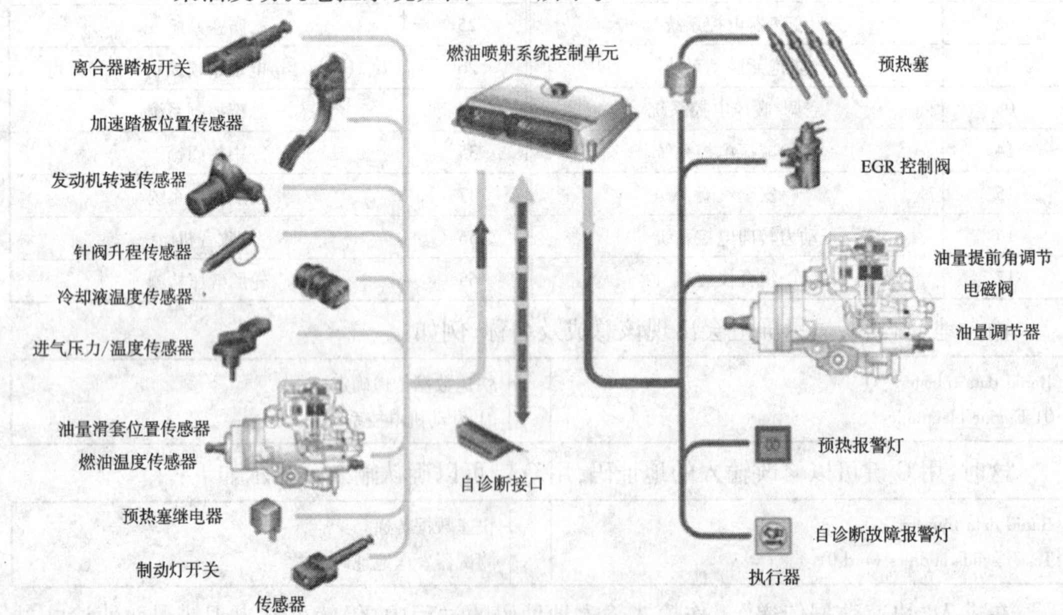

图 1-34　1.9L SDI 柴油发动机电控系统

1 检测发动机转速传感器

发动机转速传感器是转速参考标定传感器,若失效发动机将熄火。

1)检测工具

检测使用的专用工具、车间设备、测试仪器和辅助设施包括:

接线盒 V. A. G1598/31、万用表 V. A. G1526 和 V. A. G1715、接线头 V. A. G1594、电路图。

2)检测顺序

(1)关闭点火开关。

(2)拔下发动机转速传感器插头。

(3)测量插头脚 1 和脚 3 间的电阻阻值,如图 1-35 所示。标定值 1.1 ~ 1.6kΩ。

(4)若达不到标定值,更换发动机转速传感器 G28。

(5)若达到标定值,将接线盒 V. A. G1598/31 接到控制单元和线束上。

(6)检测接线盒和脚 3 插头间限速是否断路,参照电路图:触点 1 和插口 102,触点 2 和插口 110,触点 3 和插口 86,导线电阻最大 1.5Ω。

(7)根据电路图检测脚 3 插头间触点是否断路,标定值为∞ 。

(8)若检测不到故障,更换柴油发动机喷射系统控制单元(J248)。

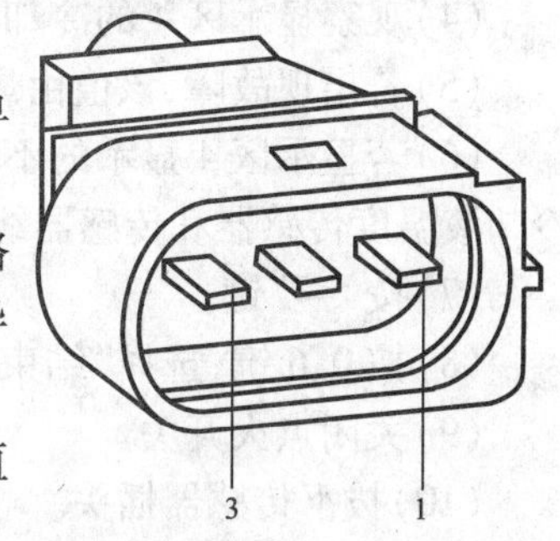

图 1-35　发动机转速传感器插头

2 检测冷却液温度传感器

1)检测工具

检测使用的专用工具、车间设备、测试仪及辅助设施包括:

故障检测仪 V. A. G1551 或车辆系统测试仪 V. A. G1552、接线盒 V. A. G1598/31、V. A. G1552 和线束 V. A. G1551/3、手提式万用表 V. A. G1526 或 V. A. G1715、接线头 V. A. G1594、电路图。

2)检测过程

(1)连接故障检测仪 V. A. G1551(V. A. G1551)并选择发动机电控单元地址码“01”,此时发动机必须怠速运转。显示屏会有如下信息:

Rapid data transfer	HELP
Select function ××	
快速数据传递	帮助
选择功能××	

(2)按 0、8 键选择功能“阅读测量数据块”并按 Q 键确认。显示屏会出现如下信息:

Read measured value block Input display group number × ×	HELP
阅读测量数据块 输入显示组号 × ×	帮助

(3)按 0、0、7 键选择“显示组 7”并按 Q 键确认。显示屏会出现如下信息：

Read measured value block 7 15.45℃ 15.95℃ 16.75℃
阅读测量数据块 7 15.45℃ 15.95℃ 16.75℃

(4)观察显示区 4 的冷却液温度，温度值应均匀上升并且无间断。

(5)若出现故障，该值由燃油温度值替代或显示 -45℃。

(6)若显示区 4 显示的不是实际值，则显示的是作为替代值的燃油温度或 -45℃，检查冷却液温度传感器和传感器线束。

(7)按“→”键。

(8)按 0、6 键，选择“结束输出”并按 Q 键确认。

(9)关闭点火开关。

(10)拔下传感器插头。

(11)测量触头 C 和 D 间电阻值，如图 1-36 所示。

(12)若达不到标定值，则更换冷却液温度传感器 G62。

(13)若达到标定值，将接线盒 V. A. G1598/31 接到控制段远线束上。

(14)使用电路图检查接线盒与 4 脚插头之间的线路是否断路，如图 1-37 所示。触点 3 和插口 112、触点 4 和插口 104 之间导线的电阻最大为 1.5Ω。

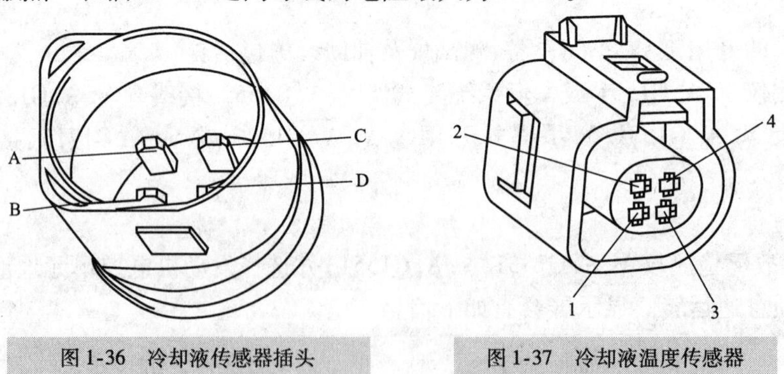

图 1-36 冷却液传感器插头

图 1-37 冷却液温度传感器

(15)检查线路间是否彼此断路、对搭铁断路或对正极断路，标定值为∞。

(16)若未发现故障，更换柴油发动机控制单元(J248)。

3 检测进气歧管温度传感器

1)检测工具

检测使用的必备专用工具、车间装备、测试仪及辅助设施包括：

故障检测仪 V. A. G1551 或车辆系统测试仪 V. A. G1552 及线束 V. A. G1551/3、接线盒 V. A. G1598/31、手提式万用表 V. A. G1526 或 V. A. G1715、接线头 V. A. G1594、电路图。

2)检测过程

(1)连接故障检测仪 V. A. G1551(V. A. G1552)并选择发动机电控段远地址码“01”,此时发动机必须怠速运转。显示屏会出现如下信息:

Rapid data transfer Select function ××	HELP
快速数据传递 选择功能××	帮助

(2)按 0、8 键选择功能“阅读测量数据块”,并按 Q 键确认。显示屏会出现如下信息:

Read measured value block Input display group number ××	HELP
阅读测量数据块 输入显示组号××	帮助

(3)按 0、0、7 键选择“显示组 7”并按 Q 键确认。显示屏会出现如下信息:

Read measured value block 7 15.45℃　　15.95℃　　16.75℃
阅读测量数据块 7 15.45℃　　15.95℃　　16.75℃

(4)若显示区 3 显示的不是实际值或替代值 136.8℃,检查进气歧管温度传感器及线束。

(5)按“→”键。

(6)按 0、6 键选择“结束输出”功能,并按 Q 键确认。

(7)关闭点火开关。

(8)将插头从进气歧管温度传感器上拔下,如图 1-38 所示。

(9)检测传感器触点间的电阻。环境温度达到 30℃时,电阻值应该为 1500 ~ 2000Ω,环境温度达到 80℃时,电阻值应该为 275 ~ 375Ω。电阻值与温度关系标定值图见图 1-39。若达不到标定值,更换进气歧管温度传感器(G72)。

(10)若达到标定值,将接线盒 V. A. G1598/31 连接到控制单元线束上。

(11)使用电路图检查接线盒和插头间是否断路,导线电阻最大值为 1.5Ω。

(12)检查导线间是否彼此短路、对搭铁短路或对正极短路。

(13)若未发现故障,更换柴油发动机电控单元(J248)。

4　检测燃油温度传感器

1)检测工具

检测使用的必备专用工具、车间装备、测试仪及辅助设施包括:

故障检测仪 V. A. G1551 或车辆系统测试仪 V. A. G1552 及线束 V. A. G1551/3、接线盒 V. A. G1598/31、手提式万用表 V. A. G1526 或 V. A. G1715、接线头 V. A. G1594、电路图。

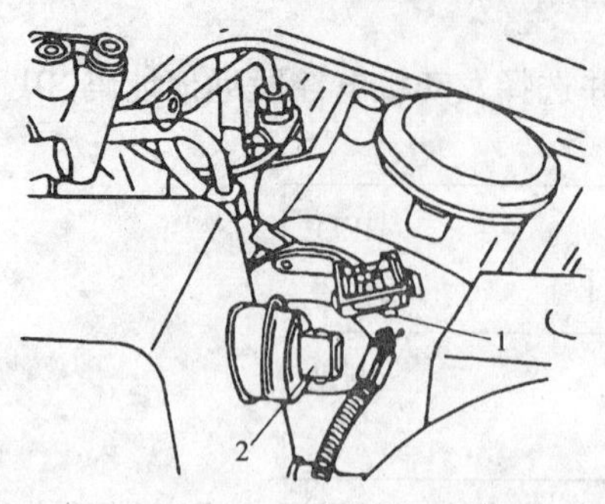

图 1-38　进气歧管温度传感器安装位置

1-进气温度传感器线束插头;2-进气温度传感器线束插座

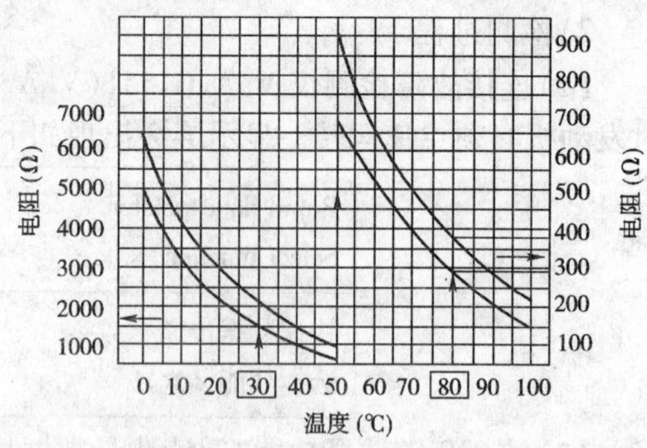

图 1-39　电阻值与温度关系标定值

2)检测过程

(1)连接故障检测仪 V. A. G1551(V. A. G1552)并选择发动机电控单元地址码“01”。此时发动机必须怠速运行。显示屏会出现如下信息:

Rapid data transfer Select function × ×	HELP
快速数据传递 选择功能 × ×	帮助

(2)按 0、8 键选择功能“阅读测量数据块”,并按 Q 键确认。显示屏会出现如下信息:

Read measured value block Input display group number × ×	HELP
阅读测量数据块 输入显示组号 × ×	帮助

(3)按 0、0、7 键选择“显示组”并按 Q 键确认。显示屏会出现如下信息:

Read measured value block 7 15.45℃　　15.95℃　　16.75℃
阅读测量数据块 7 15.45℃　　15.95℃　　16.75℃

(4)若显示区 1 显示的不是实际值或替代值 -5.4℃,则检查燃油温度传感器及线束。

(5)按“→”键。

(6)按 0、6 键选择“结束输出”,并按 Q 键确认。

(7)关闭点火开关。

(8)拔下燃油温度传感器10孔插头(喷油泵监控插头),如图1-40所示。

(9)检测燃油温度传感器触点4和触点7之间的电阻值,环境温度达到30℃时,电阻值应该为1500~2000Ω,环境温度达到80℃时,电阻值应该为275~375Ω。其他温度对应的电阻值范围见图1-39。若达不到标定值,更换喷油泵。

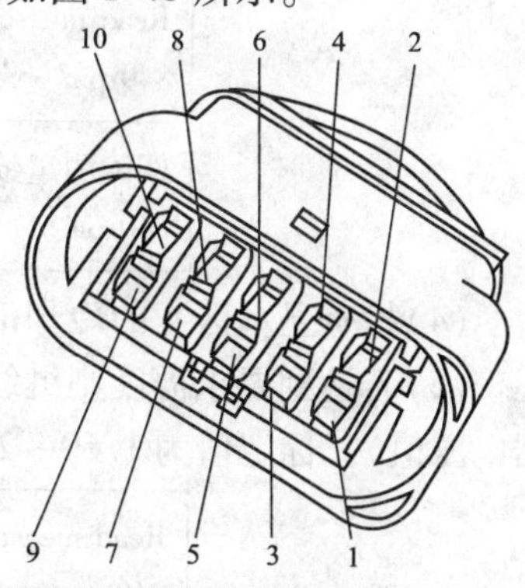

图1-40　燃油温度传感器10孔插头

(10)若达到标定值,将接线盒V. A. G1598/31连接到控制单元线束。

(11)用电路图检查接线盒与插头间线束是否断路。导线电阻最大为1.5Ω。

(12)检查导线间是否彼此短路、对搭铁短路或对正极短路。

(13)若未发现故障,则更换柴油发动机电控单元(J248)。

5　检测调节活塞位移传感器与油量调节器

油量调节器实际上是一个电磁转动电位计,通过定向的占空循环(开-关比例)由控制单元控制。油量调节器上的偏心轴在高压活塞上移动调节活塞,以起到调节喷油量的作用。

1)检测工具

检测使用的必备专用工具、车间装备、测试仪及辅助设施包括:

故障检测仪V. A. G1551或车辆系统测试仪V. A. G1552及线束V. A. G1551/31、接线盒V. A. G1598/31、手提式万用表V. A. G1526或V. A. G1715、接线头V. A. G1594、电路图。

2)检测过程

(1)连接故障检测仪V. A. G1551(V. A. G1552)并选择发动机电控单元地址码“01”。此时发动机必须怠速运转。显示屏会出现如下信息:

Rapid data transfer Select function ××	HELP
快速数据传递 选择功能××	帮助

(2)按0、8键选择“阅读测量数据块”功能,并按Q键确认。显示屏会出现如下信息:

Read measured value block Input display group number ××	HELP
阅读测量数据块 输入显示组号××	帮助

(3)按0、0和1键选择“显示组号1”并按Q键确认。显示屏会出现如下信息：

Read measured value block 1			
840rpm	6.5mg/H	1.480V	87.35℃
阅读测量数据块1			
840rpm	6.5mg/H	1.480V	87.35℃

(4)检查显示区4的冷却液温度，标定值应不低于85℃。

(5)若达到要求温度则继续下面检测，检查显示区3显示值(来自于调节活塞位移传感器电压值)。标定值为1.60~2.10V。

Read measured value block 1			
840rpm	6.5mg/H	1.480V	87.35℃
阅读测量数据块1			
840rpm	6.5mg/H	1.480V	87.35℃

(6)若达不到标定值，则按如下方法检测调节活塞位移传感器和油量调节器。

6 检测调节油泵活塞位移传感器

(1)按“→”键。

(2)按0、6键选择“结束输出”功能，并按Q键确认。

(3)关闭点火开关。

(4)拔下喷油泵10孔插头。

(5)测量插头插脚1与插脚2和插脚2与插脚3间的电阻，标定值为4.9~7.5Ω。

(6)若达不到标定值，则更换喷油泵。

(7)若达到标定值，将接线盒V. A. G1598/31连接到控制单元线束。

(8)用电路图检查接线盒与插头间线路是否断路，导线电阻最大为1.5Ω。

(9)检测导线间是否彼此短路、对搭铁短路或正极短路。

(10)若未发现故障，则更换柴油发动机电控单元。

7 检测油量调节器

(1)按“→”键。

(2)按0、6键选择“结束输出”功能，并按Q键确认。

(3)关闭点火开关。

(4)拔下喷油泵10孔插头

(5)测量插头端子5和端子6间电阻值：标定值为0.5~2.5Ω。

(6)若未达到标定值，更换喷油泵。

(7)若达到标定值，将接线盒V. A. G1598/31连接到控制单元线束。

(8)用电路图检查接线盒与插头间导线是否断路，导线最大电阻为1.5Ω。

(9)检查导线间是否彼此短路、对搭铁短路或对正极短路。

(10)若未发现故障,则更换柴油发动机电控单元。

8 检测针阀升程传感器

针阀升程传感器信号是用来确定喷油阀喷油始点信号。如果传感器失效,喷油阀喷油始点信号转换到开环控制(根据发动机转速与发动机负荷)。在正常操作过程中,喷油阀喷油始点信号由闭环功能能控制(根据发动机转速、发动机负荷与温度)。

1)检测工具

检测使用的必备专用工具、车间装备、测试仪及辅助设施包括:

接线盒 V. A. G1598/31、手提式万用表 V. A. G1526 或 V. A. G1715、接线头 V. A. G1594、电路图。

2)检测过程

(1)关闭点火开关。

(2)拔下针阀升程传感器插头。

(3)测量插头端点间电阻值:标定值为 80 ~ 120Ω。

(4)若达不到标定值,则更换带针阀升程传感器(G80)的 3 缸喷油器。

(5)若达到标定值,将接线盒 V. A. G1598/31 连接到控制单元线束。

(6)用电路图检查接线盒与插头间导线是否断路,导线电阻最大值为 1.5Ω。

(7)检查导线间是否彼此短路、对搭铁短路或对正极短路。

(8)若未发现故障,则更换柴油发动机电控单元(J248)。

9 检测进气歧管翻板电动机

1)检测工具

检测使用的必备专用工具、车间装备、测试仪器及辅助设施包括:

故障检测仪 V. A. G1551 或车辆系统检测仪 V. A. G1552 及线束 V. A. G1551/3、接线盒 V. A. G. 1598/31、手提式万用表 V. A. G1526 或 V. A. G1715、接线头 V. A. G1594、电路图。

2)检测过程

(1)连接故障检测仪 V. A. G1551(V. A. G1552)并选择发动机电控单元地址码“01”。此时发动机必须怠速运行。显示屏会出现如下信息:

Rapid data transfer Select function ××	HELP
快速数据传递 选择功能××	帮助

(2)按 0、3 键选择功能“执行元件诊断”。显示屏会出现如下信息:

Rapid data transfer 03 Final control diagnosis	Q
快速数据传递 03 执行元件诊断	Q

(3)按 Q 键确认输入。显示屏会出现如下信息：

Final control diagnosis Intake manifold flap motor-V157
执行元件诊断 进气歧管翻板电动机-V157

说明：激活进气歧管翻板电动机可改变燃烧噪声。

(4)若听不到燃烧噪声改变，按 C 键。

(5)按 0、6 键“结束输出”并按 Q 键确认输入。

(6)关闭点火开关。

(7)从进气歧管翻板电动机上拔下插头，如图 1-41 所示。

(8)打开点火开关。

(9)测量进气歧管翻板电动机插头插孔 4 与搭铁间电压，然后测量插头插孔 4 和插孔 1 之间的电压，如图 1-42 所示。其标定值为蓄电池电压。

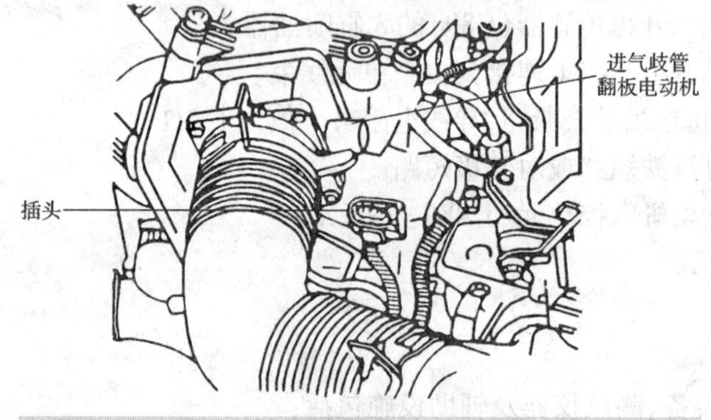

图 1-41　进气歧管翻板电动机位置

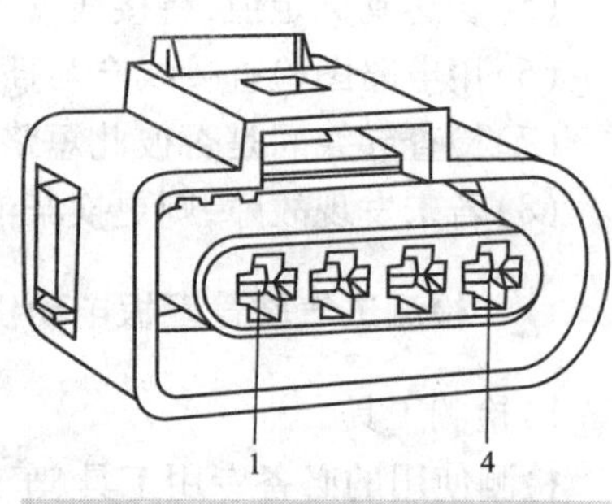

图 1-42　进气歧管翻板电动机插头

(10)若达不到标定值，关闭点火开关。

(11)将接线盒 V. A. G1598/31 连接到控制单元线束。

(12)检查接线盒与插头间线束是否断路：触点 2 和插口 81、触点 3 和插口 75 之间导线的电阻最大为 1.5Ω。

(13)检查导线间是否彼此短路、对搭铁短路或对正极短路，标定值为∞。

(14)若未发现故障，更换柴油发动机电控单元。

二、任 务 实 施

项目　柴油发动机电控泵系统故障检修

1　项目说明

柴油发动机电控泵系统在使用过程中，电控系统出现的故障信息会以故障码的形式存储在 ECM 中,因此对电控系统的检修,首先要按照检修流程读取故障码,然后再有针对性地进行部件检修。本项目中的捷达车,装有 1.9L SDI 发动机的故障车为轴向柱塞式分配泵电控系统,由于转速传感器故障导致发动机无法起动,要求检测并排除故障。

2 技术标准与要求

(1)每个学员独立完成此项目。

(2)技术标准:

按照大众公司捷达 SDI 发动机维修手册,以故障树为故障排查流程依据。检修完毕试机检验。

3 设备器材

(1)捷达 SDI 发动机;

(2)故障检测仪 V. A. G1551 或车辆系统检测仪 V. A. G1552 及线束 V. A. G1551/3、接线盒 V. A. G. 1598/31、万用表、接线头 V. A. G1594 和电路图。

4 作业准备

(1)清洁发动机;

(2)诊断设备与发动机连接。

5 操作步骤

具体步骤见表 1-5。

检测与修复步骤　　表 1-5

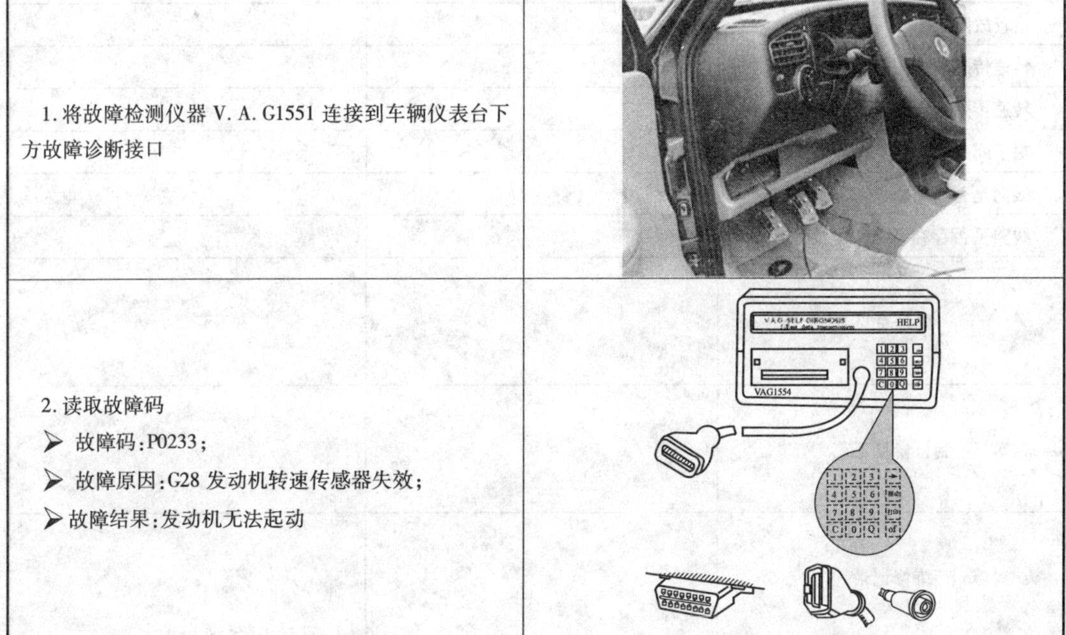

步骤	图示
1. 将故障检测仪器 V. A. G1551 连接到车辆仪表台下方故障诊断接口	
2. 读取故障码 ➢ 故障码:P0233; ➢ 故障原因:G28 发动机转速传感器失效; ➢ 故障结果:发动机无法起动	

续上表

<table>
<tr><td>3. 转速传感器检测
➢关闭点火开关；
➢拔下发动机转速传感器插头；
➢测量插头端子 1 和端子 3 间的电阻阻值；
➢标定值:1.1 ~ 1.6kΩ；
➢实测值:80Ω,为转速传感器故障</td><td>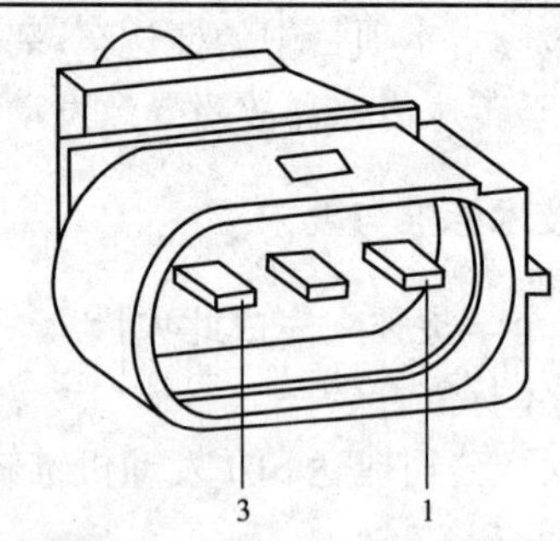
</td></tr>
<tr><td>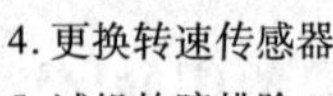
4. 更换转速传感器
5. 试机故障排除</td><td></td></tr>
</table>

6 记录与分析(表 1-6)

柴油发动机共轨电控燃油喷射系统故障的诊断与排除作业记录单 表 1-6

<table>
<tr><td>姓名</td><td></td><td>班级</td><td></td><td>学号</td><td></td><td>组别</td><td></td></tr>
<tr><td>车型</td><td></td><td>发动机编号</td><td></td><td>作业单号</td><td></td><td>作业日期</td><td></td></tr>
<tr><td colspan="2">检修步骤</td><td colspan="3">检修结果记录</td><td colspan="3">是否正常</td></tr>
<tr><td colspan="2">检查故障码</td><td colspan="3"></td><td colspan="3"></td></tr>
<tr><td colspan="2">转速传感器电阻是否异常</td><td colspan="3"></td><td colspan="3"></td></tr>
<tr><td colspan="2">转速传感器电路是否开路</td><td colspan="3"></td><td colspan="3"></td></tr>
<tr><td colspan="2">端子间是否短路</td><td colspan="3"></td><td colspan="3"></td></tr>
<tr><td colspan="2">线路是否短路搭铁</td><td colspan="3"></td><td colspan="3"></td></tr>
<tr><td colspan="2">线路是否存在开路</td><td colspan="3"></td><td colspan="3"></td></tr>
<tr><td colspan="2">处理意见</td><td colspan="3"></td><td colspan="3"></td></tr>
<tr><td colspan="2">制订修复工艺</td><td colspan="3"></td><td colspan="3"></td></tr>
<tr><td colspan="2">维修记录</td><td colspan="3"></td><td colspan="3"></td></tr>
</table>

三、学 习 评 价

(一)理论考核

1. 分析题

(1)柴油发动机电控技术的发展经历了哪几代?

(2)捷达1.9L SDI发动机属于什么类型的电控系统?

2. 判断题

(1)柴油发动机电控泵系统只能实现位置控制。 (　　)

(2)径向柱塞式分配泵的最大供油量调整是通过改变泵油柱塞的行程来实现的。 (　　)

(3)柴油发动机的电子控制最早是由对直列柱塞式喷油泵进行改造而成的。 (　　)

(4)径向柱塞式分配泵的供油量控制可以通过两种途径来实现:一种是控制泵油柱塞的行程,另一种是控制进油量。 (　　)

(5)分配泵供油量"位置控制"系统中,电子调速器有转子螺线管型和螺线管型两种。 (　　)

(二)技能考核

项目评分表见表1-7。

柴油发动机电控泵系统常见故障诊断与排除项目评分表　表1-7

基本信息	姓名		学号		班级		组别	
	规定时间		完成时间		考核日期		总评成绩	
任务工单	序号	内　容				扣分记录	标准分	评分
	1	仪器检查、发动机起动前检查					5	
	2	确认故障现象					5	
	3	目视检查					5	
	4	读取故障码,初步确定故障范围					10	
	5	使用汽车电脑诊断仪检测相关诊断数据流					5	
	6	使用万用表检测电阻或电压					10	
	7	维修资料使用					5	
	8	故障推理过程,确认故障点					15	
	9	排除故障,清除故障码,试车					5	
安全							5	
5S							5	
沟通表达							5	
工单填写							10	
工艺制订							10	

学习任务2　检修柴油发动机泵喷嘴电控系统

工作情境描述

一辆一汽大众宝来轿车,装有1.9L TDI柴油发动机,配备电控泵喷嘴,发动机出现了动力不足、排气管冒黑烟的故障。经检测,排除了发动机机械部分故障的可能,并初步判断是泵喷嘴电控系统出现故障。请按照故障诊断排除步骤检修该发动机的泵喷嘴电控系统,排除发动机故障。

学习目标

通过本任务的学习,应能:

1. 叙述柴油发动机泵喷嘴电控系统结构特点;
2. 叙述柴油发动机泵喷嘴电控系统类型、结构、工作原理;
3. 对柴油发动机泵喷嘴电控系统主要部件进行检修;
4. 根据维修手册,对柴油发动机泵喷嘴电控系统常见故障进行诊断排除。

学习时间

8学时。

学习引导

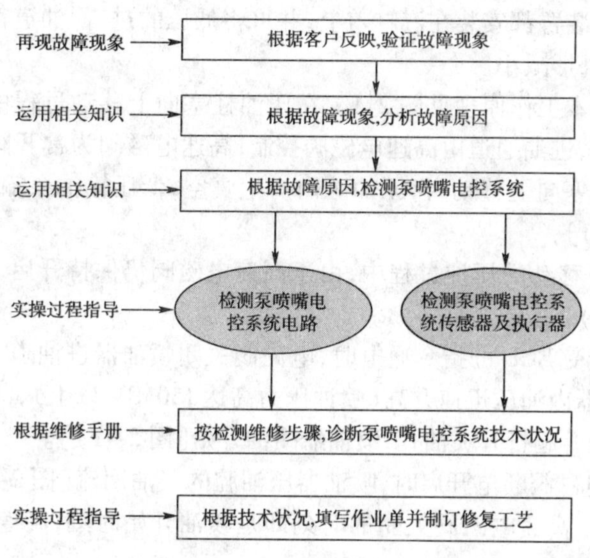

一、知识准备

(一)泵喷嘴电控系统概述

鲁道夫·狄塞尔在柴油发动机问世不久的1905年就提出了泵喷嘴的概念。自20世纪50年代以来,配备机械式泵喷射系统的柴油发动机就已应用于轮船和载货汽车上。20世纪80年代后期,由于排放对高喷油压力的要求及电控技术的快速发展,电控泵喷嘴成为极有魅力的新一代喷油系统。博世公司在1994年开始生产载货汽车用电控泵喷嘴,随后在1998年开始生产轿车用电控泵喷嘴。德国大众公司在柴油轿车Lupo上采用了博世公司的电控泵喷嘴系统,使得1.3L的发动机最大功率达到45kW,最大转矩达到140N·m,百千米油耗仅2.99L,并达到欧洲排放标准第3阶段。德尔福公司与卢卡斯公司在1993年开发了载货汽车用电控泵喷嘴,其结构和性能与博世公司开发的产品类似。

与其他新一代柴油喷油共轨系统相比,电控泵喷嘴最大的特点是容易实现高压喷油。而共轨系统一方面由于其结构特点特别是需要密封的高压部位多使其能够达到的高压受到限制,另一方面由于电控泵喷嘴的供油规律仍采用凸轮控制,在控制喷油压力及实现多次喷射等方面不如共轨系统的自由度大。

电控泵喷嘴由于取消了高压油管,利于产生高喷油压力,从而使燃油雾化质量提高,有利于改善柴油发动机的燃烧过程,从而降低排放和噪声。特点是在泵喷嘴电控系统中,去

掉了传统 P-T 燃油供给系统中结构复杂的 P-T 燃油泵和 P-T 喷油器的计量装置,但保留了传统 P－T 燃油供给系统中利用机械装置驱动喷油器对燃油加压的方式。博世公司生产的柴油轿车用电控泵喷嘴的喷油压力已高达2050MPa。由于采用电控系统,使系统控制灵活,通过电磁阀的两次动作可实现可控预喷射,大大降低了噪声和振动,并改善排放。此外,由于电控泵喷嘴及驱动装置都安装在汽缸盖上,并可将低压的进、回油道都设置在汽缸盖内,使发动机结构紧凑,外形减小。

电控泵喷嘴的基本工作原理见图 2-1。在压油柱塞向上移动过程中,由低压输油泵经进油道向喷油器供油,进油通道由高速电磁阀控制;高速电磁阀为常开阀(即断电时开启),当机械驱动的压油柱塞向上移动时,压油腔内产生真空,低压输油泵输送来的低压柴油被吸入压油腔〔图 2-1a)〕;

在压油柱塞向下移动的压油过程中,由于高速电磁阀仍保持开启,部分柴油被压回低压进油通道〔图 2-1b)〕;

当高速电磁阀接受 ECU 的指令通电时,电磁阀关闭喷油器进油道,随着压油柱塞压油行程的进行,使喷油器内油压迅速升高(喷油压力高达 150MPa 以上),油压作用在针阀中部的承压锥面上使针阀升起打开喷油孔,喷油器喷油开始〔图 2-1c)〕。

ECU 控制高速电磁阀断电开启时,喷油器压油腔的柴油回流〔图 2-1d)〕使油压迅速下降,喷油器喷油结束。高速电磁阀关闭的时刻即是喷油开始时刻,高速电磁阀关闭的持续时间决定了喷油量。

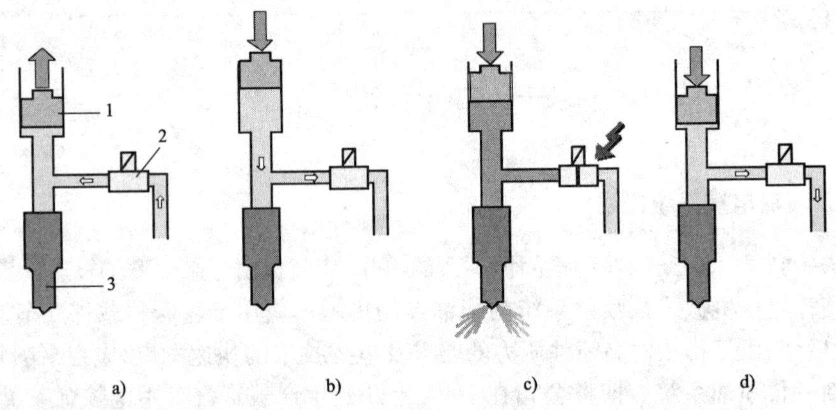

图 2-1　电控泵喷嘴基本工作原理

a)进油过程;b)压油过程;c)喷油过程;d)停油过程

1-压油柱塞;2-高速电磁阀;3-喷油嘴

(二)泵喷嘴电控系统结构

大众宝来轿车 1.9L TDI 柴油发动机泵喷嘴燃油系统结构如图 2-2 所示。

其中主要部件的作用如下:

(1)止回阀:发动机不工作时,防止燃油回流。

(2)旁通阀:如果燃油内有空气,则通过此处排出。

(3)节流孔与过滤器:收集、分离供油管内的气泡。

(4)限压阀1:调节供油管内压力大于0.75MPa时打开。

(5)限压阀2:保持回油管内压力在0.10MPa。

(6)燃油泵:燃油泵是间歇式叶片泵,其特点是在较低发动机转速时也可供油。泵体内油道使油泵转子始终处于被燃油浸润的状态,可随时输送燃油。

(7)燃油分配管集成:燃油分配管集成在缸盖内的供油管内,其功能是等量向各泵喷嘴分配燃油,在此,燃油与受热燃油混合,并被泵喷嘴强制送回供油管,使供油管内流向各缸的燃油温度一致。所有泵喷嘴均被提供相同量的燃油,可以使发动机运转平稳。否则,如果泵喷嘴的油温不同,并且泵喷嘴被提供不同量的燃油,就会使发动机运转不平稳,并且在前几个缸中产生极度高温。

(8)燃油冷却器:大众宝来车采用风冷技术对燃油进行冷却。

(9)电控泵喷嘴:泵喷射是柴油直喷发动机的一种高压喷射系统,是由泵、喷嘴及喷射控制单元组成的一个紧凑的单元。

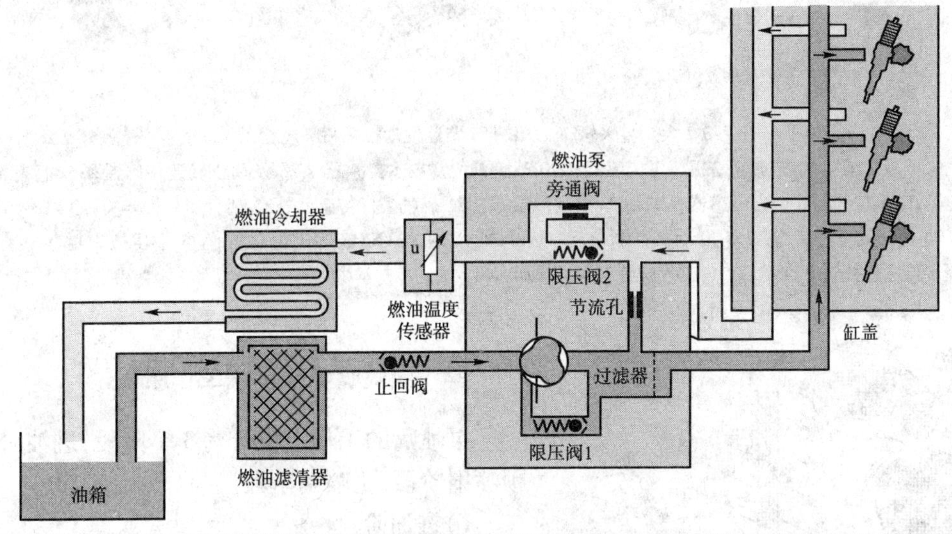

图2-2 大众宝来轿车1.9L TDI柴油发动机泵喷嘴燃油系统

大众宝来轿车1.9L TDI柴油发动机泵喷嘴电控系统结构如图2-3所示。

(三)泵喷嘴电控系统工作原理

1 电控泵喷嘴结构

一汽大众宝来轿车1.9L TDI柴油发动机电控泵喷嘴系统的结构见图2-4。

泵喷嘴安装在汽缸盖上,进、回油道均在汽缸盖内。泵喷嘴主要由驱动机构、高压泵、控制电磁阀和喷油嘴4部分组成;泵喷嘴驱动机构包括喷射凸轮、滚柱式摇臂、球销等,其作用是驱动泵喷嘴中的高压泵完成泵油;高压泵由泵油柱塞和高压腔组成,其功用是产生高压油;控制电磁阀的功用是控制泵喷嘴的喷油正时和喷油量;喷油嘴主要由针阀、针阀体、喷嘴弹簧、收缩活塞和针阀缓冲元件等组成,喷油嘴的针阀和针阀体与普通柴油发动机喷

油器相同，收缩活塞和针阀缓冲元件用于控制喷油器的喷油。

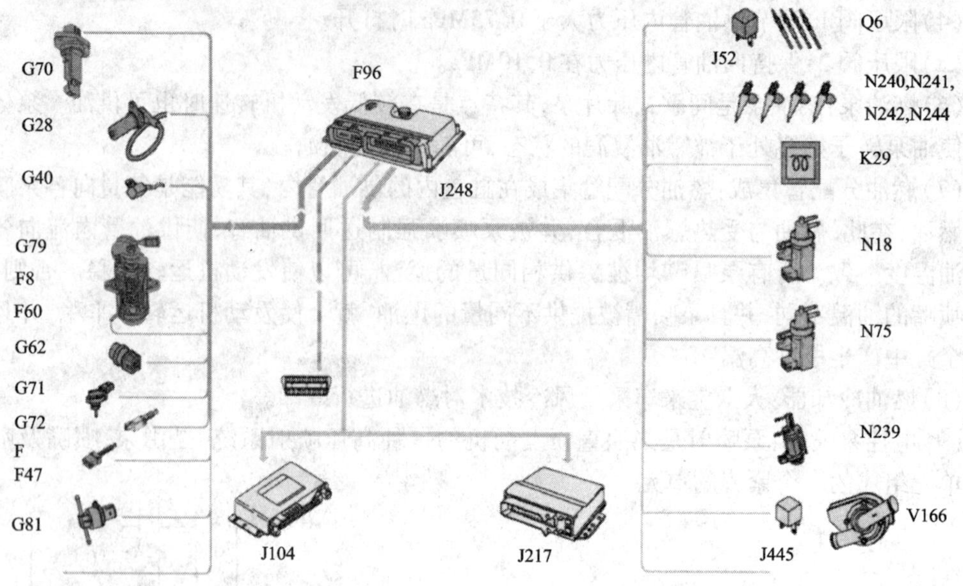

图 2-3　大众宝来轿车 1.9L TDI 柴油发动机泵喷嘴电控系统

G70-空气流量传感器；G79-加速踏板位置传感器；G40-凸轮轴位置霍尔传感器；G28-发动机转速传感器；G62-冷却液温度传感器；G71-进气歧管压力传感器；G72-进气温度传感器；G81-燃油温度传感器；F36-离合器踏板开关；F47-制动踏板开关；F96-海拔高度传感器；J248-发动机控制单元；N240\N241\N242\N243-喷嘴电磁阀；N75-增压压力控制电磁阀；N18-废气再循环控制电磁阀；N239-进气歧管翻板转换阀；J445-燃油冷却继电器

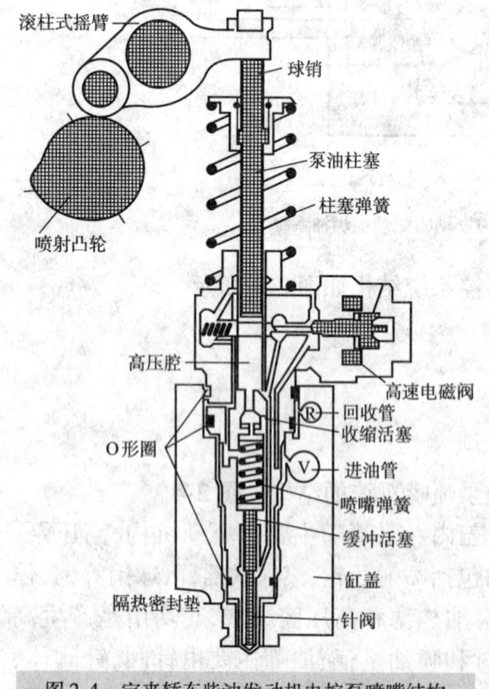

图 2-4　宝来轿车柴油发动机电控泵喷嘴结构

2　泵喷嘴电控系统工作原理

泵喷嘴的工作过程分为 3 个阶段：进油阶段、预喷射阶段、主喷射阶段。

1）进油阶段

喷射凸轮的凸峰转过之后，泵油柱塞在柱塞弹簧压力作用下向上移动，高压腔内容积增大。此时，高速电磁阀处于初始的开启状态，进油管到高压腔的通道打开，使燃油进入高压腔，为喷射做好准备。电控泵喷嘴进油阶段见图 2-5。

2）预喷射阶段

喷油速率和喷油规律对柴油发动机的动力性、经济性、排放和噪声等均有很大的影响。喷油速率是指喷油器在单位曲轴转角（或单位时间）内的平均喷油量，而喷油规律是指喷油器的喷油速率随曲轴转角（或时间）的变化规律。

一汽大众宝来轿车 1.9L TDI 柴油发动机电

控泵喷嘴系统，利用收缩活塞将喷射过程分为预喷射（前期喷射）和主喷射（后期喷射）两个阶段，并利用缓冲活塞控制针阀上升时的升程变化，从而保证其具有"先缓后急"的理想喷油规律。

喷射凸轮通过滚柱式摇臂驱动泵油柱塞向下移动，初期由于高速电磁阀仍未关闭，高压腔内的部分柴油被压回到进油管，直到ECU控制的高速电磁阀通电、高速电磁阀关闭高压腔到进油管的通道为止；然后高压腔内开始产生压力，当压力达到18MPa时，针阀承压锥面上承受的上升力（油压分力）高于喷嘴弹簧力，针阀上升开启喷油孔，预喷射开始，见图2-6。

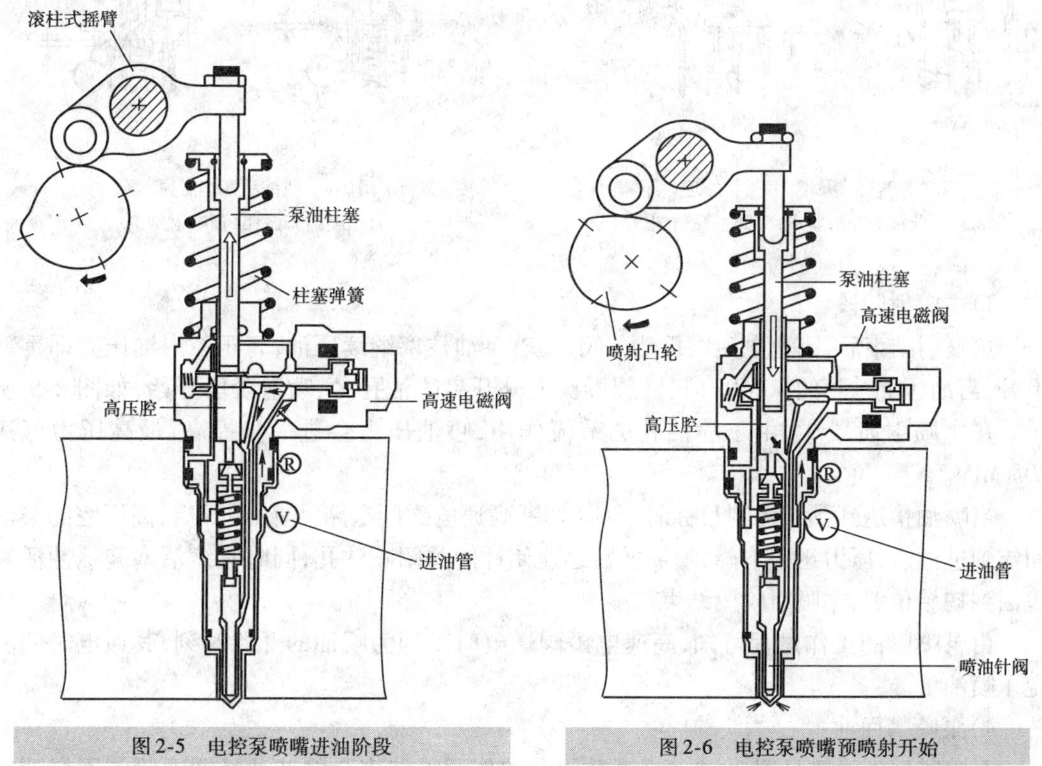

图2-5　电控泵喷嘴进油阶段

图2-6　电控泵喷嘴预喷射开始

在针阀上升开启喷油孔的过程中，缓冲活塞起限制针阀上升速度的作用，以实现理想喷油规律的"先缓"。缓冲活塞工作原理见图2-7，喷油开始前，喷嘴弹簧将缓冲活塞和针阀压至最下端位置，使针阀关闭喷油孔，此时在针阀室上部充满柴油；开始喷油时，针阀和缓冲活塞一起上升，针阀室上部的柴油被压回喷嘴弹簧室，由于缓冲活塞与喷嘴内孔之间泄油间隙的节流作用，使针阀的上升速度受到阻尼，喷油速率的增长平缓。针阀上升初期〔图2-7a)〕，泄油间隙足够大、节流作用小，缓冲活塞对针阀上升的"阻尼"作用较小，但当缓冲活塞下部开始进入针阀室与喷嘴弹簧室之间直径较小的内孔时〔图2-7b)〕，由于泄油间隙减小、节流作用增强，缓冲活塞对针阀上升的"阻尼"作用明显增大，针阀升程增加更缓慢。

预喷射阶段的喷油量很少，时间很短。收缩活塞的作用是将喷油分成预喷射和主喷射两个阶段，同时限制预喷射时间，以提高主喷射时的喷油压力。收缩活塞作用原理见图2-8，预喷射开始后，高压腔内的油压作用在收缩活塞上，随着泵油柱塞压油行程的继续进行，高

压腔内的油压进一步提高。当达到一定压力时,收缩活塞下移,高压腔内容积增大,使高压腔内的油压瞬间下降,针阀关闭喷油孔,预喷射结束。此外,由于收缩活塞的下移增加了喷嘴弹簧的预紧力,在预喷射后的主喷射阶段,使针阀上升开启喷油孔所需的油压必然比预喷射过程中的油压高。

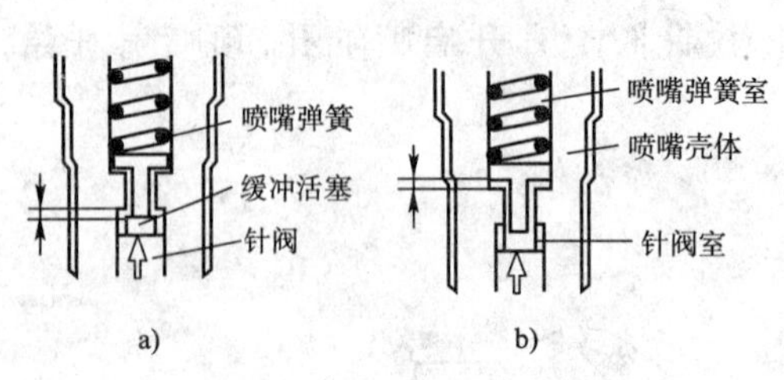

图 2-7 缓冲活塞工作原理
a)针阀上升初期;b)针阀上升后期

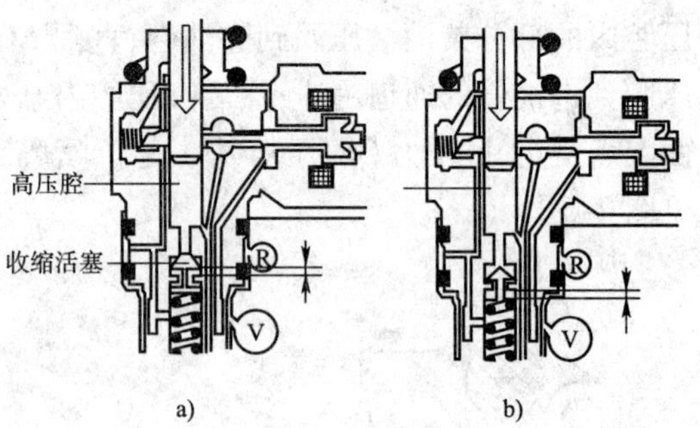

图 2-8 收缩活塞作用原理
a)预喷射开始;b)预喷射结束

3)主喷射阶段

预喷射结束后,高速电磁阀仍然关闭,随着泵油柱塞继续压油,高压腔内油压立即重新上升,当油压上升到约 30MPa 时,针阀再次上升开启喷油孔,主喷射阶段开始,如图 2-9 所示。在主喷射阶段中,由于喷油孔的节流作用,喷油压力会进一步提高,最高压力可达 205 MPa。

当喷油量达到预期控制目标时,ECU 切断高速电磁阀电路,电磁阀开启,高压腔的柴油回流到进油管,压力迅速下降,喷嘴弹簧迅速使针阀关闭喷油孔,同时收缩活塞和缓冲活塞也回到初始位置,主喷射阶段结束。

由泵喷嘴的工作过程可知,高速电磁阀通电时刻即为喷油的开始时刻,其通电时间决定了喷油量。

4)泵喷嘴回油

泵喷嘴回油线路见图 2-10。泵喷嘴回油的作用除使多余的柴油经回油管流回燃油箱外,还可以冷却泵喷嘴、排除泵油柱塞处泄出的柴油、通过回油管节流孔分离来自进油管内的气泡。

泵喷嘴进油阶段高压腔充满油后,或高速电磁阀关闭进油通道后,来自进油管的柴油全部经回油管流回燃油箱。

(四)泵喷嘴电控系统主要部件检修

1 空气流量传感器检修

空气流量传感器能准确地测定进入发动机的空气流量,以作为电喷系统计算喷油量的基本依据。控制单元用空气流量传感器的信号计算喷油量及所需要的废气再循环的量,空气流量的信号越小,喷油量也越少。空气流量传感器可以分为以下三种类型:

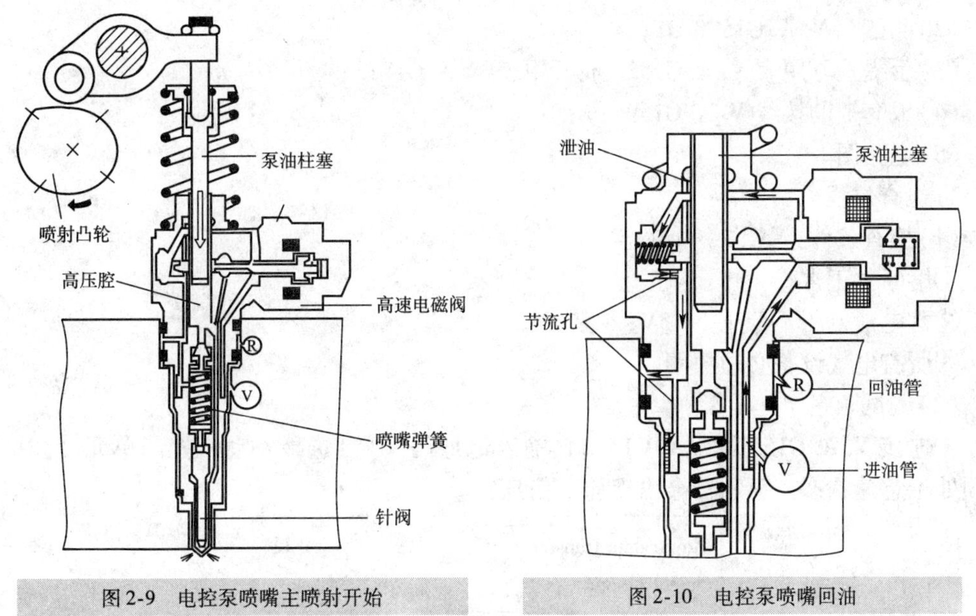

图2-9　电控泵喷嘴主喷射开始

图2-10　电控泵喷嘴回油

(1)翼板式。空气通过测量板时,克服弹簧拉力使测量板移动并带动电位计转过一定角度。流量越大,转角越大,电阻的变化也越大。因此可将流量的大小转变为电阻的大小,这种流量计的缺点是阻碍和干扰进气气流,重量和体积大,操作反应慢,已经使用较少。

(2)热线式。这种传感器是用热敏性铂丝制成的热线流量计,安装在进气道中,通电使其保持一定温度。空气通过热线时,热线降温,电路自动加大电流,可使其保持原定温度。空气流量越大,增加的电流也越大。因此可将流量的大小转变为电流的大小,这种流量计,没有进气阻力,得到了广泛应用。还有一种热线式的变种:热膜式。它把热线及电阻用厚膜工艺镀在一块陶瓷基片上,特点是:测量精度高。

(3)涡流式。在进气道中放置涡流发生柱,空气通过时,在发生柱的后面会产生旋涡,流量越大,旋涡越多。通过采用超声波或光学的方法测定旋涡的数量,即可间接测定空气的流量。这种流量计的特点是:没有进气阻力,同时,操作反应快,但成本太高。目前在柴油发动机电控系统中使用较多的是热膜式。

热膜式空气流量传感器工作的基本原理是:保持空气流量传感器中热电阻的温度恒定。由于流经空气流量传感器的空气流对热电阻冷却作用不同,因此保持热电阻温度恒定所需的电流不同。所以,保持热电阻温度恒定所需的电流值就是吸入空气量的对应值。另外,由于冷空气的冷却作用较强,需要空气温度作为修正系数。带反向空气流量识别的空气流量传感器用来测定进气量。空气流量传感器位于进气管内。空气翻板的开关动作在进气管内产生反向气流,带反向空气流量识别的热膜式空气流量传感器可测定返回的空气流量,修正后将信号传给发动机控制单元,以便精确测量进气量。

1)空气流量计故障码

空气流量计故障码为16485/17552-4。

2)检修工具及设备

(1)V. A. G1551或V. A. G1552,配有线束V. A. G1551/3;

(2)测试盒 V. A. G1598/31;

(3)手提式万用表 V. A. G1526 或万用表 V. A. G1715;

(4)成套辅助接线 V. A. G1594;

(5)电路图。

3)检查过程

(1)检查条件:

①熔断丝正常;

②蓄电池电压不低于 11.5V;

③所有电气设备必须关闭。

(2)测试顺序:

①连接 V. A. G1551(V. A. G1552),输入地址码"01",选择发动机控制单元,此时发动机须处于怠速状态。显示器会出现如下信息:

Rapid data transfer	HELP
Select function ××	

②按 0 和 8 键,进入"读取测量数据块"功能,用 Q 键确认输入。显示器会出现如下信息:

Read measured value block
Enter display group number ×××

③按 0,1 和 0 键,进入"显示组 10",用 Q 键确认输入。显示器会出现如下信息:

Read measured value block 10		
309mg/h	1027mbar	1011mbar
0.0%		

④检查显示区 1 显示的进气量。规定值为 230 ~ 420mg/h。

如果达不到规定值,检查废气再循环值,排除废气再循环系统故障;否则,在全负荷工况下从 1500r/min 开始加速,变速器置于 2 挡,进行路试。

⑤路试时,注意遵守安全注意事项。

当转速达到约 3000r/min 时,按下 V. A. G1551 的 PRINT 键,此时加速踏板必须踩到底。显示区 4 的显示如下:

Read measured value block 10			
830mg/h	1027mbar	1850mbar	100.0%

显示区 4 的规定值应为 100%(加速踏板位置)。

如果未达到规定值,在全负荷工况下重新测量并加速,检查显示区 1 显示的进气量。

如果规定值 >800mg/h,则按"→"键。

然后按 0 和 6 键,进入"结束数据传输"功能,用 Q 键确认输入;关闭点火开关。

如果显示区 1 显示为一恒定值——539mg/h(预定的替代值),则拔掉空气流量计插头并打开点火开关,对空气流量计进行检测。

⑥测量空气流量计如图 2-11 所示插头针脚间的电压：

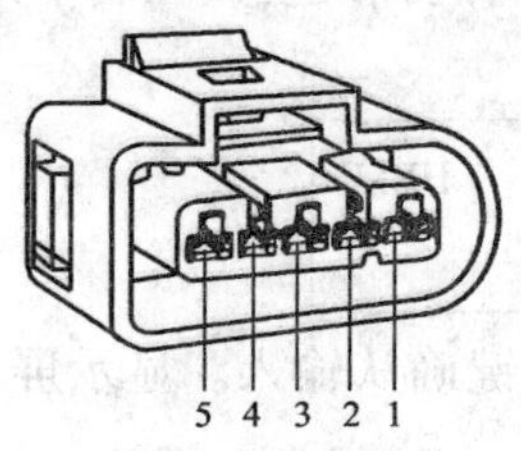

G70 插头触点	规定值
2 与搭铁点	约为蓄电池电压
2 与 3	约为蓄电池电压
4 与搭铁点	约 5V
4 与 3	约 5V

图 2-11　空气流量计插头

测量完毕后关闭点火开关。

如果未达到规定值，则将测试盒 V. A. G1598/31 连接到发动机控制单元的线束上，但不连接发动机控制单元，如图 2-12 所示。

然后按电路图检查测试盒与插头间电路是否断路，其中包括端子 2 与插口 1 和 2 间；端子 3 与插口 49 间；端子 4 与插口 30 间；端子 5 与插口 68 间。线路电阻值最大为 1.5Ω。

最后，还需检查线路间、对搭铁及对蓄电池正极是否短路，规定值为∞。

V.AG.1598/31

图 2-12　测试盒

2　燃油温度传感器检修

燃油温度传感器信号用于监测燃油温度。发动机控制单元需要该信号来计算喷油始点和喷油量。一般来说，温度不同，燃油密度也不相同。此外，有些车型利用该信号控制燃油冷却泵开关闭合。

燃油温度传感器信号失效时，发动机控制单元会利用来自冷却液温度传感器 G62 的信号计算出一个替代值。

1）燃油温度传感器故障码

燃油温度传感器故障码为 17570 -1。

2）检修工具及设备

（1）V. A. G1551 或 V. A. G1552，配有线束 V. A. G1551/3；

（2）测试盒 V. A. G1598/31；

（3）手提式万用表 V. A. G1526 或万用表 V. A. G1715；

（4）成套辅助接线 V. A. G1594；

（5）电路图。

3）检测过程

（1）检测条件

①熔断丝正常；

②蓄电池电压不低于 11.5V；

③所有电气设备必须关闭。

(2)测试顺序

①连接 V. A. G1551(V. A. G1552),输入地址码“01”,选择发动机控制单元,此时发动机需处于怠速状态。显示屏会出现如下信息:

Rapid data transfer	HELP
Select function ××	

②按 0 和 8 键,进入“读取测量数据块”功能,用 Q 键确认输入。显示屏会出现如下信息:

Read measured value block
Enter display group number ×××

③按 0,0 和 7 键,进入“显示组 7”,用 Q 键确认输入。显示屏会出现如下信息:

Read measured value block 7
15.45C 0% 15.95C 16.75C

④检查显示区 1 的燃油温度值:其读数应约为环境温度值。

⑤如果有故障,则显示的燃油温度值会稳定在 40.5℃。此时应按“→”键。

然后按 0 和 6 键,进入“结束数据传输功能”,用 Q 键确认输入;关闭点火开关。

⑥如果显示区 1 不显示实际值或显示 40.5℃的代替值,应按如下方法检查燃油温度传感器和其电路:

拔掉温度传感器的插头,测量传感器端子 1 与 2 之间的电阻。规定值如图 2-13 所示:

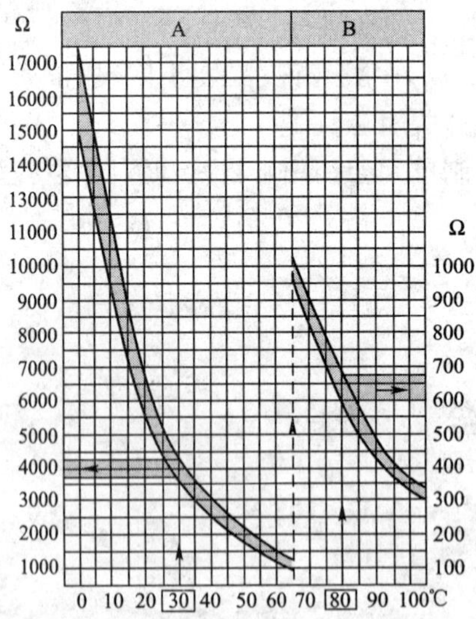

A栏为温度在 0~65℃时的电阻值;
B栏为温度在65~100℃时的电阻值

示例:

◆30℃所对应的电阻为 3790～4270Ω。

◆80℃所对应的电阻为 600～660Ω。

图 2-13 燃油温度传感器电阻规定值

如果未达到规定值则更换燃油温度传感器(G81);否则,将测试盒 V. A. G1598/31(图 2-14)连接到发动机控制单元的线束上,但不连接发动机控制单元。

然后，按电路图检查测试盒与端子间线路是否断路，其中包括：端子1与插口103间；端子2与插口111间。线路电阻最大为1.5Ω，如图2-15所示。

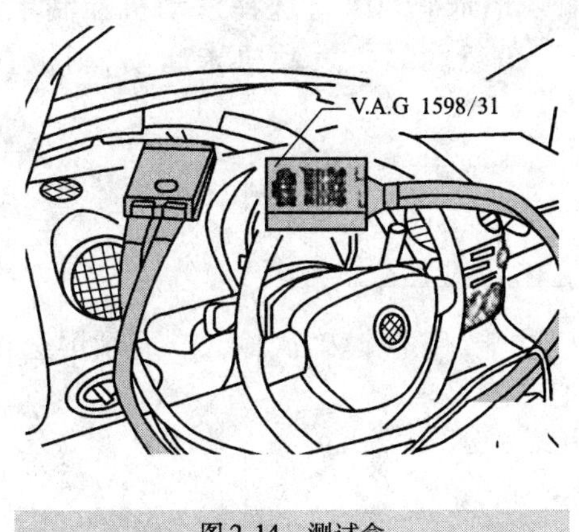

图2-14　测试盒

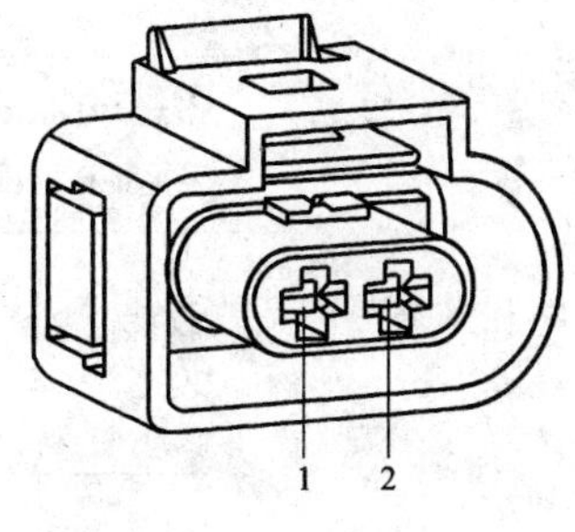

图2-15　燃油温度传感器插头

最后，还需检查电路间、对搭铁或对蓄电池正极是否短路，规定值为∞。

如果在线路中未检测到故障，则应更换柴油直接喷射系统控制单元。

3　喷嘴电磁阀检修

发动机控制单元通过喷嘴电磁阀调节泵喷嘴的喷射始点和喷射量。

(1)喷油始点：一旦发动机控制单元激活某一个喷嘴电磁阀，电磁线圈会将电磁阀针阀压到阀座内，切断至泵喷嘴单元高压腔的通道，喷射循环开始。

(2)喷油量：喷油量由电磁阀激活时间的长短决定。只要喷嘴电磁阀关闭，燃油即被喷射至燃烧室内。

喷嘴电磁阀信号失效时，发动机则不能平稳运转，功率也会下降。喷嘴电磁阀具有双保险功能，若电磁阀保持常开状态，泵喷嘴内无法建立起压力；若电磁阀保持常闭状态，泵喷嘴高压腔内无法充注燃油。两种情况下，都没有燃油喷到汽缸内。

1)燃油温度传感器故障码

燃油温度传感器故障码为17570-1。

2)检修工具及设备

(1)V. A. G1551或V. A. G1552，配有线束V. A. G1551/3；

(2)测试盒V. A. G1598/31；

(3)手提式万用表V. A. G1526或万用表V. A. G1715；

(4)成套辅助接线V. A. G1594；

(5)电路图。

3)检查过程

(1)检查条件

①熔断丝正常；

②蓄电池电压不低于11.5V；

③所有电气设备必须关闭。

(2)测试顺序

①连接 V. A. G1551(V. A. G1552),输入地址码“01”,选择发动机控制单元,此时发动机需处于怠速状态,显示屏会出现如下信息。如果发动机未起动,则检查泵喷嘴电阻。

Rapid data transfer	HELP
Select function ××	

②按 0 和 8 键,进入“读取测量数据块”功能,用 Q 键确认输入。显示屏会出现如下信息:

Read measured value block
Enter display group number ×××

③按 0,1 和 8 键,进入“显示组 18”,用 Q 键确认输入。显示屏会出现如下信息:

Read measured value block 18			
0	0	0	0

④检查显示区 1 ~4 的泵喷嘴状态值:

显示区 1 =1 缸;显示区 2 =2 缸;显示区 3 =3 缸;显示区 4 =4 缸。

所有 4 个显示区的规定值都必须显示为表示无故障控制的“0”。

注意:在检查时,发动机至少怠速 1min,然后读取显示区 1 ~4 的显示值。

如果 4 个显示区均显示为无故障控制的“0”:则按“→”键;按 0 和 6 键,进入“结束数据传输”功能,用 Q 键确认输入,然后关闭点火开关;否则检查泵喷嘴电阻。

⑤检查泵喷嘴电阻:

a. 断开汽缸盖处的泵喷嘴插头,检查泵喷嘴插座端子间的电阻,如图 2-16 所示:

各缸电阻测量方法为:

1 缸电阻:端子 7 和端子 5;

2 缸电阻:端子 7 和端子 3;

3 缸电阻:端子 7 和端子 2;

4 缸电阻:端子 7 和端子 6。

其规定值约为 0.5Ω。

b. 检查电路间及对搭铁是否短路,其规定值为∞。

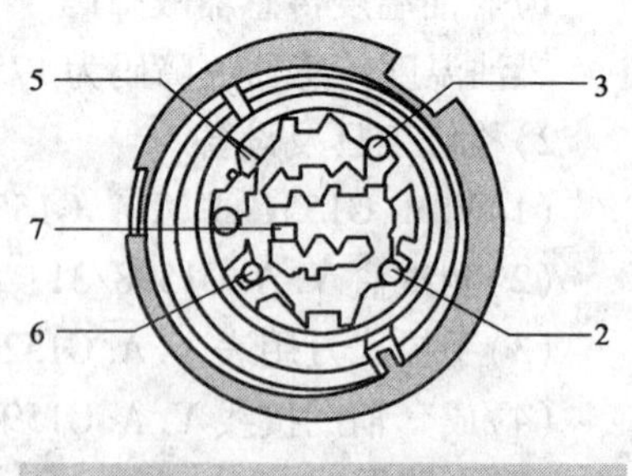

图 2-16 泵喷嘴插座

如果达到规定值,则按电路图检查控制单元电路;否则检查泵喷嘴阀端子间泵喷嘴阀的电阻。

⑥检查泵喷嘴阀端子间泵喷嘴阀的电阻:

a. 拆下上部齿形皮带罩和汽缸盖罩。

用螺丝刀撬开泵喷嘴插头，支住插头的另一侧，防止其倾斜，如图 2-17 所示。

b. 检查泵喷嘴阀端子间泵喷嘴阀的电阻，如图 2-18 所示：

规定值约为 0.5Ω。

c. 如果未达到规定值：更换失效的泵喷嘴；否则，检查泵喷嘴插座相应端子与所有 4 个插头的端子 2 间的电路是否断路，如图 2-19 所示：

图 2-17　泵喷嘴插头拆卸

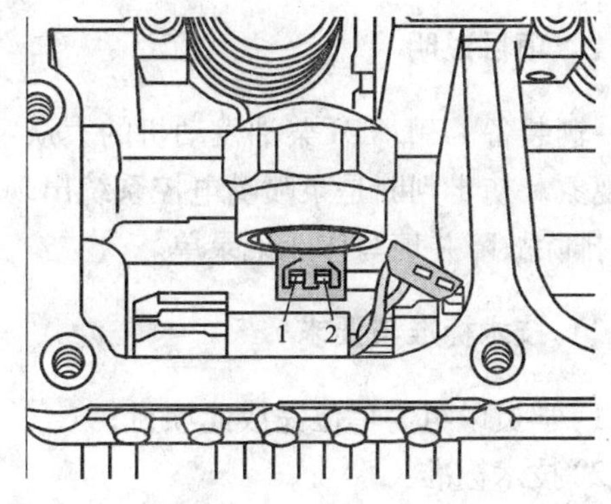

图 2-18　泵喷嘴阀端子

各缸与端子的对应关系为：

1 缸：端子 2（灰色）与端子 5；

2 缸：端子 2（红色）与端子 3；

3 缸：端子 2（黄色）与端子 2；

4 缸：端子 2（白色）与端子 6。

线路的最大电阻为 1.5Ω。

d. 检查泵喷嘴与所有 4 个插头端子 1 间电路是否短路。

端子 1（棕色）+ 端子 7；

线路的最大值 1.5Ω。

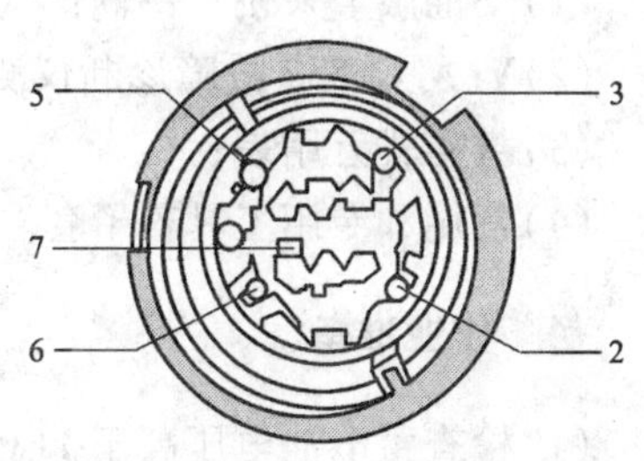

图 2-19　泵喷嘴插座

e. 对线路的短路进行附加检查。规定值为∞。

⑦检查控制单元的线路：

a. 将测试盒 V. A. G1598/31 连接到发动机控制单元的线束上，但不连接发动机控制单元。

b. 按电路图检查测试盒与插头间的线路是否断路，如图 2-20 所示。

测试盒与插头端子的对应关系如下：

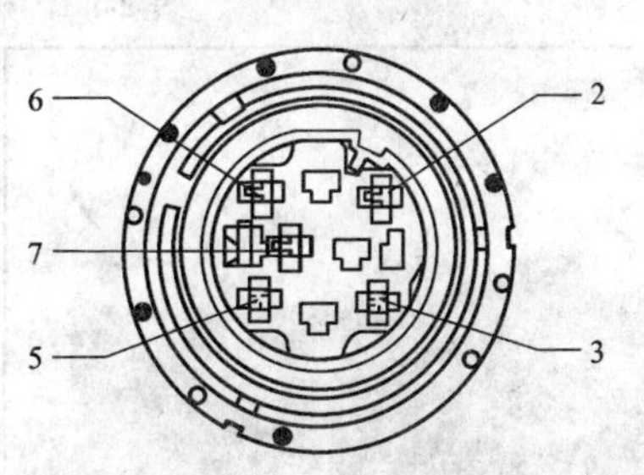

图 2-20　发动机控制单元插座

端子 2 与插口 118；

端子 3 与插口 117；

端子 5 与插口 116；

端子 6 与插口 121；

端子 7 与插口 114。

线路最大电阻为 1.5Ω。

c. 另外，还需对线路间、对搭铁及对蓄电池正极是否短路。其规定值为∞。

二、任 务 实 施

项目　柴油发动机泵喷嘴电控系统故障检修

1 项目说明

一辆装备 1.9L TDI 柴油发动机的大众宝来轿车，发动机出现了动力不足，排气管冒黑烟的现象。初步判断是泵喷嘴电控系统出现故障，要求学员进行检测、分析和诊断，找到故障点、排除故障并填写作业记录单。

2 技术标准与要求

(1)学员以组为单位完成此项目；

(2)技术标准：

大众宝来 1.9L TDI 柴油发动机电控系统电路图和维修手册。

3 设备器材

(1)柴油版宝来轿车一辆；

(2)V. A. G1552 故障诊断仪测试仪 1 台；

(3)数字式万用表；

(4)常用和专用工具若干套。

4 作业准备

(1)检查蓄电池电压高于 11V；

(2)连接并打开尾气排放收集装置；

(3)准备工具和作业记录单。

5 操作步骤

操作步骤见表 2-1。

检修操作步骤　　表 2-1

1. 向用户询问故障现象 ➢ 目视检查，正常； ➢ 观察故障现象。起动发动机，发现发动机怠速冒黑烟； ➢ 车辆挂负荷就会熄火	

续上表

2. 连接 V. A. G1552 故障诊断仪测试仪到车辆故障诊断接口

➢ 读取故障码，显示：17552P1144，空气流量计 G70，开路/对搭铁短路；

➢ 故障原因：空气流量计失效或线路断路/搭铁

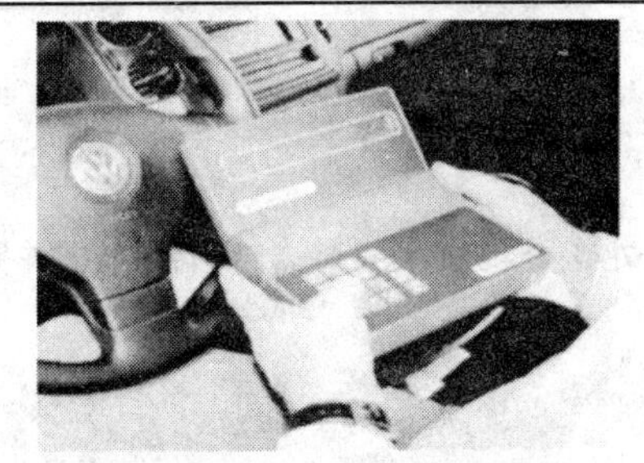

3. 检测条件

➢ 熔断丝正常；

➢ 蓄电池电压不低于 11.5V；

➢ 所有电器设备关闭

4. 空气流量计 G70 检测

➢ 检测发动机怠速空气流量。该工况标准值为 230～420mg/h；实测值为 350mg/h，达到规定值；

➢ 检测发动机全负荷加速空气流量。该工况标准值为大于 800mg/h；（注：mg/h 是毫克/小时）

➢ 实测值为恒定的 539mg/h；

➢ 以上对空气流量计的测试说明空气流量计线路可能存在故障

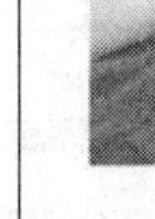

5. 空气流量计线束检测

➢ 打开点火开关，拔下空气流量计插头，检测图中插头端子间的电压。

G70 插头触点	规定值
2＋搭铁点	约为蓄电池电压
2＋3	约为蓄电池电压
4＋搭铁点	约 5V
4＋3	约 5V

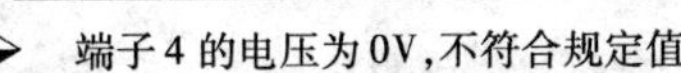

➢ 端子 4 的电压为 0V，不符合规定值

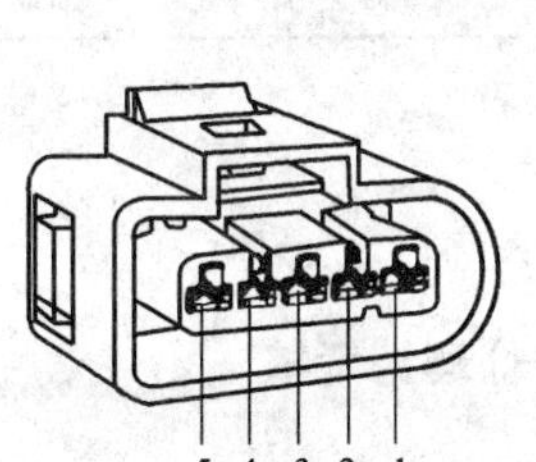

6. 端子 4 线束是否断路/短路

➢ 连接测试盒，测量端子线束的导通性；

➢ 端子 4 线束电阻实测 150Ω，大于规定极限值 1.5Ω；

➢ 端子 4 线束断路

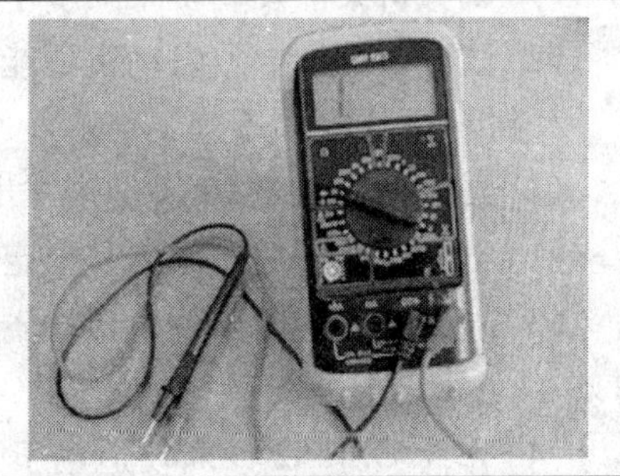

续上表

7. 线束修复,试机正常,清除故障码,清洁车辆	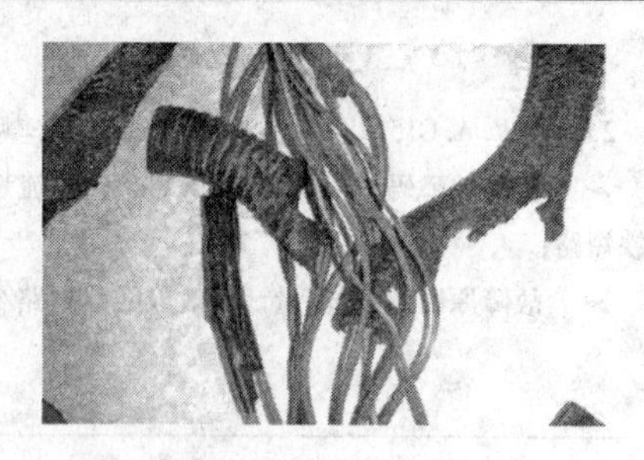

6 记录与分析(表 2-2)

柴油发动机泵喷嘴电控系统故障的诊断与排除作业记录单 表 2-2

姓名		班级		学号		组别	
车型	发动机编号		作业单号		作业日期		

检修步骤	检修结果记录	是否正常
故障检测前准备		
检查故障码		
空气流量计检测		
空气流量计工作电压是否正常		
空气流量计端子线路导通性检测		
处理意见		
制订修复工艺		
维修记录		

三、学习评价

(一)理论考核

1. 分析题

(1)试分析柴油发动机泵喷嘴电控系统与高压共轨电控系统之间的异同。

(2)试分析可能导致发动机不能起动的原因有哪些。

2. 判断题

(1)泵喷嘴系统是 20 世纪末才出现的技术。 ( )

(2)空气流量计的输出信号恒定说明信号正常。 ( )

(3)电磁脉冲式曲轴位置传感器无需 ECU 供给 5V 电源,只要转动传感器就能产生信号。 ( )

(4)V. A. G. 1552 诊断仪适用于目前世界上绝大多数品牌的车辆。 ( )

3. 选择题

(1)泵喷嘴一般安装在柴油发动机的(　　)。

A. 进气歧管位置　　B. 缸盖

C. 缸体　　D. 主气道位置

(2)柴油发动机电控系统故障诊断的一般程序为(　　)。

A. 询问用户→直接观察→起动试机→读取故障码→清除故障码→故障检查排除

B. 询问用户→起动试机→直接观察→读取故障码→清除故障码→故障检查排除

C. 询问用户→直接观察→起动试机→读取故障码→故障检查排除→清除故障

D. 询问用户→起动试机→直接观察→读取故障码→故障检查排除→清除故障码

(3)下面哪个不是泵喷嘴的主要组成部分?(　　)

A. 驱动机构　　B. 高压泵

C. 控制电磁阀　　D. 喷油嘴

E. 输油泵

(二)技能考核

项目的评分表见表2-3。

柴油发动机泵喷嘴电控系统常见故障诊断与排除项目评分表　　表2-3

基本信息	姓名		学号		班级		组别	
	规定时间		完成时间		考核日期		总评成绩	
任务工单	序号	内　容				扣分记录	标准分	评分
	1	仪器检查、发动机起动前检查					5	
	2	确认故障现象					5	
	3	目视检查					5	
	4	读取故障码,初步确定故障范围					10	
	5	使用汽车电脑诊断仪检测相关诊断数据流					5	
	6	使用万用表检测电阻或电压					10	
	7	维修资料使用					5	
	8	故障推理过程,确认故障点					15	
	9	排除故障,清除故障码,试车					5	
安全							5	
5S							5	
沟通表达							5	
工单填写							10	
工艺制订							10	

学习任务3　检修柴油发动机共轨电控燃油喷射系统

工作情境描述

一辆宇通客车,装有康明斯四缸 ISBe 发动机,起动发动机时,发动机运转不稳、工作粗暴。经检测,排除了发动机机械部分故障的可能。初步判断是高压共轨喷射系统出现故障。请按照故障诊断排除步骤检修该发动机的高压共轨喷射系统,排除发动机故障。

学习目标

通过本任务的学习,应能:

1. 叙述柴油发动机共轨电控燃油喷射控制系统结构特点;
2. 叙述柴油发动机共轨电控燃油喷射控制系统类型、结构、工作原理;
3. 对柴油发动机共轨电控燃油喷射系统主要部件进行检修;
4. 根据维修手册,对柴油发动机共轨电控燃油喷射系统常见故障进行诊断排除。

学习时间

14 学时。

学习引导

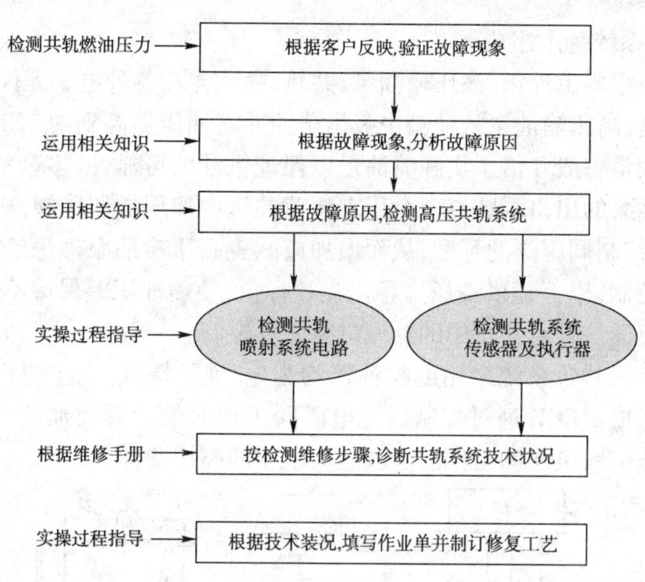

一、知 识 准 备

(一)共轨式柴油发动机电控系统

1　共轨式电控燃油喷射系统的应用

20 世纪 90 年代以来,随着电子控制技术在柴油发动机上应用的日益增多,控制精度不断提高,控制功能不断扩大,加上增压技术和废气再循环技术等在柴油发动机上应用的逐渐成熟,大大提高了柴油发动机在轿车和轻型车动力装置中的竞争力。2003 年,一汽大众推出国内第一款柴油轿车捷达 1.9L SDI,2004 年相继推出了宝来 1.9L TDI 和奥迪 A6 2.5L TDI。

2　共轨式电控燃油喷射系统的类型

共轨技术不仅是指用一个公共油轨(简称共轨)给各缸喷油器输送燃油,还包括用高压(或中压)输油泵、压力传感器和 ECU 组成的闭环系统独立控制喷油压力的供油方式。在共轨式电控燃油喷射系统(以下简称共轨系统)中,由高压(或中压)输油泵将高压燃油输送到公共油轨,ECU 对共轨内的油压和喷油时间进行控制。

保持喷油压力一定,通过控制喷油时间来控制喷油量,即称为“时间—压力控制”方式;保持喷油时间一定,通过控制喷油压力来控制喷油量,即称为“压力控制”方式。

按照共轨中的压力高低，共轨系统可分为高压共轨和中压共轨两种基本类型。按照控制喷油器喷油的电控执行元件不同，共轨系统可分为电磁阀式和压电式两种类型。

1）高压共轨系统

（1）高压共轨系统基本组成。

高压共轨系统主要由油箱、高压输油泵、共轨、喷油器和各种电子元件组成，见图3-1。

其工作过程是：高压输油泵从油箱中吸出柴油并将油压提高到约120MPa后输入共轨，高压输油泵的供油量一般几倍于实际喷油量以保证供油的可靠性，多余的燃油经回油管流回油箱。高压输油泵的出口端装有一个用来调节共轨中油压的调压阀，ECU根据柴油发动机的转速、负荷等控制调压阀的开度，从而增加或减少高压输油泵输送给共轨的油量，实现对共轨中油压的控制，以保证供油压力稳定在目标值，使喷油压差保持不变。此外，ECU还根据燃油压力传感器信号对共轨中的油压进行闭环控制。

柴油发动机高压共轨系统采用的喷油器均为电/液控制式，它主要由高速电磁阀和各种液压伺服机构组成。ECU通过控制高速电磁阀工作对喷油器喷油的开始时刻和喷油时间进行控制。液压伺服机构的工作油液就是共轨中的高压柴油。

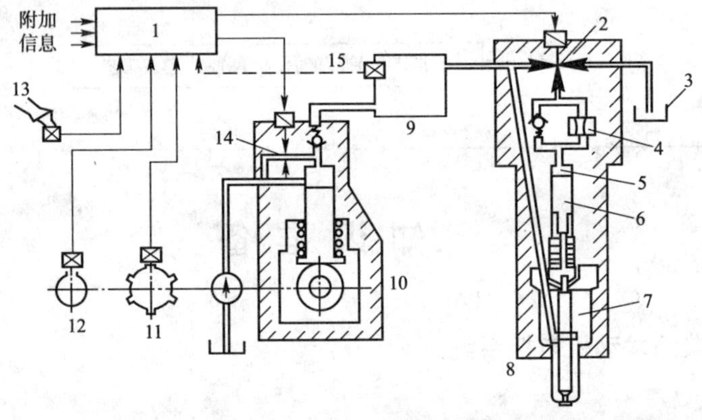

图3-1　高压共轨系统

1-ECU；2-三通电磁阀；3-油箱；4-节流孔；5-控制室；6-控制活塞；7-喷油器针阀偶件；8-喷油器；9-共轨；10-高压输油泵；11-曲轴位置传感器；12-凸轮轴位置传感器；13-加速踏板位置传感器；14-调压阀，15-燃油压力传感器

（2）系统主要部件的类型及工作原理。

高压共轨系统中所用的电/液控制式喷油器有两种类型：二位三通电磁阀式和二位二通电磁阀式。

①二位三通电磁阀式喷油器。

二位三通电磁阀式喷油器结构见图3-2。

二位三通电磁阀安装在喷油器顶部，电磁阀主要由阀体、电磁线圈、内阀和外阀组成，内阀和电磁线圈均固定在阀体中，套装在内阀上的外阀与电磁阀的电枢做成一体，电磁阀通电和断电时，外阀则上下移动。

内阀下部密封锥面与其阀座（位于外阀下部中心孔的内侧）控制喷油器控制室进油通道，外阀下部密封锥面与其阀座（位于阀体上）控制喷油器控制室回油通道。

二位三通电磁阀式喷油器工作过程：

电磁阀不通电时，外阀在其复位弹簧作用下保持在下端极限位置，此时外阀与其阀座压紧，内阀则离开其阀座，控制室的回油通道关闭、进油通道开启，共轨中的高压柴油进入控制室；尽管喷油器下部的油腔始终与共轨中保持相等的高压（油腔与油轨经油道连通），但喷油器针阀的承压锥面比控制活塞上部承压面小，加之针阀上作用着复位弹簧弹力。所以电磁阀断电使高压油进入控制室时，喷油器不喷油。

当ECU接通电磁阀电路时，产生的电磁力将外阀向上吸起，外阀离开其阀座，内阀则与其阀座压紧，控制室的回油通道开启、进油通道关闭，从而使控制室油压迅速下降，喷油器油腔内的高压油将针阀顶起开始喷油，直到电磁阀再次断电使高压油进入控制室时，喷油器喷油结束。

②二位二通电磁阀式喷油器。

二位二通电磁阀式喷油器结构见图3-3。

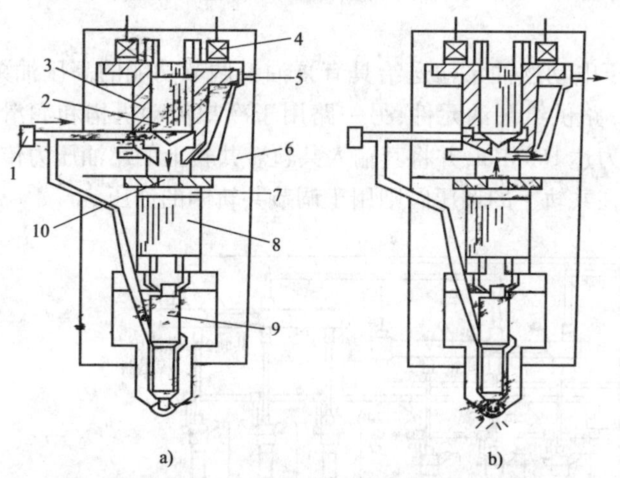

图3-2　二位三通电磁阀式高压共轨喷油器

a）电磁阀断电不喷油；b）电磁阀通电喷油

1-共轨；2-内阀；3-外阀；4-电磁线圈；5-回油管；6-阀体；7-控制室；8-控制活塞；9-针阀；10-量孔

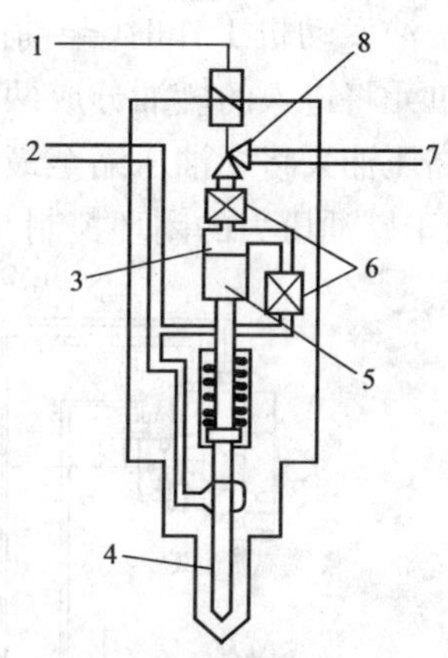

图3-3　二位二通电磁阀式高压共轨喷油器

1-控制信号线；2-进油通道；3-控制室；4-针阀；5-控制活塞；6-节流孔；7-回油通道；8-电磁阀

二位二通电磁阀式喷油器与上述二位三通电磁阀式喷油器的结构原理基本相同。主要区别是只用电磁阀控制喷油器控制室的回油通道，而不控制进油通道，但进油通道中装有节流孔。

来自共轨中的高压柴油进入喷油器后分成两路，一路直接进入喷油器下部的油腔，另一路经过节流孔进入控制室。

二位二通电磁阀式喷油器工作过程：

电磁阀不通电时，控制室回油通道关闭，控制室与喷油器下部油腔内的油压相等，在控制活塞上部油压和复位弹簧力作用下，使喷油器针阀关闭，喷油器不喷油。

电磁通电时，控制室回油通道开启，作用在液压活塞上部的油压迅速下降，喷油器下部

油腔内的高压燃油将针阀顶开，使喷油器开始喷油，直到电磁阀再次断电时喷油结束。

在喷油器控制室的进、回油通道中各有一个节流孔，进油通道中的节流孔（图中右侧）比回油通道中的节流孔（图中上部）小，否则即使电磁阀开启回油通道，控制室的油压也不会下降，喷油器也就无法喷油。回油通道中的节流孔主要是控制喷油规律，当电磁阀通电开启控制室回油通道后，节流孔可减缓控制室油压下降的速度，从而减慢针阀上升的速度，满足喷油规律“先缓”的要求。

2）压电式共轨系统

新款奥迪 A6 轿车装用的 3.0L TDI 柴油发动机采用了 Bosch 公司生产的压电式共轨系统（图 3-4），该系统可降低柴油发动机废气排放高达 20%，提高功率 5%，降低油耗 3%，降低噪声 3dB（A）。

（1）压电式共轨系统基本组成。

压电式共轨系统由燃油箱、滤清器、高压油泵、共轨、燃油压力传感器、电子控制单元、压电式喷油器等组成。

柴油发动机工作时，柴油由低压电动燃油泵输送给具有泵油量调节功能的高压油泵，分配单元将进入的燃油分成两路：一路供给泵油元件，另一路用于冷却传动机构和润滑轴承。高压油泵将燃油压缩至最高压力达 160MPa，并将其输入共轨。共轨上的燃油压力传感器，用于燃油压力的闭环控制，安装在共轨上的调压阀则用于调节共轨中的油压。

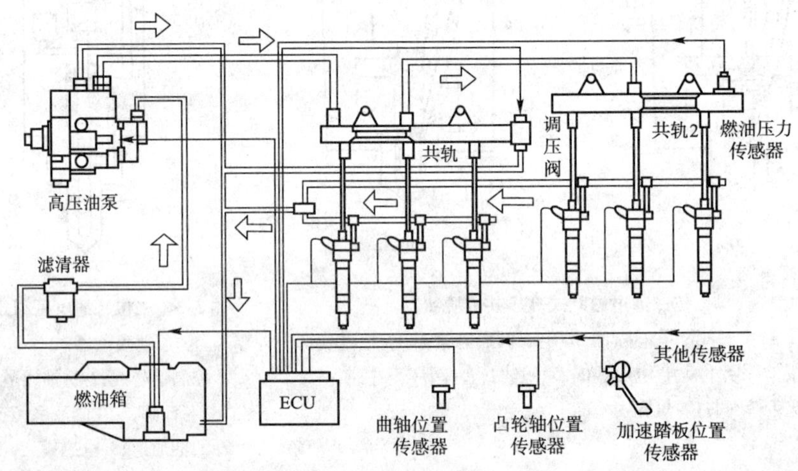

图 3-4　Bosch 公司压电式共轨系统

（2）系统主要部件的类型及工作原理。

压电元件具有正向和反向压电效应，当压电元件受到外力变形时，会在压电元件两端产生电压，如压电式进气管绝对压力传感器、爆燃传感器即是利用这一原理来产生信号的；反之，当在压电元件两端施加电压时，压电元件就会发生形变，给压电元件施加正向电压时其体积膨胀，给压电元件施加反向电压时则其体积收缩，压电式喷油器就是利用这一原理来使喷油器控制室油道通断或针阀升程改变，从而实现对喷油量和喷油正时的控制。此外，利用压电元件快速响应的能力，通过压电元件通、断电多次切换，即可实现多次喷射，以满足最佳喷油规律的要求。

用压电元件控制油道的喷油器的结构原理与前述高压共轨、中压共轨系统采用电磁阀控制的喷油器基本相同，只是用压电元件取代了电磁阀，所以高压共轨系统和中压共轨系统均可使用。Bosch 公司生产的压电式共轨系统一般采用此类喷油器。

用压电元件控制针阀升程的喷油器在直喷式的汽油机和柴油发动机上均已得到应用，其结构见图3-5。传统的柴油发动机喷油器，都是利用燃油压力作用在针阀中部的承压锥面上，来使针阀开启实现喷油，而用压电元件控制针阀升程的喷油器，则是利用压电元件直接控制针阀升程来实现喷油。因此，用压电元件控制针阀升程的喷油器，针阀中部无承压锥面和相应的压力室，称为无压力室喷油器（VCO 喷油器）。VCO 喷油器无增压功能，只适用高压柴油共轨系统。

VCO 喷油器下部结构见图3-6。由 ECU 控制给压电元件施加正向电压时，压电元件膨胀而使喷油器针阀关闭，喷油器不喷油；给压电元件施加反向电压时，压电元件收缩而使喷油器针阀开启，喷油器开始喷油。为保证喷油器不喷油时，压电元件能将针阀压紧，依靠给压电元件施加正向电压显然会导致电能损耗。所以在喷油器顶部设有差动螺纹，可通过差动螺纹来调整压电元件的刚度（即预压力），而石英测量垫片则用来精确测量差动螺纹的调整量。

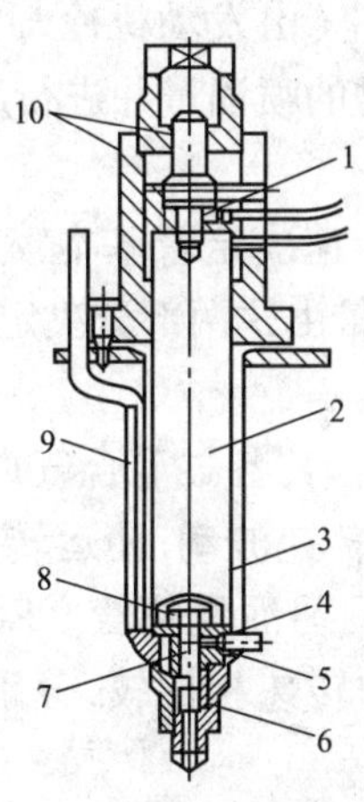

图3-5　VCO 喷油器

1-石英测量垫片；2-压电执行器；3-外壳；4-密封垫；5-紧固螺套；6-针阀体；7-压杆；8-压帽；9-高压油管；10-差动螺纹

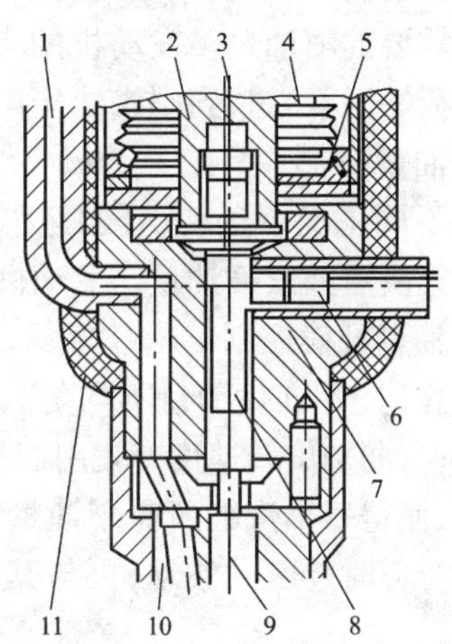

图3-6　VCO 喷油器下部结构

1-高压油管；2-压电元件；3-压帽；4-碟形弹簧；5-膜片；6-磁铁；7-霍尔式针阀位置传感器；8-压杆；9-针阀；10-针阀体；11-外壳

（二）共轨式电控燃油喷射系统的控制原理

符合欧Ⅲ以上标准的低排放高压共轨柴油发动机，其燃油喷射系统的基本作用是根据柴油发动机输出功率的需要，在柴油发动机的每个工作循环中，把经过计算后的燃油量，按喷油正时以很高的喷油压力，将柴油喷入发动机燃烧室。为此，共轨柴油发动机燃油喷射系统主要控制功能是喷油量控制、喷油压力控制、喷油速率控制、喷油时间控制和喷油方式控制。

1 喷油量控制

ECM 根据传感器和开关输入的电信号，计算出喷油量，并于存储在 ECM 中的目标值和 MAP 图进行比较，最后确定实际喷油量，ECM 发送驱动信号，是喷油器电磁阀开启或者关闭，控制喷油器供油开始和供油结束的时刻，从而控制喷油量。喷油量控制的基本内容有基本喷油量、怠速喷油量、起动喷油量、不均匀油量补偿，巡航控制喷油量和空调压缩机运转喷油量。

1）基本喷油量控制

发动机在不同工况下工作，要求输出不同的转矩，为了获得不同的转矩特性，可以通过控制喷油量实现。发动机的基本喷油量由发动机转速和加速踏板位置决定。

2）怠速喷油量控制

在怠速工况下，发动机输出的转矩主要用于客服机件本身的摩擦而维持平衡，使发动机在怠速稳定运转。

发动机在低温下起动，由于机油黏度大、发动机摩擦阻力大，发动机怠速可能不稳定；若发动机怠速转速高、噪声会大、燃油消耗量也大，ECM 会执行怠速转速自动调节功能，维持目标转速所需要的喷油量。发动机的实际转速和目标转速（由发动机冷却液温度、空调工作状态和负荷等因素）进行比较，决定两者差值求得所必需的喷油量并进行反馈控制。

3）起动喷油量控制

发动机在不同工况下运转，其加速踏板位置和发动机转速决定着基本喷油量，发动机的冷却液温度等决定补偿喷油量。发动机起动时，实际喷油量由这两部分决定。

4）不均匀油量补偿控制

发动机工作时，各缸喷油量不均匀会引起燃烧压力不均匀；各缸混合气燃烧差异引起各缸转速不均匀；曲轴旋转速度变化引起振动等。为了减少转速波动，使运转平稳，必须调节各缸喷油量，使得每个汽缸所需燃油量精确，必须进行不均匀油量补偿。ECM 负责检测各缸每次做功行程时转速的波动，再与其他所有汽缸的平均转速相比较，分别向各缸补偿相应的喷油量。

5）巡航控制喷油量控制

巡航控制就是为了减少驾驶员的疲劳，不需要操纵加速踏板而维持恒速行驶的控制过程。

当驾驶员接通巡航控制系统的“速度控制开关”时，速度控制系统开始工作。ECM 能够根据行驶阻力变化情况，自动调节油量控制齿杆的位置。油量控制齿杆位置传感器将油量控制齿杆的位置变化输入 ECM，ECM 将控制喷油电磁阀的开启和关闭时间，补偿或减少喷油量，使汽车保持恒速行驶。

6）空调压缩机运转喷油量控制

当驾驶员打开空调开关后，ECM 接受到空调选择信号及空调请求信号时，首先调整怠速电动机，提高发动机怠速转速，接着 ECM 使空调离合器继电器搭铁，接通空调压缩机电磁阀离合器，使得压缩机工作。当空调压缩机工作时，由于负荷增加了，ECM 会调整喷油量，以适应负荷增大的需要，防止怠速转速过低或过高。

2 喷油时间控制

在共轨柴油发动机中，为了实现发动机内的最佳燃烧，ECM 根据发动机的运行工况和外部环境条件经常调节喷油时间，即进行最佳喷油时间控制。具体控制方法是，由发动机决定基本喷油时间，同时，还要根据发动机的负荷、冷却液温度、进气温度和压力、燃油温度和压力等对基本喷油时间进行修正，决定目标喷油时间。

3 喷油压力控制

在共轨喷射系统中，ECM 根据安装在油轨上的压力传感器的电信号，计算出实际喷油压力；并将其值和目标压力值进行比较，然后发出指令控制高压燃油泵，升高压力或者降低压力，实行闭环控制，完成最佳喷油压力控制。

喷油压力越大，喷油能量越高、雾化越细、混合气形成和燃烧越完全，柴油发动机的排放性能、经济性能会得到进一步的改善。

高的喷油压力可以明显改善燃油和空气的混合，从而降低排放烟度和可吸入颗粒物的排放量，同时又可以缩短着火落后区，使柴油发动机工作柔和、燃烧噪声小。高压共轨柴油发动机喷射压力可达 200MPa 以上，大负荷时柴油发动机的排放烟度可大幅度降低。

4 喷油速率控制

喷油规律是影响柴油发动机排放的主要因素。理想的喷油规律要求喷射初期要缓慢，喷油速率不能太高，目的是减少在滞燃期内的可燃混合气量，降低初期燃烧速率，以降低最高燃烧温度和压力升高率，抑制氮氧化合物生成和降低燃烧噪声。预喷射式实现初期缓慢燃烧，喷射中期采用高喷射压力和高喷油速率，目的是加快燃烧速度，防止生成微粒和提高热效率。主喷射发生在中期，可以加快可燃混合气的扩散燃烧速度。喷油后期要求迅速结束喷射，防止在较低的喷油压力和喷油速率下燃油雾化变差，导致燃烧不完全，而使 HC 和 PM（可吸入颗粒物）排放增加。后喷射可有效降低排放物，使未燃烧物进一步燃烧掉。在共轨柴油发动机中，进行多次喷射，可使喷油规律优化，如图 3-7 所示。

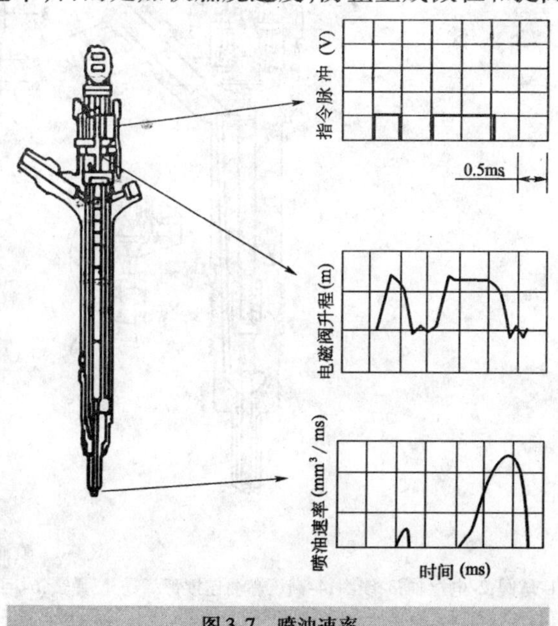

图 3-7　喷油速率

5 喷油方式控制

共轨柴油发动机采用多次喷射，就是将每一工作循环中的喷油过程分成几段进行，每段喷油都是相互独立的，目的是控制燃烧速率。多次喷射包括先导喷射、预喷射、主喷射、后喷射和次后喷射等。

在多次喷射过程中，电磁阀执行开启和关闭喷油器的工作，可以实现喷油规律优化。在主喷射之前的预喷射，可以降低燃烧噪声；而预喷射靠近主喷射可有效降低 PM 排放量。而后喷射过程，少量燃油随废气排放再燃烧，会使得有害可颗粒物进一步燃烧掉，更为有效地减少 PM 的排放量。

(三)共轨电控燃油喷射系统主要部件检修

1 喷油器

Bosch 共轨系统第二代喷油器采用的是电磁阀式喷油器，由孔式喷油嘴和电磁阀(喷油器电磁阀的灵敏度为 0.2 ms 左右)等组成。喷油器喷孔的数量一般为 6 个左右。来自高压共轨的高压燃油，经油道流向喷油嘴，同时经节流孔流向针阀控制腔，针阀控制腔通过球阀控制的泄油孔与回油管路相连。

如图 3-8 所示，当喷油孔的电磁阀不通电时，泄油孔关闭，作用在针阀控制活塞顶部的压力大于作用在针阀承压面上的压力，针阀被迫进入阀座而将高压油道与燃烧室隔离。当喷油器的电磁阀通电时，泄油孔被打开，针阀控制腔的压力降低，作用于针阀控制活塞顶部的压力也随之下降。一旦压力降至低于作用于喷油嘴针阀承压面上的压力，针阀上升，燃油经喷油嘴喷孔喷入燃烧室。此外，在控制柱塞处泄漏的燃油，通过回油管和高压油泵出来的回油一起流回燃油箱。

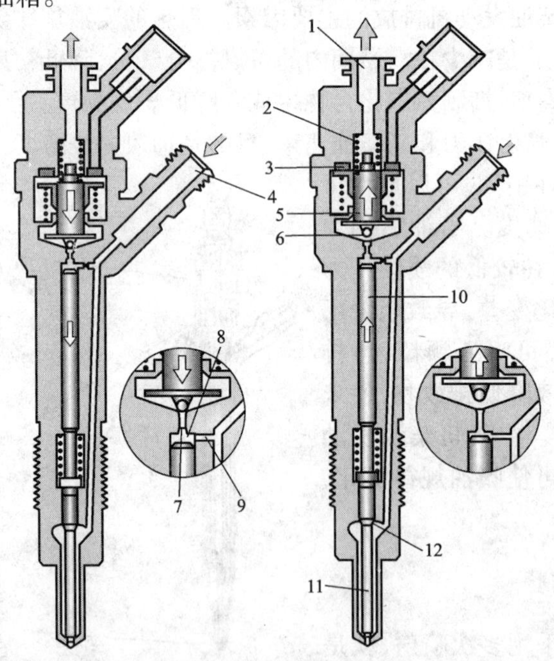

图 3-8 喷油器

1-球阀；2-电枢轴；3-线圈；4-高压燃油连接管；5-复位弹簧；6-回油管；7-针阀控制活塞；8-承压腔；9-喷油嘴；10-针阀；11-进油口；12-承压腔

1)作用

电子控制模块(ECM)操纵喷油器电磁阀以控制燃油计量和正时。每个喷油器电磁阀通过驱动导线和回路导线连接到 ECM。电脉冲信号从 ECM 上的驱动导线发送到喷油器,并在驱动电磁阀后返回 ECM 回路导线。每种电磁阀都是常闭型。仅在喷油和计量期间收到 ECM 的电脉冲时才开启。

2)结构原理

(1)结构。

喷油器主要由控制柱塞、喷油嘴针阀和电磁阀等组成,如图 3-9 所示。

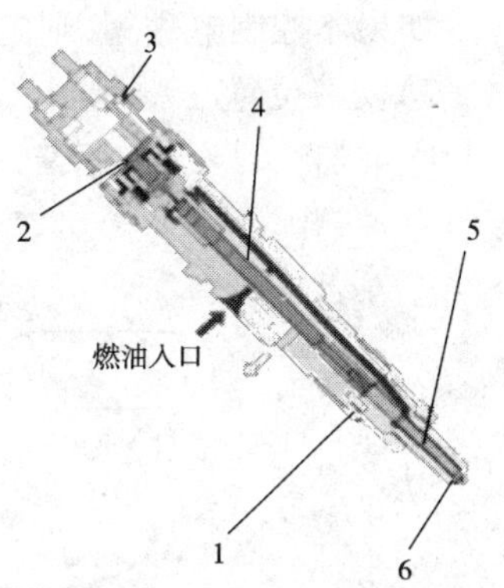

图 3-9　喷油器结构

1-喷油嘴;2-电磁网;3-电气接头;4-控制柱塞;5-喷油针阀;6-喷射孔

每个喷油器装有一个在约 80V 直流电压下工作的控制电磁线圈。在电子控制模块指示下,电磁线圈控制燃油的计量和和喷油正时。高压接头安装到汽缸盖上的孔中。

(2)工作原理。

①喷油器关闭(静止状态)。

电磁阀在静止状态不受控制,因此是关闭的(图 3-10)。回油节流孔关闭时,电枢的钢球通过阀弹簧压在回油节流孔的座面上。控制室内建立共轨的高压,同样的压力也存在于喷油嘴的内腔容积中。共轨压力在控制柱塞端面上施加的力及喷油器调压弹簧的力大于作用在针阀承压面上的液压力,针阀处于关闭状态。

②喷油器开启(喷油开始)。

喷油器一般处于关闭状态。当电磁阀通电后,在吸动电流的作用下迅速开启(图 3-10)。当电磁铁的作用力大于弹簧的作用力时,回油节流孔开启,在极短时间内,升高的吸动电流成为较小的电磁阀保持电流。随着回油节流孔的打开,燃油从控制室流入上面的空腔,并经回油通道回流到油箱。控制室内的压力下降,于是控制室内的压力小于喷油嘴内腔

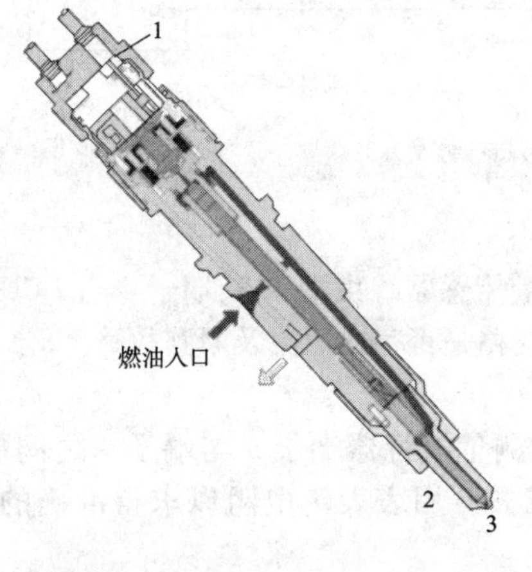

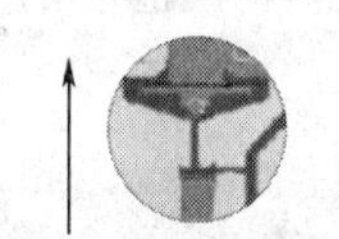
a)升起的喷油器电磁阀

b)落下的喷油器电磁阀

图 3-10　喷油器工作原理

1-电气接头;2-喷油嘴;3-喷射孔

容积中的压力。控制室中减小了的作用力引起作用在控制柱塞上的作用力减小,从而针阀开启,开始喷油。

针阀开启速度决定于进、回油节流孔之间的流量差。控制柱塞达到上限位置,并定位在进、回油节流孔之间。此时,喷油嘴完全打开,燃油以近于共轨压力喷入燃烧室。

③喷油器关闭(喷油结束)。

如果不控制电磁阀,则电枢在弹簧力的作用下向下压,钢球关闭回油节流孔。

3)安装位置

喷油器一般安装在汽缸盖上,如图3-11所示。

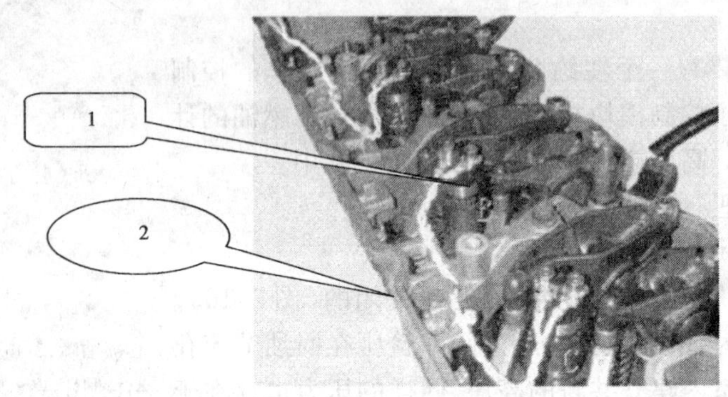

图3-11 喷油器安装位置

1-喷油嘴;2-汽缸盖

4)检修

喷油器电磁阀与ECM连接电路如图3-12所示。

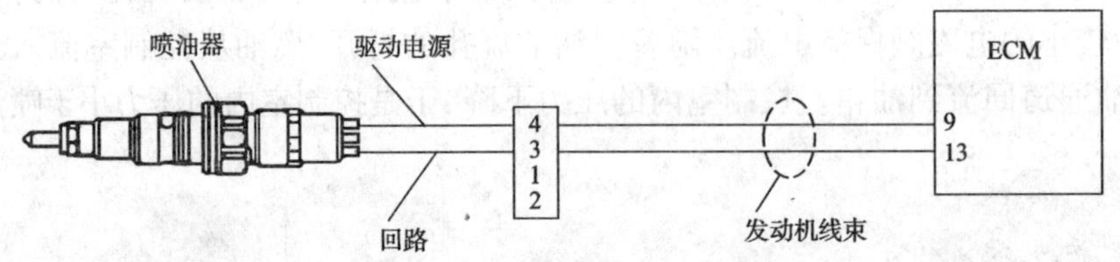

图3-12 喷油器电磁阀与ECM连接电路

(1)外线路检查。

参考电路图,用万用表的电阻挡,分别测量传感器线束端子3、端子4与ECU线束端子9、端子13对应端子之间的电阻值,以判断外线路是否存在短路及断路故障。

(2)执行器阻值测量。

关闭点火开关,拔下喷油器电磁阀插头,测量执行器端子3与端子4之间的电阻值,标准阻值应小于0.5Ω,否则更换喷油器(减去万用表表笔电阻以求得准确的电磁阀电阻)。

(3)电磁阀工作电压检查。

起动发动机情况下,喷油器电磁阀端子处应有5V脉冲电压输入;或用试灯(需串联300Ω左右的电阻)连接喷油器电磁阀两个端子,起动时试灯应时亮时灭。

5)信号失效模式分析

当喷油器控制电路失效时,发动机排气管冒黑烟、故障灯亮。引起此故障可能的原因包括喷油器损坏、电磁线圈及控制线路开路或短路或电源电压故障。

(1)发动机无法起动:当燃油中的杂质过多,若有2只及以上的喷油器堵塞时,喷油器回油量过大,导致发动机轨压在建立后出现回落现象,引起发动机无法起动。

(2)发动机抖动:若有一只喷油器堵塞,或者喷油器电磁阀线路与发动机金属磨损搭铁,或者某缸喷油器电磁阀与ECU连接断路,会造成发动机抖动且出现"N缸喷油器无效应信号"故障码。

(3)发动机飞车(极少出现):若燃油中杂质过多导致喷孔堵塞,发动机高速运转时,燃油压力将喷头压掉,大量燃油进入燃烧室。

2 油压控制电磁阀

1)作用

ECM根据加速脚踏板位置传感器、凸轮轴位置传感器、曲轴位置传感器等的信号,确定高压共轨内的燃油压力,通过占空比信号(PWM)调节共轨压力调节阀控制共轨压力,并通过共轨压力传感器的反馈信号,ECM实现对共轨内的燃油压力闭环控制。

2)安装位置

电子燃油控制执行器位于发动机的进气侧,安装在后齿轮室上的高压泵上。

3)结构原理

电子燃油控制执行器安装有凸缘,用以固定在高压泵或共轨上。衔铁销将钢球压在密封座上,以使高压端对低压端密封。一方面弹簧将衔铁销往下压,另一方面电磁线圈还对衔铁销有作用力。为进行润滑和散热,整个电磁阀周围都有燃油流过。

电子燃油控制执行器有两个调节回路如图3-13所示,一个是低速电子调节回路,用于调整共轨中可变化的平均压力值;另一个是高速机械液压式调节回路,用以补偿高频压力波动。

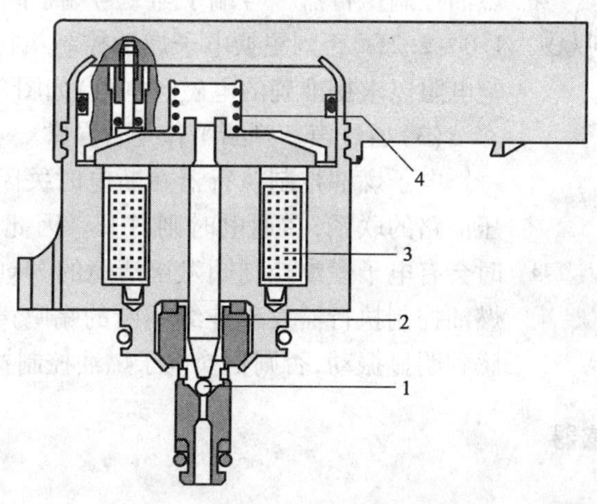

图3-13　电子燃油控制执行器工作原理

1-球阀;2-衔铁销;3-电磁线圈;4-弹簧

(1)电子燃油控制执行器不工作时。

共轨或供油泵出口处的压力高于调压阀进口处的压力。由于无蓄电池的电磁铁不产生作用力,当燃油压力大于弹簧力时,调压阀打开,根据输油量的不同,打开程度大一些或小一些。弹簧的设计负荷约 10MPa。

(2)电子燃油控制执行器工作时。

如果要提升高压回路中的压力,除了弹簧力之外,还需要再建立一个磁力,控制调压阀,直至磁力和弹簧力与高压压力之间达到平衡时才被关闭。然后调压阀停留在某个开启位置,保持压力不变,当供油泵改变,燃油经喷油器从高压部分流出时,通过不同的开度予以补偿。电磁铁的作用力与控制电流成正比。控制电流的变化通过脉宽调制来实现。调制频率为 1kHz 时,可以避免电枢的干扰运动和共轨中的压力波动。

4)检修

电子燃油控制执行器与 ECM 连接电路如图 3-14 所示。

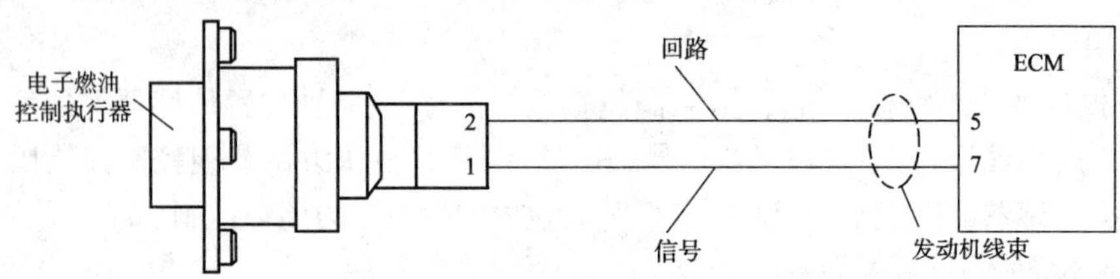

图 3-14　电子燃油控制执行器与 ECM 连接电路

(1)外线路检查。

参考电路图,用万用表的电阻挡,分别测量电子燃油控制执行器线束端端子 1、端子 2 与 ECU 线束端端子 5、端子 7 对应端子之间的电阻值,来判断外线路是否存在短路及断路故障。

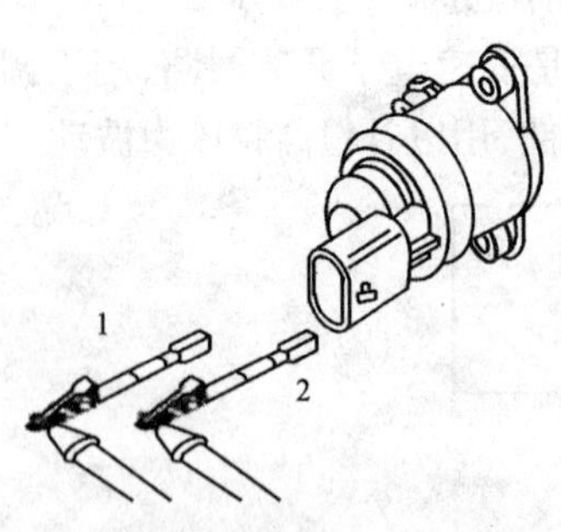

图 3-15　电子燃油控制执行器阻值测量

(2)电子燃油控制执行器阻值测量。

关闭点火开关,拔下电子燃油控制执行器插头,测量电子燃油控制执行器 1 号端子与 2 号端子间的电阻值,标准阻值:1.0 ~ 2.2Ω,否则更换电子燃油控制执行器。(减去万用表表笔电阻以求得准确的电磁阀电阻)如图 3-15 所示。

(3)通过声音判断工作是否异常。

电子燃油控制执行器在断电时关闭,切断低压油路与高压油路的联系,在通电时则打开。因此,点火开关 ON 时,此时会有电子燃油控制阀发出清脆的“咔嗒”声,并能听到电子燃油控制执行器发出连续不断的嗡鸣声,且把手放上应能够感到明显振动,否则更换电子燃油控制执行器。

3　油轨压力传感器

1)作用

测定油轨中的燃油压力,并向 ECM 提供电信号,由 ECM 对高压油泵上的 PCV 阀实施反馈控制,通过增减供油量来调节油轨中的油压,使其稳定在目标值范围。

2)结构原理

共轨系统共轨压力传感器由压力敏感元件(焊接在压力接头上)、带求值电路的电路板和带电气插头的外壳组成,如图3-16所示。燃油经过一小孔流向共轨压力传感器,传感器的膜片将孔的末端封住。高压燃油经压力室的小孔流向膜片。膜片上安装有半导体敏感元件,可将压力转换成电信号。通过导线将产生的电信号传送到一个向ECM提供测量信号的求值电路。

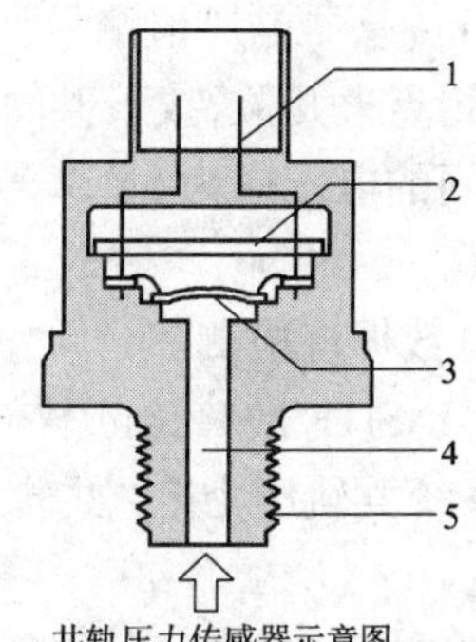

图3-16　共轨压力传感器示意图

1-电气接头;2-求值电路;3-带有传感元件的膜片;4-高压接头;5-固定螺纹

当膜片形状变化时,膜片上涂层的电阻发生变化。当由系统压力引起膜片形状变化(150MPa时的变化量约为1mm),促使电阻值改变,并在5V供电的电阻电桥中产生电压变化。电压在0~70mV之间变化(具体数值由压力决定),经求值电路放大到0.5~4.5 V 。精确测量油轨中的压力是共轨系统正常工作的必要条件。共轨压力传感器的测量精度约为最大值的2%。

3)安装位置

共轨压力传感器安装在高压油轨上,如图3-17所示。

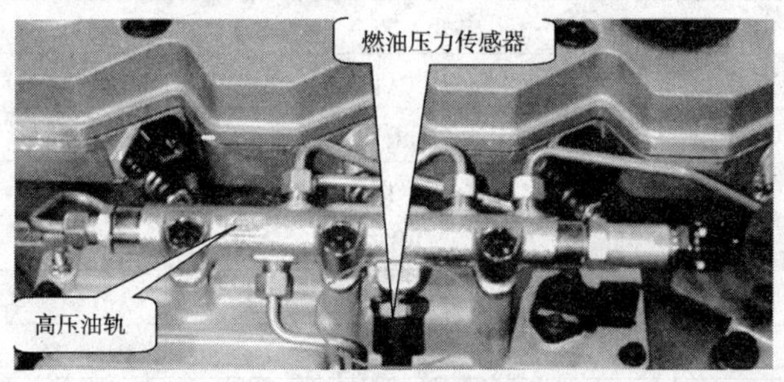

图3-17　共轨压力传感器安装位置

4)特性

共轨压力传感器的输出电压随共轨压力的升高而升高。

5)检修

共轨压力传感器与ECM连接电路如图3-18所示。

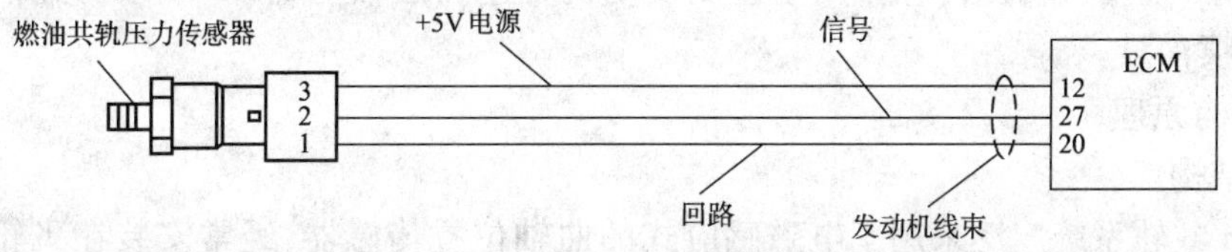

图3-18　共轨压力传感器与ECM连接电路

(1)外线路检查。

用万用表的电阻挡,分别测量1号端子与20号端子、2号端子与27号端子、3号端子与

13 号端子之间的电阻值,来判断外线路是否存在短路及断路故障。

(2)传感器电压值测量。

关闭点火开关,拔下共轨压力传感器插头,点火开关 ON,测量传感器侧插头 3 号端子与搭铁间的电压应为5V、2 号端子与搭铁间的电压应为0.5V 左右,1 号端子与搭铁间的电压为0V。

(3)数据流检测。

用"INSITE 故障诊断软件"读取发动机系统数据流,涉及共轨压力的数据流共有 4 个:"燃油系统共轨压力"、"共轨压力设定值"、"实际共轨压力最大值"、"共轨压力传感器输出电压"。

当发动机水温达到 80℃、怠速运转时,"共轨压力传感器输出电压"应为1V 左右,"燃油系统共轨压力"及"共轨压力设定值"均为25.00 MPa,"共轨压力设定值"与"燃油系统共轨压力"数值十分接近。

当逐渐踩加速踏板,提高发动机转速时,上述 4 个数据流逐渐增加,"燃油系统共轨压力"、"共轨压力设定值"、"实际共轨压力最大值"等最大数值为 180.00 MPa,"共轨压力传感器输出电压"的最大值为4.5V(见表 3-1)。如无变化应检查线束连接情况和传感器。

共轨压力传感器检测技术规范　　表 3-1

共轨压力传感器		
转矩 =35 N·m		
压力(MPa)	压力(psi)	直流电压(V)
0	0	0.50
40	5801	1.39
70	10153	2.06
100	14504	2.72
140	20305	3.61
180	26107	4.50

4 发动机转速(曲轴位置)传感器

1)作用

发动机转速传感器又称作发动机曲轴位置传感器(或发动机转角传感器)。在电控柴油发动机中,发动机转速传感器用于检测发动机转速和曲轴位置,ECM 根据此信号计算喷油始点和喷油量。

2)结构原理

(1)结构。

Bosch 共轨系统广泛采用了电磁感应式的曲轴位置传感器,经常安装在飞轮壳上或齿轮室处(或其他处),通常有两个接线端子(3 个端子的,增加端子为屏蔽线)。

电磁感应式速度传感器内部有一电磁铁芯和磁线绕组,电磁铁芯产生电磁场,速度信号轮在旋转时切割磁场,在磁线绕组上产生交流信号,ECM 通过计量交流信号的频率即可计算出信号轮的转速,如图 3-19 所示。

触发轮6(或称信号盘)与曲轴同步旋转,在其外圆周加工了许多凸齿或凹齿。传感器固定在发动机机体上,磁铁芯与触发轮保持0.5~1.2mm的间隙。

(2)工作原理。

当发动机旋转时,触发轮的轮齿顺序通过磁头,使磁隙不断发生变化,通过感应线圈的磁通也不断发生变化,从而在线圈的两端产生交变电动势。这些交流信号经过整形放大后,形成方波被送入ECM。为了让ECM根据传感器信号判断曲轴位置,还应在触发轮上对应着某一缸的上止点做一个或几个空缺齿,如图3-20所示。

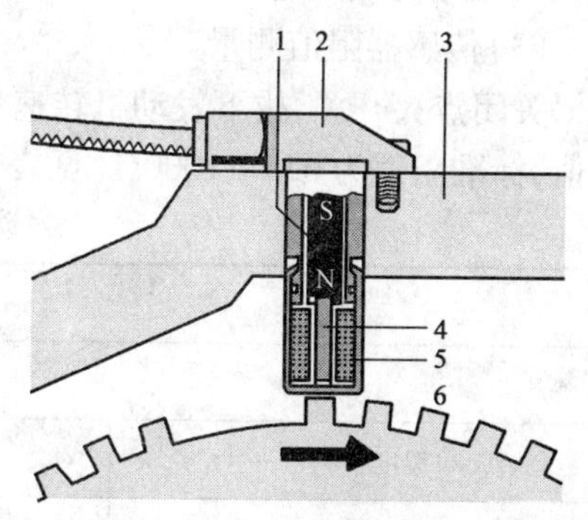

图3-19　发动机转速传感器结构

1-永久磁铁;2-壳体;3-发动机机体;4-软磁铁芯;5-线圈绕组;6-带定时记号的触发轮

3)安装位置

发动机转速传感器一般安装在缸体上、或喷油泵上,或曲轴前端、或飞轮壳上,如图3-21所示。

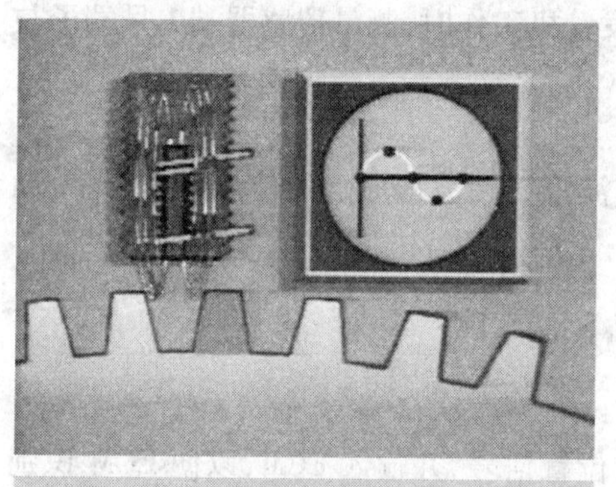

图3-20　发动机转速传感器工作原理

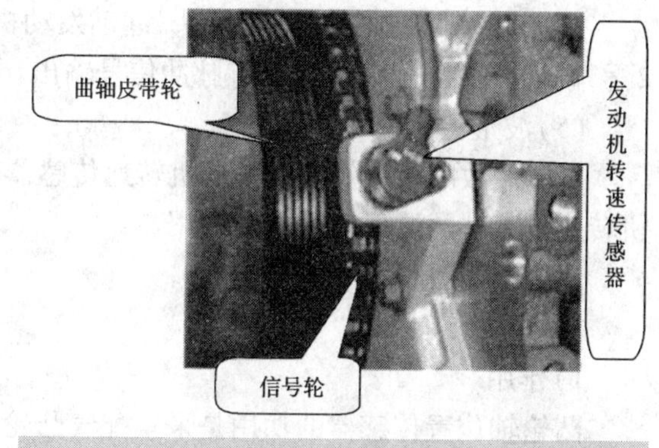

图3-21　发动机转速传感器安装位置

4)检修

发动机转速传感器与ECM连接电路如图3-22所示。

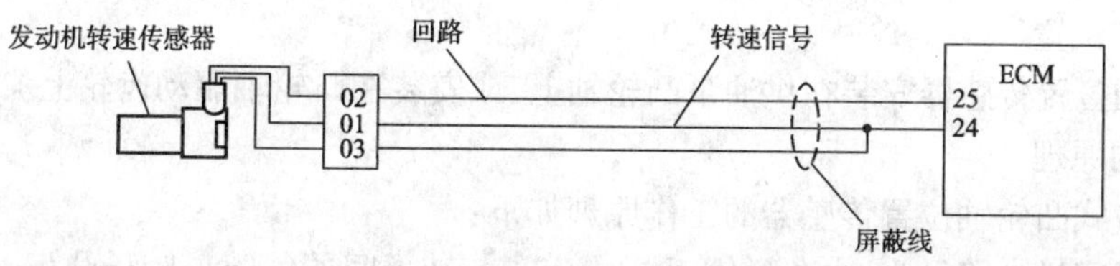

图3-22　发动机转速传感器与ECM连接电路

(1)外观检查。

①检查传感器安装状态是否符合要求(传感器与信号轮的标准间隙一般为0.8~1mm);

②拆下传感器检查永久磁铁部位是否吸附有铁屑。

(2)外线路检查。

参考电路图,用万用表的电阻挡,分别测量传感器线束端1、2、3端子与ECU线束端25、

24 对应端子之间的电阻值,来判断外线路是否存在短路及断路故障。

(3)传感器阻值测量。

关闭点火开关,拔下发动机转速传感器插头,测量传感器端 1 号端子与 2 号端子间的电阻值,标准阻值为 650 ~ 1000Ω(见表 3-2),否则更换发动机转速传感器。

发动机转速传感器技术规范 表 3-2

发动机转速传感器		
转矩 = 8 N · m		
温度(℃)	温度[℉]	电阻(Ω)
-30	-22	650
20	68	860
50	122	1000

(4)测量信号电压。

插接好发动机转速传感器插头,起动发动机或发动机工作时,测量传感器端 1 号端子与 2 号端子之间的电压,正常应有脉冲信号输出。

(5)波形检测。

可以用故障检测仪测量发动机转速传感器输出波形。因波形所含的信息量丰富,发动机转速传感器的波形检测十分实用。

5 凸轮轴位置传感器

1)作用

凸轮轴位置传感器的功用是采集配气凸轮轴的位置信号,并输入 ECM,以便 ECM 识别汽缸压缩上止点,从而进行顺序喷油量、喷油时刻控制和爆燃控制。此外,凸轮轴位置信号还用于发动机起动时识别出第一次点火时刻。因为凸轮轴位置传感器能够识别哪一个汽缸活塞即将到达上止点,所以称为汽缸识别传感器。

2)安装位置

凸轮轴位置传感器安装在供油泵凸轮轴上,或安装在凸轮轴驱动齿轮上。

3)结构原理

磁感应式凸轮轴位置传感器的工作原理如下:

磁力线穿过的路径为:永久磁铁 N 极→定子与转子间的气隙→转子凸齿→转子凸齿与定子磁头间的气隙→磁头→导磁板→永久磁铁 S 极。

当信号转子旋转时,磁路中的气隙就会周期性地发生变化,磁路的磁阻和穿过信号线圈磁头的磁通量随之发生周期性变化。根据电磁感应原理,传感线圈中就会感应产生交变电动势,如图 3-23 所示。

由于转子凸齿与磁头间的气隙直接影响磁路的磁阻和传感线圈输出电压的高低,因此在使用中,转子凸齿与磁头间的气隙不能随意变动。气隙如有变化,必须按规定进行调整,气隙一般设计在 0.2 ~ 0.4mm 范围内。

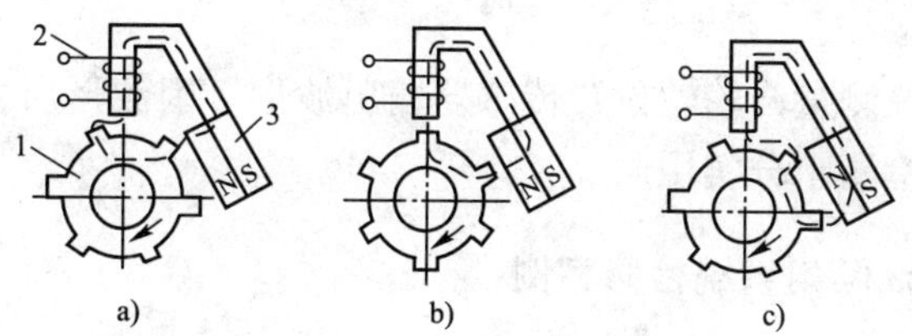

图 3-23　磁感应式凸轮轴位置传感器工作原理

a)接近;b)对正;c)离开

1-信号转子;2-传感线圈;3-永久磁铁

4)检修

凸轮轴位置传感器与 ECM 连接电路如图 3-24 所示。

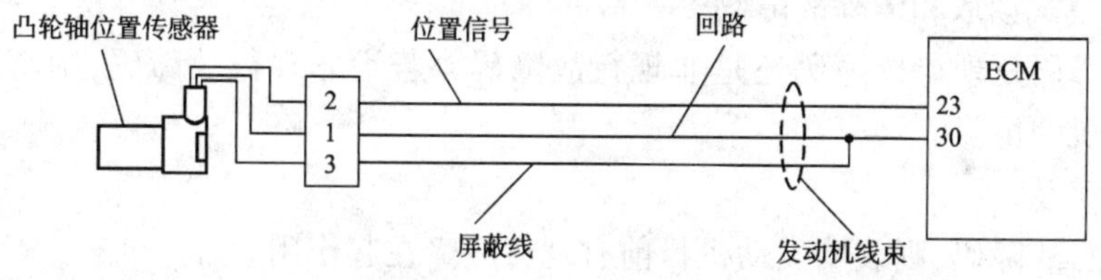

图 3-24　凸轮轴位置传感器与 ECM 连接电路

(1)外观检查。

①检查传感器安装状态是否符合要求(传感器与信号轮的标准间隙一般为 0.8 ~1mm);

②拆下传感器检查永久磁铁部位是否吸附有铁屑。

(2)外线路检查。

参考电路图,用万用表的电阻挡,分别测量传感器线束端 1、2、3 号端子与 ECU 线束端 23、30 对应端子之间的电阻值,来判断外线路是否存在短路及断路故障。

(3)传感器阻值测量。

关闭点火开关,拔下凸轮轴位置传感器插头,测量传感器端 1 号端子与 2 号端子间的电阻值,标准阻值为 680 ~1000Ω(见表 3-3),否则更换凸轮轴位置传感器。

凸轮轴位置传感器技术规范　　表 3-3

凸轮轴位置传感器		
转矩 =8N · m		
温度(℃)	温度[℉]	电阻(Ω)
-30	-22	680
20	68	860
50	122	1000

(4)测量信号电压。

插接好凸轮轴位置传感器插头,起动发动机或发动机工作时,测量传感器端 1 号端子与 2 号端子之间的电压,正常应有脉冲信号输出。

(5)波形检测。

可以用故障检测仪测量凸轮轴位置传感器输出波形。因波形所含的信息量丰富,凸轮轴位置传感器的波形检测十分实用。

(四)共轨电控燃油喷射系统检修案例

1 故障检测流程

电控柴油发动机燃油系统通过各种传感器检测出发动机的实际运行状态,送入电控单元进行计算和处理,可以对喷油时间、喷油压力和喷油率进行最佳控制。由于采用了电子控制技术,故比较传统的柴油发动机故障检修流程又有其独特之处:

1)静态模式读取和清除故障码

确认故障码是现行故障码还是非现行故障码。若为非现行故障码,则清除该故障码,重启系统试机即可。

2)症状确认

若为现行故障码,则表明发动机目前有现行故障在起作用。

3)动态故障码检查

运用故障诊断仪器设备对故障码进行读取分析,读取故障码信息,为检修提供参考依据。

4)电路检查

根据故障码信息检查相应电控系统的电路。

5)部件检查

根据故障码信息检查相应电控系统的传感器、执行器。

6)调整、设定、激活或维修

通过对电路和部件的检查,对故障部位或部件进行调整、设定、激活或维修。

7)试车检验

在对电控系统进行检修的过程中,也要注意下列安全事项:

(1)禁止使用大功率仪器,避免对电控单元产生无线电干扰。

(2)在拆除蓄电池的搭铁线前,先读取 ECU 中的故障码。

(3)检修燃油系统时,先对油路进行卸压。

(4)在拆卸和插接线路或元件连接器之前,点火开关一定要置于"ON"。

2 柴油发动机电控系统检测与诊断设备的使用

1)故障诊断设备组成

故障诊断设备有 4 个部分组成,如图 3-25 所示。

2)故障诊断设备安装

(1)小心地拉开连接头插销并拆开插头。

(2)将发动机控制线束连接到 ECM 上的 89 针 OEM 插头上。

(3)连接发动机控制线束的两针 Metri-Pack 插头到油水分离器传感器的插头上。如图 3-26所示。

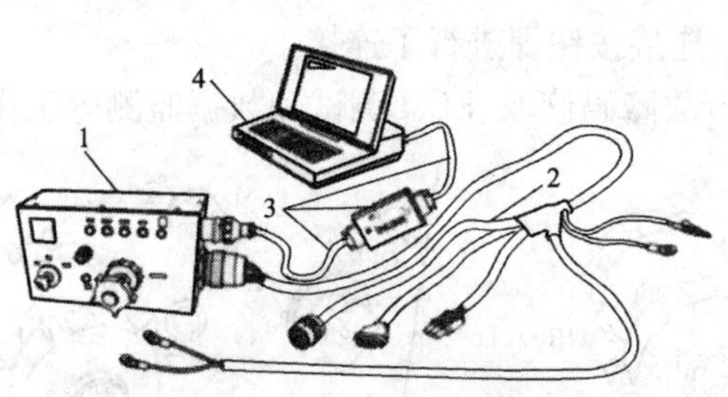

图 3-25　故障诊断设备组成

1-发动机控制器;2-发动机控制线束;3-INLINE数据适配器工具包;4-装备 INSITE 服务工具的个人手提电脑

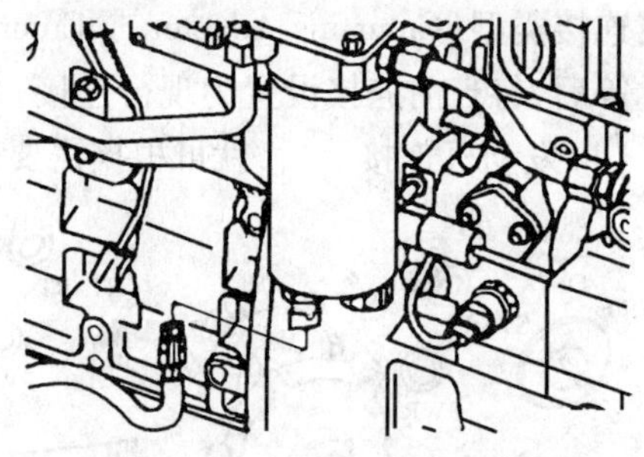

图 3-26　油水分离器传感器

(4)拆开四针 Weather-Pack 插头上的短接帽,零件号为3164250,如果需要,连接格栅加热器。

(5)连接四针 Weather-Pack 插头到格栅加热器的插头。

(6)连接发动机控制线束 2 到发动机控制器。要用一台装有 INSITE 服务工具的手提电脑来监测电路是否正常运行。采用合适的 INLINE 数据适配器包将手提电脑连接到发动机控制器上。

(7)将控制线束上的红色端头连接到蓄电池的正极上;将控制线束上的黑色端头连接到蓄电池的负极上。

(8)当电源接通并将点火开关置于 ACC 或 ON 位置时,控制器指示灯亮。

(9)如果指示灯不亮,则将点火开关置于 OFF 位置,检查红色端头线是否接蓄电池正极,黑色端头是否接负极。

(10)打开点火开关 ON 位置,发动机控制器上的 STOP、WARN、MAINT 和 WAIT TO START 灯应点亮。灯大约点亮 30s,如果没有故障码,灯随后会熄灭。

(11)如果 STOP 指示灯(红色),或 WARN 指示灯(黄色)持续点亮,则使用 INSITE 服务工具和相应的服务文献来诊断发动机故障码。

3)故障诊断设备操作

(1)将点火开关置于 START 位置直到发动机起动后再放开。如图 3-27 所示。

(2)逆时针方向缓慢旋转旋钮来增大发动机转速。如图 3-28 所示。

(3)顺时针方向缓慢旋转旋钮来降低发动机转速。

(4)将点火开关置于 OFF 位置来使发动机停止运行。如图 3-29 所示。

4)故障诊断软件 INSITE 的使用

(1)进行 INSITE 软件的硬件连接。首先关闭点火开关,找到发动机上的诊断连接口,将数据连接线连接上,将此线连接到通信适配器上,再用通信线连接通信适配器到电脑。这样,硬件连接部分就完成了。

(2)打开桌面上的INSITE软件图标,进入INSITE使用界面。

(3)打开点火开关,从INSITE软件界面上选择Add new选项,进入连接部分。在依次选定连接类型(Cummins Adapter或Cummins Simulator)、串口、适配器类型、通信协议、连接名称等后,将当前连接设置为现行连接,并点击连接按钮即进行了连接。

(4)发动机连接上后,就可根据需要来进行故障码读取、ECM测试和数据监测等工作。

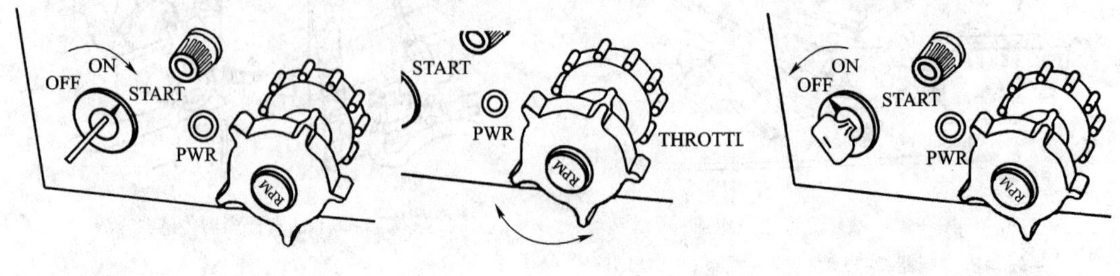

图3-27　发动机起动　　图3-28　发动机转速控制　　图3-29　关闭发动机

二、任 务 实 施

项目　柴油发动机共轨电控燃油喷射系统故障检修

1　项目说明

柴油发动机共轨电控燃油喷射系统在使用过程当中,由于技术状况的问题和燃油质量的问题导致的喷油器出现故障信息会以故障码的形式存储在ECM当中。对电控系统的检修首先按照检修流程读取故障码,然后有针对性地进行部件检修。

2　技术标准与要求

(1)每个学员独立完成此项目。

(2)技术标准:

按照康明斯ISBe发动机故障维修手册,以故障树为故障排查流程依据。检修完毕试机检验。

3　设备器材

(1)高压共轨式电控柴油发动机;

(2)故障诊断软件及设备。

4　作业准备

(1)清洁发动机;

(2)诊断软件及设备与发动机连接。

5 操作步骤

柴油发动机共轨电控燃油喷射故障诊断设备操作步骤见表3-4。

柴油发动机共轨电控燃油喷射故障诊断设备操作步骤　　表3-4

<table>
<tr><td>1. 故障闪码(闪码的读取及消除)
➢ 康明斯ISBe电控柴油发动机普遍可以利用故障诊断灯进行读取故障闪码(不需要诊断仪),可以对柴油发动机电控系统进行初步诊断。
➢ 故障诊断灯:当车出现故障时,可以通过整车仪表盘上的闪码灯读出闪码,参照闪码表初步判断错误原因。故障闪码读取操作:
■ 点火钥匙开关处于接通位置;
■ 按下故障诊断请求开关;
■ 闪码灯将报出闪码;
■ 每一次操作只闪烁一个闪码,直至循环至第一个为止;
■ 闪码由三位组成,如324,即故障码</td><td>

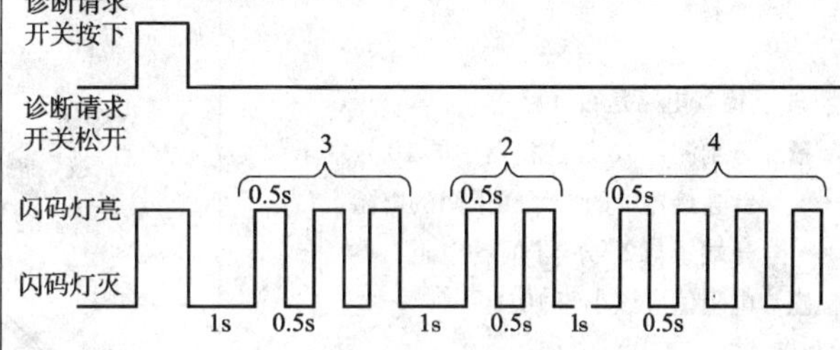
</td></tr>
<tr><td>2. 故障分析
➢ 故障码:324;
➢ 故障指示灯:黄色;
➢ 故障原因:当线束上有电压时,在3号喷油器线路上没有检测到电流,或则在3号喷油器线路上检测到高电阻;
➢ 故障结果:3号汽缸可能缺火,发动机可能工作粗暴</td><td>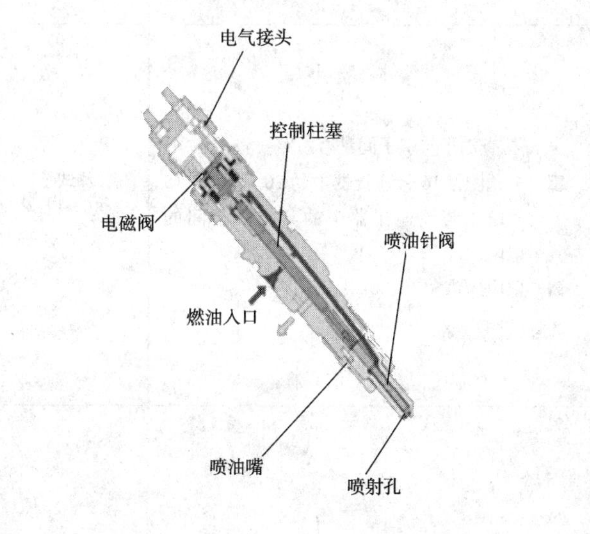
</td></tr>
<tr><td>3. 喷油器检修</td><td>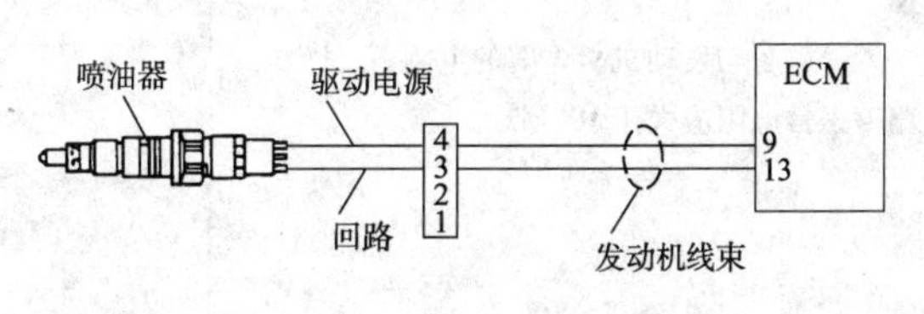
</td></tr>
</table>

续上表

➢ 检查喷油器电路电阻： ■ 测量喷油器连接器中的 1 号端子与 2 号端子间的电阻； ■ 电阻标准值应小于 0.5Ω； ■ 否则喷油器电磁阀线圈故障，建议更换	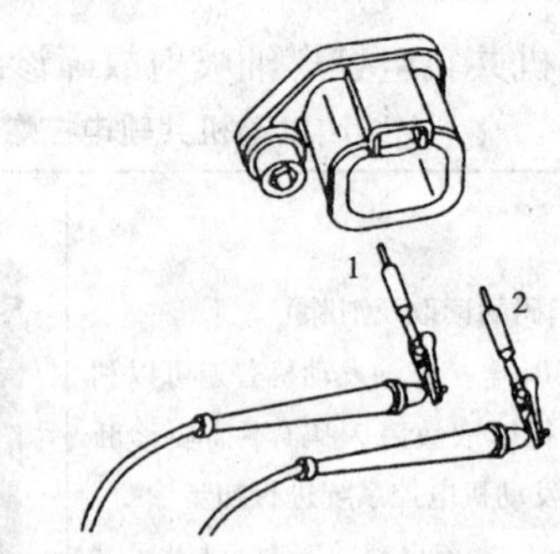
➢ 检查电路是否开路： ■ 分别测量 16 针连接器中的 10 号端子和 4 针连接器中的 1 号端子间的电阻，以及 15 号端子与 2 号端子间的电阻； ■ 电阻值应该小于 10Ω	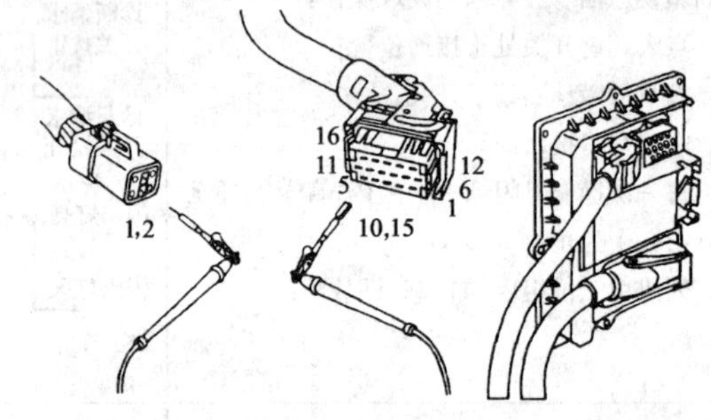
➢ 检查端子与端子间是否短路： ■ 分别测量 16 针连接器中的 10 号端子、15 号端子与该连接器中的其他端子间的电阻； ■ 电阻应该大于 100kΩ	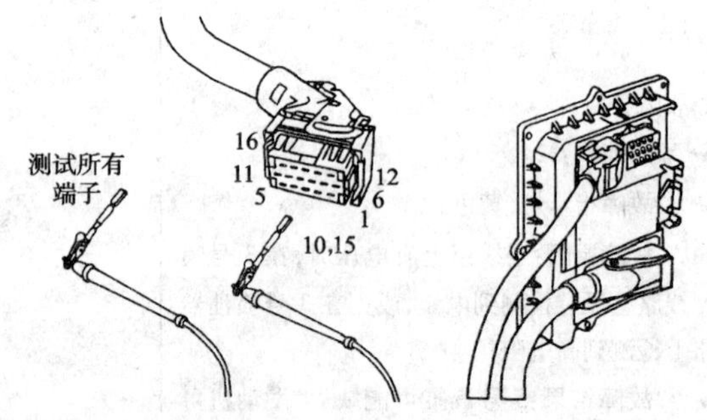
➢ 检查线路是否对搭铁短路： ■ 分别测量 16 针连接器中的 10 号端子、15 号端子与发动机机体间的电阻； ■ 正常电阻应大于 100kΩ	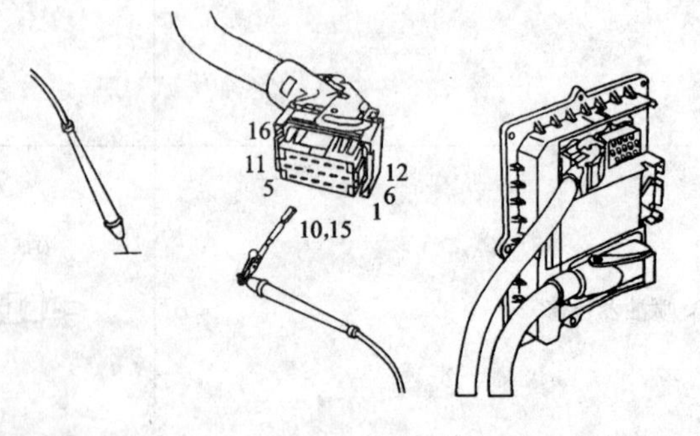

续上表

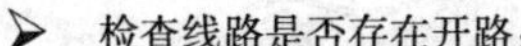 ➢ 检查线路是否存在开路: ■ 分别测量4针连接器中的2号端子、1号端子与接在2号喷油器上的引线螺母间的电阻; ■ 正常电阻应该小于10Ω	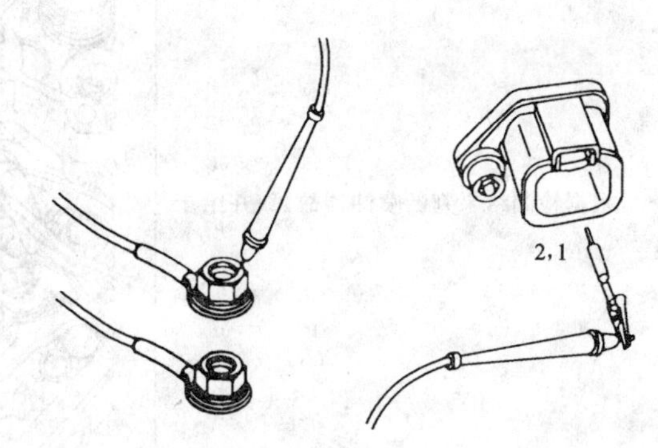
➢ 检查4针连接器中端子与端子间是否短路: ■ 分别测量4针连接器中的2号端子、1号端子与该连接器中的其他端子间的电阻; ■ 电阻应大于100kΩ	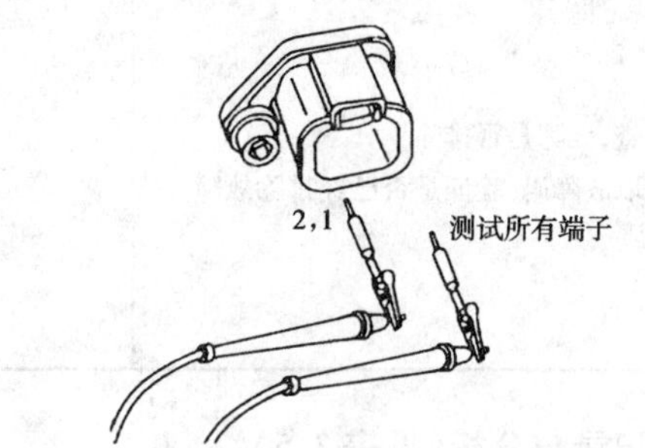
➢ 检查4针连接器是否短路搭铁 ■ 分别测量4针连接器中的2号端子、1号端子与机体间的电阻; ■ 电阻应大于100kΩ	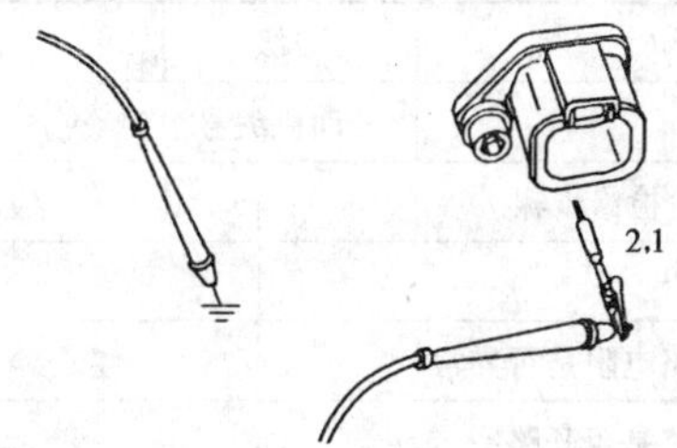
➢ 检查喷油器电磁线圈电阻 ■ 测量2号喷油器两个线圈端子间的电阻; ■ 电阻应小于0.5Ω	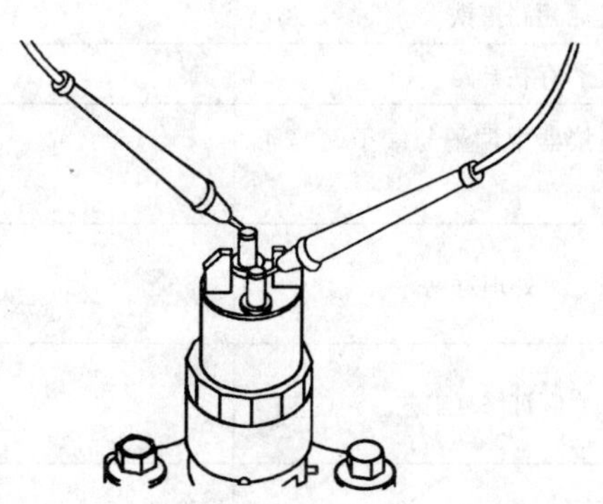

续上表

➢ 根据检测结果判断喷油器故障,并给予更换	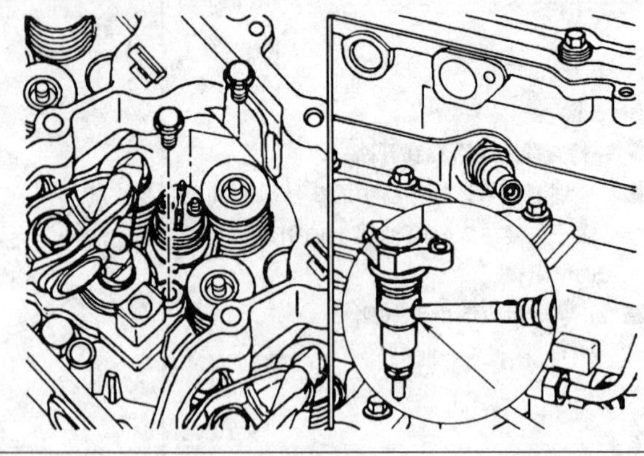
4. 试机检查,故障是否排除 5. 再次读取故障码,验证是否已经排除故障	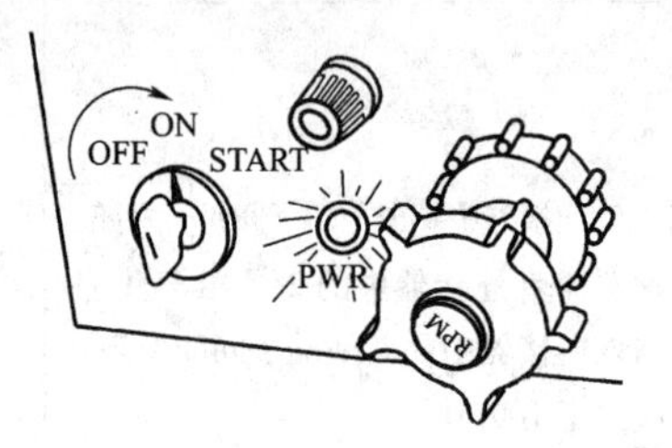

6 记录与分析(见表 3-5)

柴油发动机共轨电控燃油喷射系统故障的诊断与排除作业记录单　　表 3-5

姓名		班级		学号		组别	
车型		发动机编号		作业单号		作业日期	
检修步骤		检修结果记录			是否正常		
检查故障码							
喷油器电路电阻是否异常							
喷油器电路是否开路							
端子间是否短路							
线路是否短路搭铁							
线路是否存在开路							
4 针连接器中端子与端子间是否短路							
处理意见							
制订修复工艺							
维修记录							

三、学 习 评 价

(一)理论考核

1. 分析题

(1)当进行电路和控制系统的故障排查时,一般应该进行哪些方面的基本检查?

(2)无故障码故障诊断的方法是什么?

(3)电控柴油发动机起动困难故障诊断应该考虑哪些方面?

(4)电控柴油发动机怠速不稳故障诊断应该考虑哪些方面?

2. 判断题

(1)在整个控制系统中,ECM 由蓄电池供电,其他大部分元件由 ECM 提供工作电源。输入设备一般由 ECM 提供 12V 的工作电压。 ( )

(2)大多数传感器都使用 5V 参考电压,而执行器用 12V 驱动。 ( )

(3)无故障码故障是指受外界因素(如温度、受潮、振动等)影响而有时存在、有时又自动消失的故障。 ( )

(4)"WARNING"警告指示灯是黄色的,当这个故障灯亮时,表明需要尽快排除故障。 ( )

(5)冬季起动时,"WTS"等待起动指示灯会亮起,为缩短冬季起动时间,在"等待起动"指示灯熄灭前不得起动发动机。 ( )

(6)共轨压力传感器信号故障原因与喷油器电磁线圈故障有关。 ( )

(7)发动机起动困难与凸轮轴位置传感器损坏无关。 ( )

(8)发动机冒黑烟与废气涡轮增压器系统故障关系较密切。 ( )

(9)电控柴油发动机功率不足故障比较常见,但是由于机型不同、电控系统不同,故障原因有所差异,应结合具体机型,特别注意各传感器及执行器的失效保护模式。 ( )

(10)曲轴、凸轮轴位置传感器以及喷油器故障等都会引起电控柴油发动机怠速不稳。 ( )

3. 选择题

(1)导通性检查是测量两点之间的电阻值,用于确认这两点之间是否导通,这是将实际的电路连接和电路图进行对比的有效手段。康明斯技术规范对导通的要求是两点之间的电阻值小于( )Ω。

A. 5　　B. 10　　C. 120

(2)在整个控制系统中,ECM 由蓄电池供电,其他大部分元件由 ECM 提供工作电源。输入设备一般由 ECM 提供( )V 的工作电压。

A. 5　　B. 12　　C. 24

(3)康明斯技术规范对开路(不短路)的要求是两点之间的电阻大于( )kΩ。

A. 10　　B. 50　　C. 100

(4)线与线之间短路是指两点之间按照电路设计的要求不应该导通而实际导通的故障。按照技术规范两点之间开路要求之间的电阻大于( )kΩ。

A. 10　　B. 50　　C. 100

(5)发动机电控系统发生故障时,调取(　　)是快速、准确获取故障信息的有效途径。

A.转速信息　　B.功率信息　　C.故障码

(6)无故障码故障是指在工程机械使用中,有明显的故障现象,但“故障指示灯”不亮,按规定程序调取故障码时,显示正常码的现象,此时描述错误的是(　　)。

A.无故障码故障不属于电路故障

B.无故障码故障不属于电控系统的电路故障

C.无故障码故障不属于传感器信号的特性发生变化

(7)对间歇性故障诊断方法描述错误的是(　　)。

A.振动法　　B.使用故障诊断仪　　C.加热法

(8)下面对发动机工作相位出现错误的故障,分析不正确的是(　　)。

A.曲轴信号传感器损坏　　B.凸轮相位传感器损坏

C.水温传感器损坏

(9)发动机(　　)是红色的,当这个故障灯亮起时,表明需要尽快使发动机安全停机,并及时排除故障。在故障排除以前,不允许起动发动机。

A.“STOP”停机指示灯　　B.“WARNING”警告指示灯

C.“WTS”等待起动指示灯

(10)如果故障指示灯亮,却调不出故障码,则可能是(　　)。

A.故障指示灯电路搭铁故障　　B.故障属于电路故障

C.故障属于电控系统的电路故障

(二)技能考核

项目的评分表见表3-6。

柴油发动机共轨电控燃油喷射控制系统常见故障诊断与排除项目评分表　　表3-6

基本信息	姓名		学号		班级		组别	
	规定时间		完成时间		考核日期		总评成绩	
任务工单	序号	内　容				扣分记录	标准分	评分
	1	仪器检查、发动机起动前检查					5	
	2	确认故障现象					5	
	3	目视检查					5	
	4	读取故障码,初步确定故障范围					10	
	5	使用汽车电脑诊断仪检测相关诊断数据流					5	
	6	使用万用表检测电阻或电压					10	
	7	维修资料使用					5	
	8	故障推理过程,确认故障点					15	
	9	排除故障,清除故障码,试车					5	
安全							5	
5S							5	
沟通表达							5	
工单填写							10	
工艺制订							10	

学习任务4　检修柴油发动机进气控制系统

工作情境描述

一辆装有康明斯发动机电控高压燃油系统的公交车，驾驶员反映发动机转速提升慢，特别是在怠速600r/min提升到1500r/min的过程中，转速提升比较缓慢。并且车辆在行驶过程中，还有动力不足的现象。经过检修，第一次检查，未发现有故障，重新拔插进气压力传感器后故障排除。后行驶一段时间，又出现同样故障。经再次检测，报"气压力传感器电压过低"故障，更换进气压力传感器后故障排除。

学习目标

通过本任务的学习，应能：

1. 叙述柴油发动机进气控制系统结构特点；
2. 叙述柴油发动机进气控制系统类型、结构、工作原理；
3. 对柴油发动机进气控制系统主要部件进行检修；
4. 根据维修手册，对柴油发动机进气控制系统常见故障进行诊断排除。

学习时间

6学时。

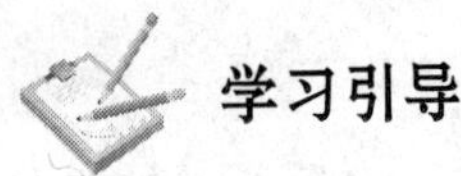

学习引导

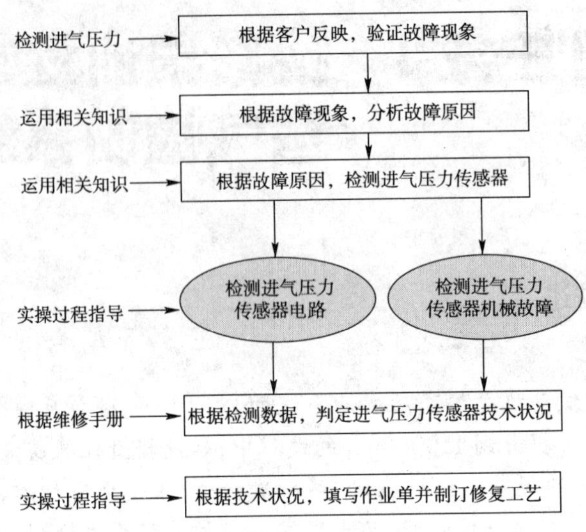

一、知 识 准 备

柴油发动机上的进气控制系统包括:进气节流控制系统、进气涡流控制系统和气门驱动控制系统,主要结构包括空气滤清器、进气歧管、进气总管、废气涡轮增压器、中冷器、进气压力传感器、进气温度传感器、进气加热器等。

(一)进气节流控制系统

1 进气节流控制系统的功能及控制方法

在现代汽车电控柴油发动机上,根据发动机的不同工况的需要,利用进气节流控制系统实现对进气量和进气管压力的调节,一方面要保证混合气浓度符合不同负荷时的要求,另一方面也可保证低转速时能够正常进行废气再循环。

柴油发动机实现进气节流控制的方法就是在进气道中安装一个节气门,并由电控执行元件根据 ECU 的指令控制节气门的开度,以控制进气量和进气管压力。进气节流控制系统一般只在低速小负荷工况时才工作。

2 控制类型

进气节流控制节气门的开度一般利用直流电动机或电控气动装置来控制。

1)直流电动机型进气节流控制系统

图 4-1 所示为直流电动机型进气节流控制系统。ECU 根据加速踏板位置传感器和发

动机转速传感器信号,通过直流电动机直接开启或关闭节气门。一汽大众捷达轿车电控柴油发动机即采用此类型进气节流控制系统。

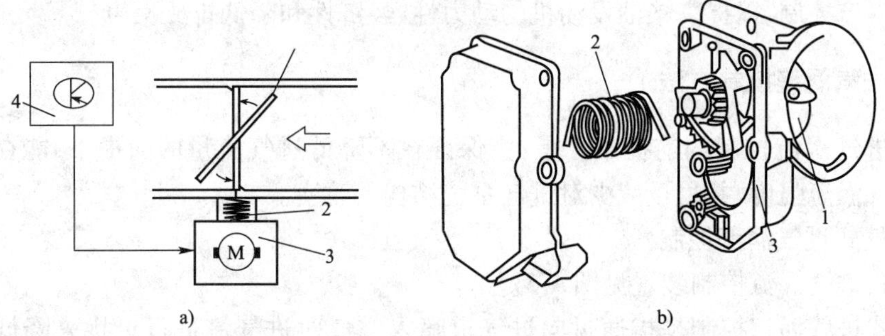

图4-1　直流电动机型进气节流控制系统

a)控制原理;b)执行元件

1-节气门;2-节气门复位弹簧;3-直流电动机;4-ECU

2)电控气动型进气节流控制系统

图4-2所示为电控气动型进气节流控制系统。通常情况下,进气控制电磁阀不通电,真空膜片阀的真空通道被电磁阀关闭,节气门处于开启状态;当进气控制电磁阀通电时,电磁阀开启真空膜片阀的真空通道,真空膜片阀通过拉杆驱动节气门关闭。一汽大众宝来轿车电控柴油发动机即采用此类型进气节流控制系统,节气门只在发动机熄火时关闭约3s,然后再开启,目的是停止空气供给,使发动机熄火更柔和。

图4-2　电控气动型进气节流控制系统

1-ECU;2-进气控制电磁阀;3-真空膜片阀;4-节气门

(二)进气涡流控制系统

1　进气涡流控制系统的功能

1)空气涡流类型

柴油发动机汽缸内的空气涡流主要包括进气道产生的进气涡流、燃烧过程产生的燃烧涡流和压缩过程产生的挤压涡流,进气涡流的强弱对混合气的形成和燃烧具有很大的影响,因而对柴油发动机的动力性、经济性、排放和噪声等有很大的影响。

2)进气涡流对发动机的影响

在进气道结构一定的情况下,由进气道产生的进气涡流随柴油发动机转速升高而增强,当转速升高到一定程度时,由于进气涡流过强,反而会使充气效率降低,燃烧速度过快,导致柴油发动机的动力性和经济性下降,排放污染增加,噪声增大;柴油发动机在低速运转时,由于进气涡流较弱,会使混合气形成不良,燃烧速度过慢,导致柴油发动机热效率降低,排气烟度增加。

3)功能

进气涡流控制系统利用电控装置来改变进气道结构或干扰进气道中的气流运动,从而实现进气涡流控制,以提高柴油发动机的动力性、经济性和降低排放噪声。

2 进气涡流控制方法

实现进气涡流控制的前提条件是:应保证在不降低进气流量的前提下,能在较大范围内调节进气涡流强度,并尽量减少对进气系统结构的改变。

1)喷气式进气涡流控制

喷气式进气涡流控制装置见图4-3。

喷气式进气涡流控制是指通过向进气道喷入空气对进气流进行干扰来降低进气涡流强度。

采用此方法对进气系统结构改动小,对充气效率影响小,控制系统简单,容易实现。

其工作原理为:喷气孔布置在进气道下方,当发动机低速工作时,喷气孔关闭,原有进气道可以产生较强的进气涡流;发动机高速工作时,喷气孔开启并向进气道喷入空气,喷入的空气与进气道的空气流相撞,使进气涡流强度降低。通过改变由喷气孔向进气道喷气的角度或速度,可增大控制涡流强度的变化范围。通过喷气孔向进气道喷入的空气,一般来源于储气筒。

2)双气道式进气涡流控制

(1)结构。

双气道式进气涡流控制装置的结构见图4-4。其中设有主、副两个进气道,副进气道以一定的角度与主进气道相连,主进气道能够产生低速时所需的进气涡流,副进气道用于控制主进气道的进气涡流。

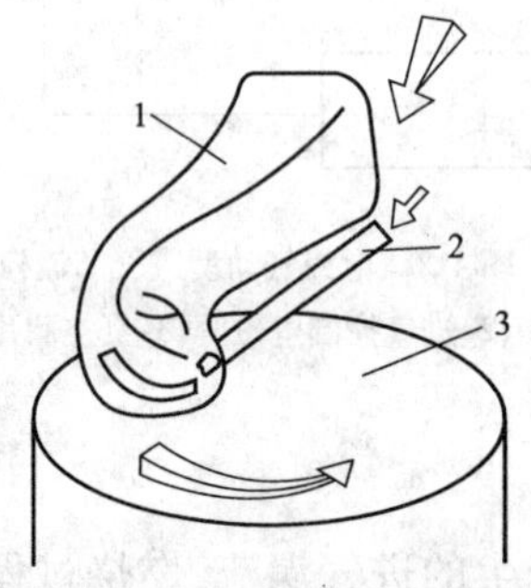

图4-3 喷气式进气涡流控制装置
1-进气道;2-喷气孔;3-汽缸

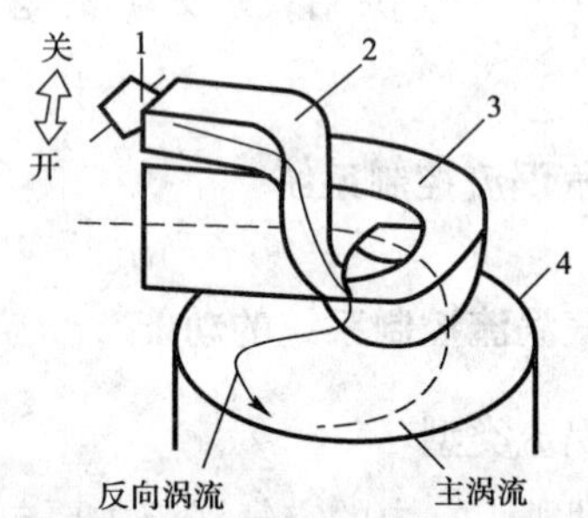

图4-4 双气道式进气涡流控制装置
1-转换阀;2-副进气道;3-主进气道;4-汽缸

(2)工作原理。

当发动机低速运转时,利用转换阀关闭副进气道,利用主进气道产生强度较大的主涡流;而当发动机高速运转时,利用转换阀开启副进气道,主、副两个气道进气,既能保证较高充气效率,又能利用副进气道产生的反向涡流降低主进气道进气涡流的强度。

采用双气道式进气涡流控制装置,通过改变转换阀的开度,即可实现对进气涡流强度控制的连续性。其缺点是进气系统结构改动大。

3)气道分隔式进气涡流控制

它是利用水平放置的隔板将进气道分成上、下两层,通过改变进气道流通截面的方法,来调节进气流的速度,从而改变进气涡流的强度。这种方法虽然简单,但对充气效率影响大。

气道分隔式进气涡流控制装置见图4-5。发动机低速运转时,控制阀关闭上层进气道,进气道流通截面变小,进气流速度提高,进气涡流增强;发动机高速运转时,控制阀则开启上层进气道,两层气道进气使进气道流通截面增大,进气流速度降低,进气涡流减弱。

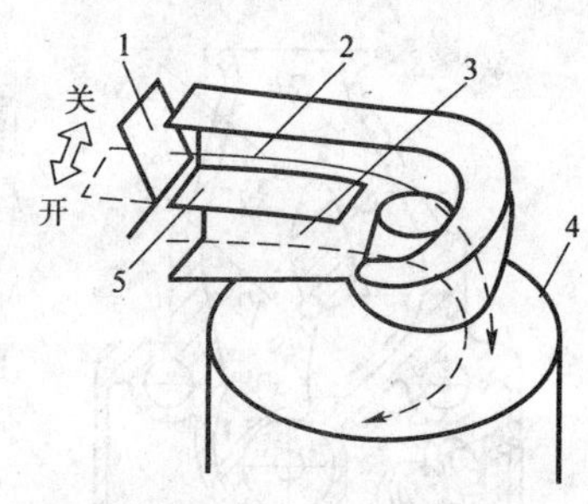

图4-5　气道分隔式进气涡流控制装置
1-控制阀;2-上层进气道;3-下层进气道;4-汽缸;5-隔板

4)导气屏式进气涡流控制

导气屏实际就是导向叶片,它安装在进气门上,并可绕气门旋转,如图4-6所示。汽缸进气时,利用导向叶片对进气流的导向作用,在汽缸内产生绕汽缸轴线旋转的进气涡流,进气涡流的强度取决于导向叶片的包角和方位角,改变导向叶片的包角或方位角,均可调节进气涡流的强度。

导气屏式进气涡流控制装置的结构复杂,制造成本高,气门容易磨损,且会增大进气阻力,但调整比较方便,常用在试验单缸机上,为新气道的设计提供参考数据。

5)旁通气道式进气涡流控制

它是利用从气道上部凸出到下部的隔板将气道分为螺旋气道和旁通气道,并利用旁通阀关闭或开启旁通气道,来改变进气流通截面大小,从而实现对进气涡流的控制。旁通气道式进气涡流控制装置见图4-7。

采用此方法控制进气涡流,缺点是气道内隔板固定困难,而且由于隔板和旁通阀的存在,会影响充气效率。

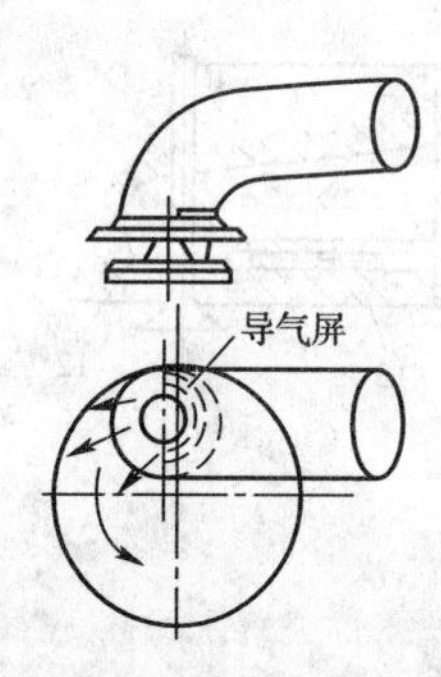

图4-6　导气屏式进气涡流控制装置

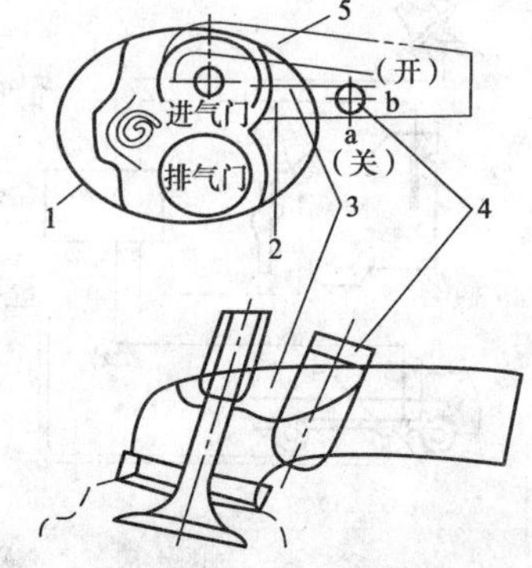

图4-7　旁通气道式进气涡流控制装置
1-汽缸;2-旁通气道;3-隔板;4-旁通阀;5-螺旋气道

6)气道转换式进气涡流控制装置

如图4-8所示,挡块将进气道分为螺旋气道(左侧)和直气道(右侧),在两气道下部会合处设有气道转换阀,在螺旋气道内装有一个节流阀。

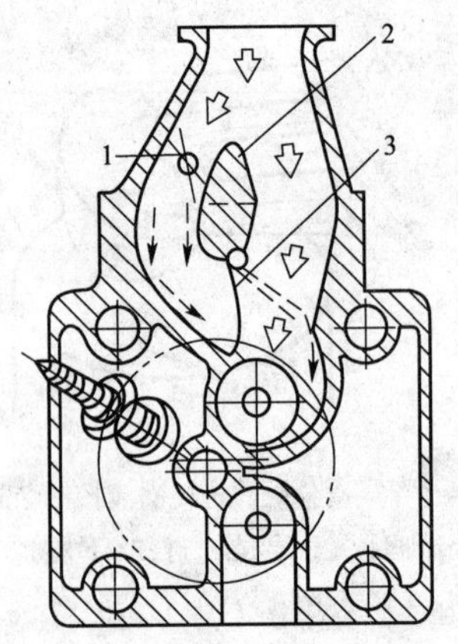

图 4-8 气道转换式进气涡流控制装置
1-节流阀;2-挡块;3-气道转换阀

发动机高速运转时,利用转换阀关闭能产生较强涡流的螺旋气道,由直气道进气,进气涡流较弱;中等转速时,利用转换阀关闭直气道,由能产生较强涡流的螺旋气道进气,进气涡流较强;低速运转时,利用转换阀关闭直气道,节流阀也部分关闭,由于节流阀使进气流通截面变小,且由能产生较强涡流的螺旋气道进气,所以能产生很强的进气涡流。

气道转换式进气涡流控制:此方法是在不同转速下,通过不同的气道进气实现进气涡流控制的。

3 进气涡流控制系统的组成

如图 4-9 所示,该系统采用喷气式进气涡流控制方式,由 ECU 根据柴油发动机转速和加速踏板位置信号,通过一个电磁阀和一个气动膜片阀来控制喷气孔的开闭,调节由储气筒经喷气孔喷入进气道的压缩空气量,实现对进气涡流强度的控制。柴油发动机转速较高,进气涡流过强时,ECU 发出指令,电磁阀通电接通气动膜片阀的气压通道,使气动膜片阀开启喷气孔,同时来自储气筒的压缩空气经喷气孔喷入进气道,以抑制进气涡流强度;反之,柴油发动机转速较低,进气涡流较弱时,气动膜片阀则关闭喷气孔,停止向进气道喷气,以增强进气涡流。

当 ECU 根据冷却液温度传感器信号确定柴油发动机的温度低于正常工作温度时,即使发动机处于起动或怠速这样的低速工况,进气涡流控制系统也保持向进气道喷气,以降低进气涡流强度的工作状态,这样可减少由于汽缸内气流运动引起的散热损失,从而改善柴油冷起动性能和缩短暖机时间,也有利于减轻柴油发动机低温时冒白烟的现象。

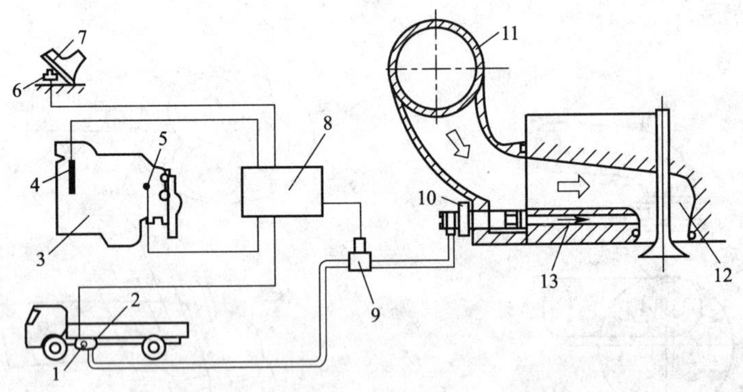

图 4-9 进气涡流控制系统的组成

1-空气压力传感器;2-储气筒;3-发动机;4-转速传感器;5-冷却液温度传感器;6-加速踏板位置传感器;7-加速踏板;8-ECU; 9-电磁阀;10-气动膜片阀;11-进气管;12-进气道;13-喷气孔

(三)增压器

柴油发动机的涡轮增压技术在 20 世纪中期就得到广泛使用。它是利用柴油发动机排出的废气能量驱动涡轮高速旋转,带动涡轮机同轴的压气机叶轮高速旋转,将空气压入发动机的汽缸，增加空气的密度，进而增加发动机的充气量，多供给燃料，从而不仅可提高柴油发动机的功率还能充分利用柴油发动机的废气能量，提高柴油发动机的经济性。涡轮增压器安装在柴油发动机的排气总管上，处于高温高压和高速运运转的工作状况，工作环境恶劣，易发生故障。涡轮增压器发生故障后，会造成柴油发动机功率下降、冒黑烟、耗油量增多噪声增大等。因此对废气涡轮增压器常见故障进行分析，并由此提出故障排除的方法是非常必要的。目前，几乎所有柴油发动机都采用涡轮增压。

1 废气涡轮增压器的基本结构

图4-10所示的增压器从外部看，压气机部分主要由进气消声器和排气蜗壳组成，废气涡轮部分由废气的进气箱和排气箱组成。主机各缸废气排放到排烟总管，在主机负荷一定的情况下，总管内排气压力一定，这种增压方式称为定压增压。废气从排烟总管经过保护格栅，进入到涡轮机进气壳。由于废气是从轴向进入涡轮，这种增压方式称为“轴流式废气涡轮叶片”。废气涡轮和封口环间隙极小，绝大部分废气进入废气涡轮。废气涡轮压力能转变为涡轮的动能，涡轮高速回转，在主机额定负荷下转速能达到18000r/min。通过废气

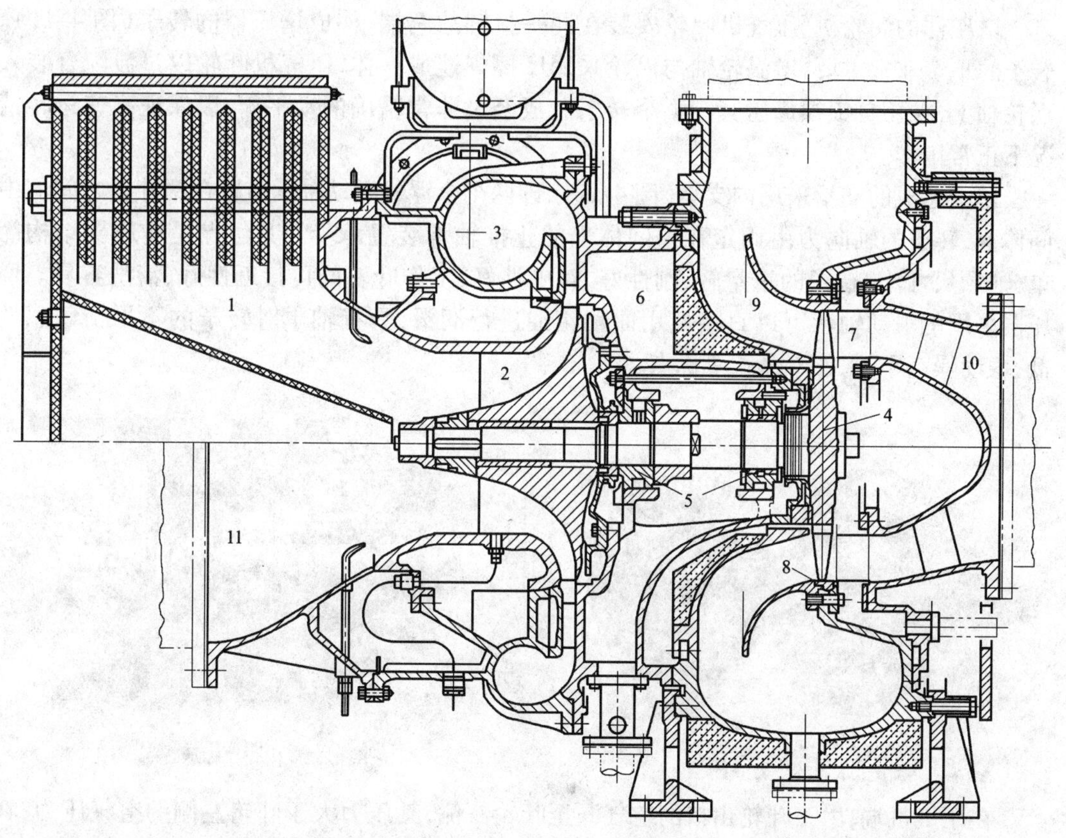

图4-10　NA/40系列增压器结构图

1-进气箱；2-消声器；3-排气蜗壳；4-涡轮机转子；5-轴承；6-轴承箱；7-喷嘴环；8-封口环；9-废气扩散器；10-涡轮机进气壳；11-压气机进气壳

涡轮后,废气流经气流扩散器、涡轮机排气壳,排入主机总烟管,再进入废气锅炉,最后通过烟囱排入大气。

1)废气涡轮

废气涡轮增压器的压气机采用离心式压气机,而废气涡轮有轴流式和径流式涡轮机两种。废气涡轮由涡轮进气箱、喷嘴环、工作叶轮、排气箱等组成。柴油发动机排出的废气经进气箱送至喷嘴环。喷嘴环由喷嘴内环、外环和喷嘴叶片组成。喷嘴叶片形成的通道从进口到出口呈收缩状,其作用时将柴油发动机排除的废气的压力能部分转变为动能,并使气流具有工作叶片所需要的方向。

2)压气机

离心式压气机主要由进气消声器、压气机叶轮、扩压器、排气蜗壳等组成。空气从消声器滤网处进入。消声器中的空气滤网、倒流盆对空气起滤清、倒流、消声作用。经过空气滤器流速增加,压力升高,在扩压气与压气机壳体使气流的动能转变为压力能,压力进一步提高后经发动机进气管进入汽缸,从而使进入发动机的空气密度增加。

3)转子和轴承

增压器的涡轮机、压气机叶轮安装在同一根轴的两端,构成增压器的转子(图4-11)。转子的平衡非常重要,增涡轮轴与涡轮采用摩擦焊连成一体,压气机叶轮以过渡配合装入涡轮轴上,并用自锁螺母压紧。整个转子总成经过非常精确的动平衡,以保证高速运转情况下正常工作。

转子总成的支承采用内支承(图4-12),即两个全浮式浮动轴承布置在两叶轮之间的中间体上,转子的轴向力由固定在中间体上的止推轴承装置承受。其优点是增压器结构简单,轴颈尺寸小、转子的重量轻、刚性好、对中性好、工作叶轮的可接近性好、清洗容易。增压器采用的滑动轴承可以直接使用曲轴箱油进行润滑,具有轴承对转子的不平衡敏感性低、振动噪声小、工作寿命长等优点。

图4-11 增压器的转子

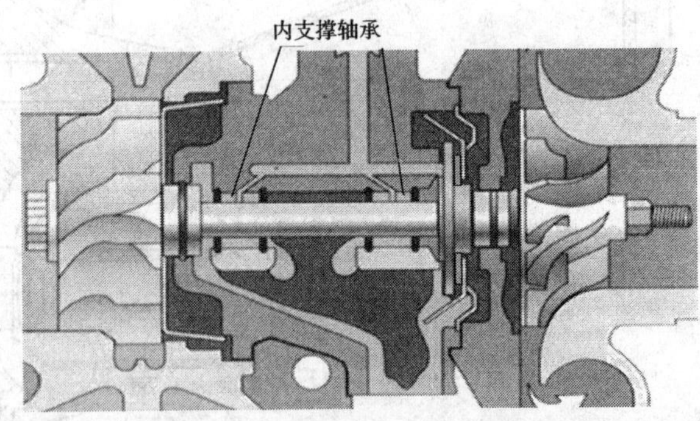

图4-12 内支撑轴承

在压气机端,由于叶轮出口的空气漏至叶轮右侧,其压力大于叶轮左侧的空气压力;在涡轮端,涡轮右侧的压力也大于涡轮左侧,因此在转子上作用这一个指向压气机侧的轴向推力。必须在压气机端设一个支撑轴承承受转子的径向负荷和轴向负荷,并起到转子轴向定位的作用。涡轮端的轴承是个支撑轴承,只承受转子的径向负荷,并允许产生一定的轴向位移以保证转子的热膨胀。

2 废气涡轮增压器的基本工作原理

涡轮增压器是用来提高发动机功率和减少排放的重要部件。涡轮增压器本身不是一种动力源,它是利用柴油发动机排出的具有一定温度和压力的废气能量,经过涡轮机的旋转转化为转子的机械能,从而带动与涡轮机同轴的压气机高速旋转,将空气压入汽缸,增加发动机的充气量,供更多燃油完全燃烧,从而提高发动机的功率。增压后发动机的功率可提高20%~40%,同时可改善燃烧的条件,减少废气中有害物质的排放。

1)压气机工作原理

压气机采用单级离心式压气机。当压气机工作时,新鲜空气经过气道轴向进入压气机叶轮,由于导流作用,气流能在最小的损失下均匀进入压气机叶轮。进气道是渐缩流道,在进气道中,压力、温度略有所降低,流速提高。正是因为压力降低空气才被吸入叶轮。空气进入压气机叶轮后,随叶轮的高速回转,因而产生离心力。这样,空气在叶轮叶片间随叶轮作圆周运动的同时,在离心力的作用下向叶轮外缘流动并压缩。叶轮中气体的流速、压力、温度都会升高,其中流速提高很多。这是由于叶轮对气体做功,把叶轮的机械能转变成气体的动能和压力能。气体被压缩就提高了温度。在扩压气中,由于流道逐渐扩大,使空气的动能转换为压力能,流速降低,压力升高。排气蜗壳中的流道也是渐扩的,因而空气流过时继续将动能转换为压力能。

2)涡轮机工作原理

涡轮机为单级轴流式涡轮机,主要元件是固定的喷嘴环和旋转的工作叶轮。在工作时,具有一定压力和温度的废气以一定得流速流入喷嘴,在喷嘴收缩型的流道中膨胀和加速,气体压力和温度降低,而转度升高,部分压力能转变为速度能。从喷嘴出来的高速气流进入工作叶轮,在离心力作用下,会在叶轮凹凸面上产生压力差,该压力差的合力即为作用在叶片上的冲动力,冲动力对转轴产生一个冲动力矩。另外,由于叶轮叶片流道也是渐缩的,废气在其中加速,使涡轮又得到一个反作用力矩。两个力矩方向相同,叶轮就在这两个力矩的共同作用下回转。

二、任 务 实 施

项目　柴油发动机进气控制系统主要部件的检修

1 项目说明

柴油发动机进气控制系统主要部件在使用过程当中,由于技术状况的问题会导致进气压力传感、进气温度传感、进气加热器出现电路故障和机械故障。所以要根据技术标准来对进气压力传感、进气温度传感、进气加热器进行检测和维修,排除故障。本项目分别对上述三种部件进行故障检测诊断修复。

2 技术标准与要求

(1)清除故障码,故障灯熄灭;

(2)进气压力传感信号电压随进气量增加而增大;

(3)进气温度传感信号电压随进气温度增加而减小;

(4)进气加热器工作电压应为蓄电池电压;

(5)发动机排烟正常;

(6)发动机怠速稳定 750~850r/min。

3 设备器材

(1)高压共轨式电控柴油发动机;

(2)万用表;

(3)故障诊断软件。

4 作业准备

(1)清洁发动机;

(2)万用表数块;

(3)诊断软件与发动机连接。

5 操作步骤

1)进气压力传感器检修

进气压力传感器检修步骤见表 4-1。

进气压力传感器检修步骤　　表 4-1

1. 进气压力传感器和发动机线束连接器	
2. 检查进气压力传感器和发动机线束连接器有无下列问题 ➢ 连接器壳体有裂纹或断裂; ➢ 连接器密封丢失或损坏; ➢ 连接器端子内或表面有灰尘、碎屑或湿气; ➢ 端子腐蚀、弯曲、断裂、缩进或伸出	
3. 检查传感器线路无短路、断路、老化	

续上表

4. 检查进气压力传感器有无下列问题 ➢ O形圈膨胀； ➢ O形圈内部或表面有裂纹或断裂	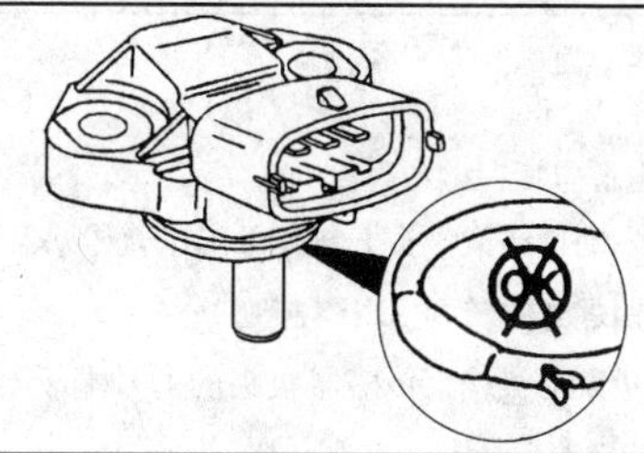
5. 读取故障码 ➢ 连接所有部件； ➢ 将钥匙开关转到“ON”(接通)； ➢ 使用 INSITE™读取故障码	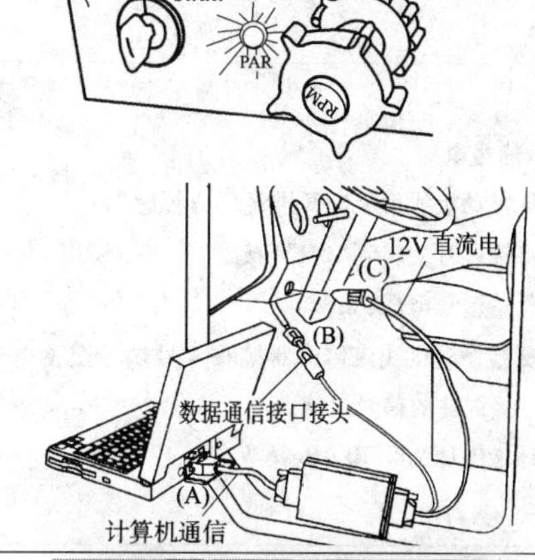
6. 检查进气压力传感器和发动机线束接头端子 ➢ 将钥匙开关转到“OFF”(断开)； ➢ 从进气压力传感器上断开发动机线束； ➢ 检查进气压力传感器和发动机线束接头端子有无下列情况： ■ 端子腐蚀； ■ 端子弯曲或折断； ■ 端子缩进或伸出； ■ 接头内或表面有湿气； ■ 接头密封件丢失或损坏； ■ 接头端子有污垢或碎屑。 有上述情况，应维修损坏的端子；冲洗接头端子上的污垢、碎屑或湿气；只要端子损坏，则维修或更换发动机线束，或更换进气压力传感器	 
7. 检查进气压力传感器的电阻 ➢ 测量进气压力传感器的3号端子与4号端子之间的电阻； ➢ 标准阻值为10～10 MΩ，否则更换进气压力传感器	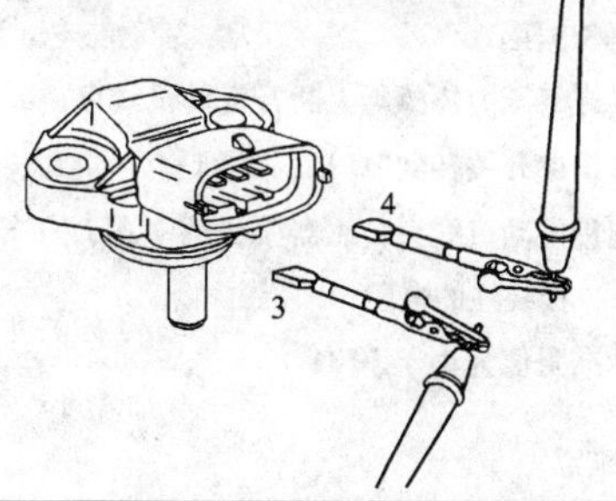

续上表

8. 测量电源电压 ➢ 从发动机线束接头上断开进气压力传感器； ➢ 将钥匙开关转到“ON”(接通)； ➢ 测量发动机线束传感器接头的 1 号端子与 3 号端子之间的电源电压； ➢ 标准电压为 4.75 ~ 5.25 V	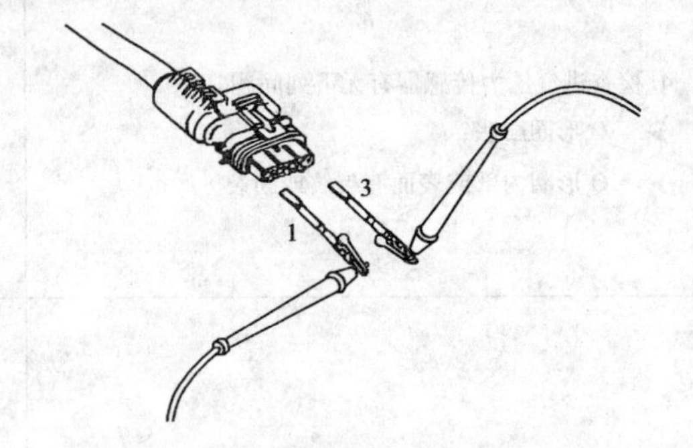
9. 测量信号电压 ➢ 从发动机线束上断开进气压力传感器； ➢ 将钥匙开关转到“ON”(接通)； ➢ 测量信号电压； ➢ 测量发动机线束传感器接头 4 号端子至蓄电池负极(－)接线柱的信号电压； ➢ 标准电压为 0.10 ~ 0.25 V	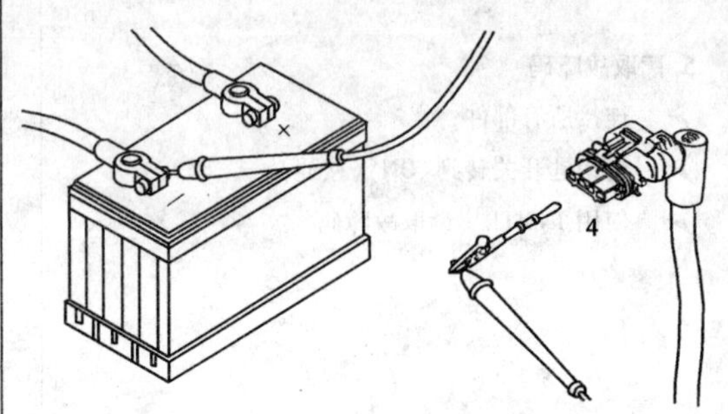
10. 检查发动机线束传感器接头至蓄电池负极(－)接线柱的电源电压 ➢ 从进气压力传感器上断开发动机线束； ➢ 将钥匙开关转到“ON”(接通)； ➢ 检查发动机线束传感器接头至蓄电池负极(－)接线柱的电源电压； ➢ 测量发动机线束传感器接头的 3 号端子至蓄电池负极(－)接线柱的电压； ➢ 标准电压为 4.75 ~ 5.25 V	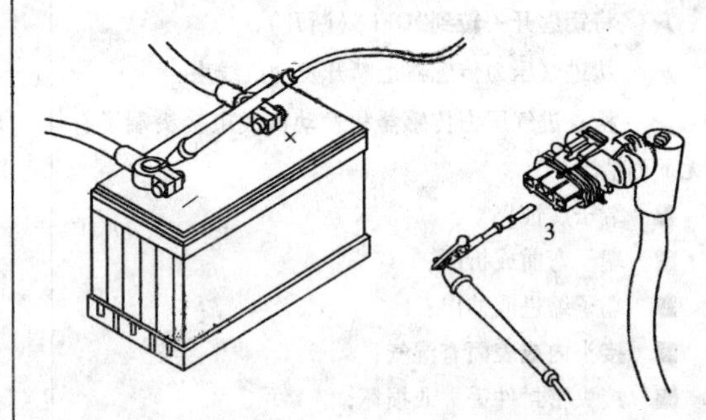
11. 检查发动机线束传感器接头至蓄电池负极(－)接线柱的回路电阻 ➢ 从进气压力传感器上断开发动机线束； ➢ 将钥匙开关转到“ON”(接通)； ➢ 测量发动机线束传感器接头的 1 号端子至蓄电池负极(－)接线柱的电阻； ➢ 标准阻值为小于 10 Ω	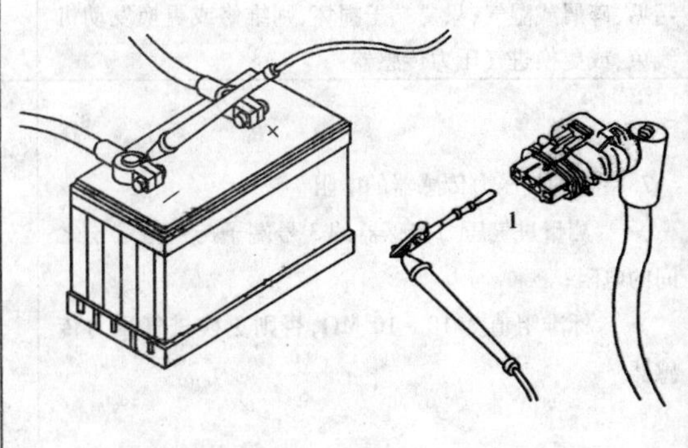

续上表

<table>
<tr><td>12. 检查发动机线束和 ECM 接头的端子
➢ 将钥匙开关转到“OFF”(断开)位置;
➢ 从 ECM 上断开发动机线束 36 针接头;
➢ 检查发动机线束和 ECM 接头端子有无下列情况:
■ 端子腐蚀;
■ 端子弯曲或折断;
■ 端子缩进或伸出;
■ 接头内或表面有湿气;
■ 接头密封件丢失或损坏;
■ 接头端子有污垢或碎屑。
注:轻轻拉动每根导线以核实导线锁定在接头中,并且没有缩进的端子。
有上述情况,应维修损坏的端子;冲洗接头端子上的污垢、碎屑或湿气;只要端子损坏,则维修或更换发动机线束或更换 ECM</td><td></td></tr>
<tr><td>13. 检查是否开路
➢ 将钥匙开关转到“OFF”(断开);
➢ 从 ECM 上断开发动机线束 36 针接头;
➢ 从进气压力传感器上断开发动机线束;
➢ 检查是否开路;
➢ 测量发动机线束 36 针接头的 10 号端子与传感器接头 3 号端子之间的电阻;
➢ 测量发动机线束 36 针接头的 21 号端子与传感器接头 1 号端子之间的电阻;
➢ 测量发动机线束 36 针接头的 28 号端子与传感器接头 4 号端子之间的电阻。标准阻值:小于 10 Ω</td><td>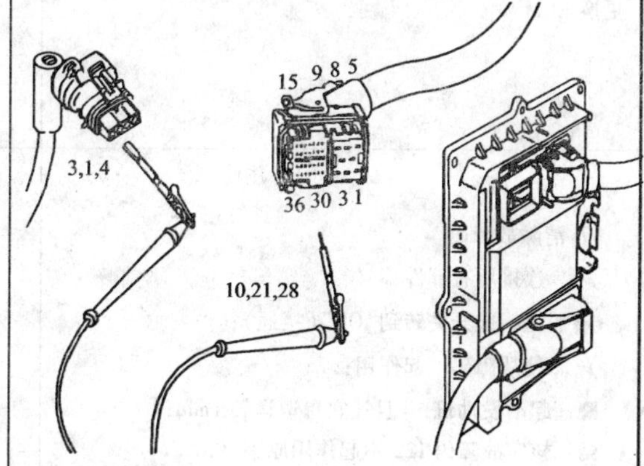
</td></tr>
<tr><td>14. 检查 ECM 至蓄电池负极(-)接线柱的电阻
➢ 将钥匙开关转到“OFF”(断开)。从 ECM 上断开发动机线束 36 针接头;
➢ 测量 ECM 21 号端子与蓄电池负极(-)接线柱之间的电阻;
➢ 标准阻值应小于 10 Ω</td><td>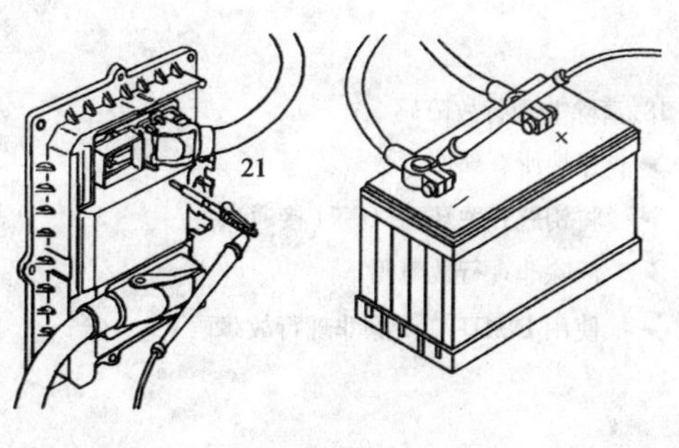
</td></tr>
</table>

续上表

<table>
<tr><td>15. 检查 ECM 与蓄电池负极(–)接线柱之间的信号电压
➢ 将钥匙开关转到“ON”(接通);
➢ 从 ECM 上断开发动机线束 36 针接头;
➢ 测量 ECM 28 号端子与蓄电池负极(–)接线柱之间的电压;
➢ 标准电压为 0.10 ~ 0.25 V。不符合标准电压应更换 ECM</td><td>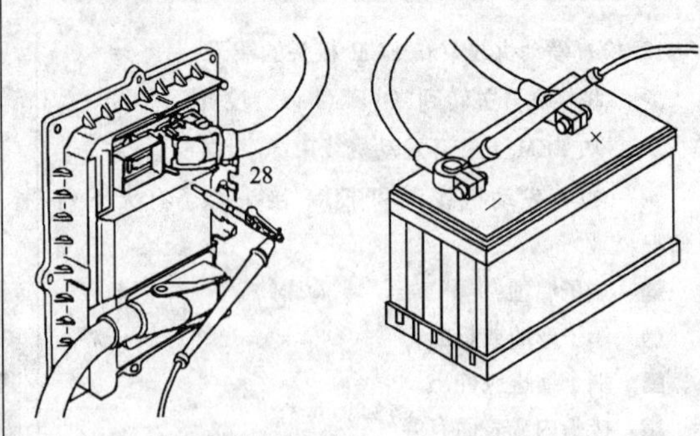</td></tr>
<tr><td>16. 测量 ECM 的输出电压
➢ 从 ECM 上断开发动机线束 36 针接头;
➢ 将钥匙开关转到“ON”(接通);
➢ 测量 ECM 端口 10 号端子与 21 号端子之间的电压;
➢ 标准电压为 4.75 ~ 5.25 V。不符合标准电压应更换 ECM</td><td>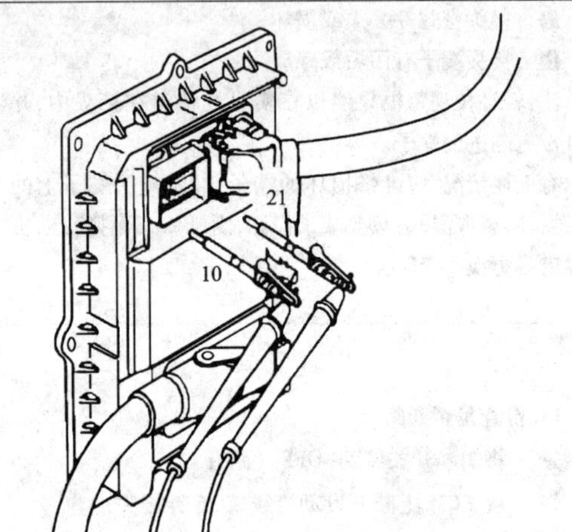</td></tr>
<tr><td>17. 清除故障码
➢ 连接所有部件;
➢ 将钥匙开关转到“ON”(接通);
➢ 使故障码不起作用;
■ 起动发动机,并且让它怠速运转 1min;
■ 核实故障码 122 不起作用原因</td><td>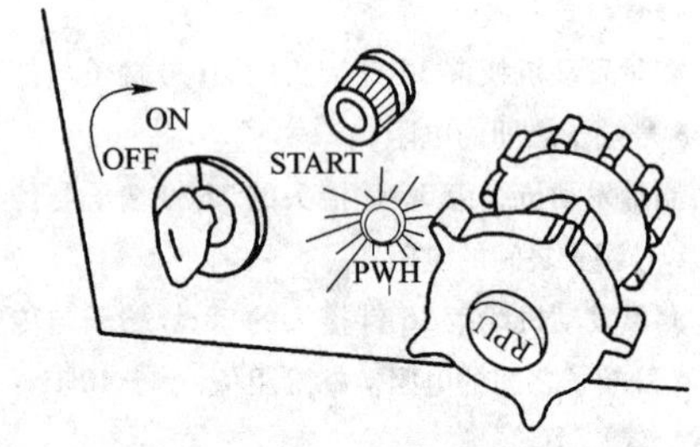</td></tr>
<tr><td>18. 清除非现行故障码
➢ 连接所有部件;
➢ 将钥匙开关转到“ON”(接通);
➢ 清除非现行故障码;
➢ 使用 INSITE™ 清除非现行故障码</td><td>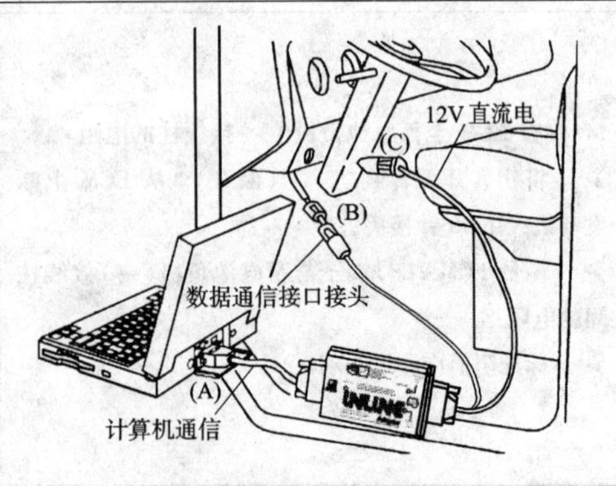</td></tr>
</table>

2)进气温度传感器检修

进气温度传感器检修步骤见表4-2。

进气温度传感器检修步骤　　表4-2

1. 进气温度传感器检修	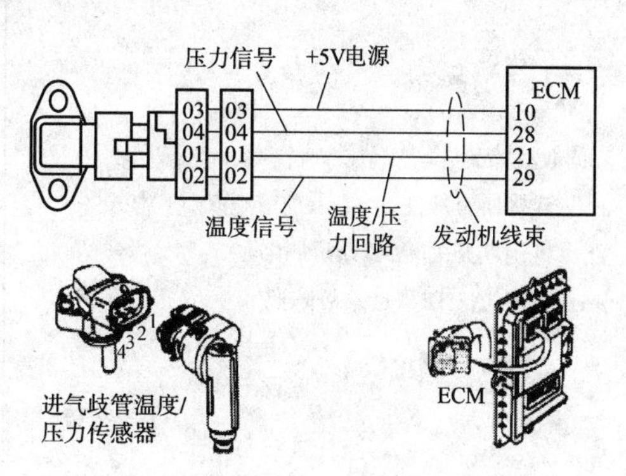
2. 检查进气温度传感器和发动机线束连接器有无下列问题 ➢ 连接器壳体有裂纹或断裂； ➢ 连接器密封丢失或损坏； ➢ 连接器端子内或表面有灰尘、碎屑或湿气； ➢ 端子腐蚀、弯曲、断裂、缩进或伸出	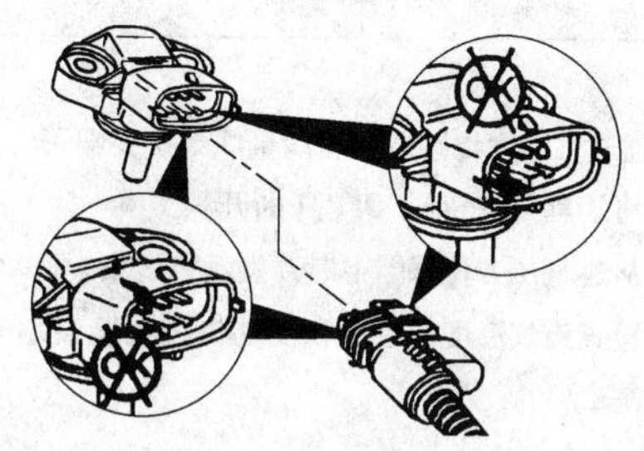
3. 线路故障 ➢ 检查传感器线路无短路、断路、老化	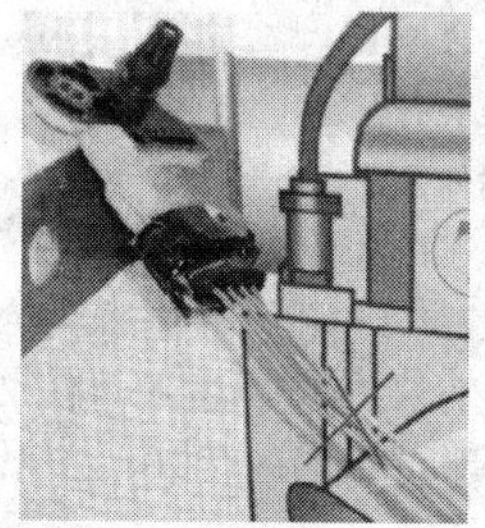
4. 检查进气温度传感器有无下列问题 ➢ O形圈膨胀； ➢ O形圈内部或表面有裂纹或断裂	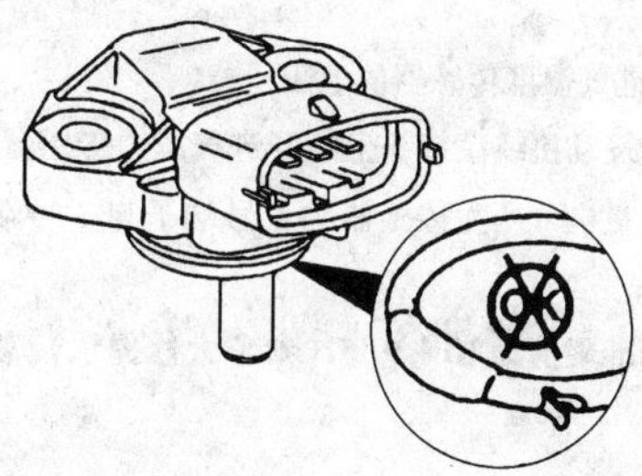

续上表

5. 读取故障码 ➢ 连接所有部件； ➢ 将钥匙开关转到“ON”（接通）； ➢ 使用 INSITE™ 读取故障码	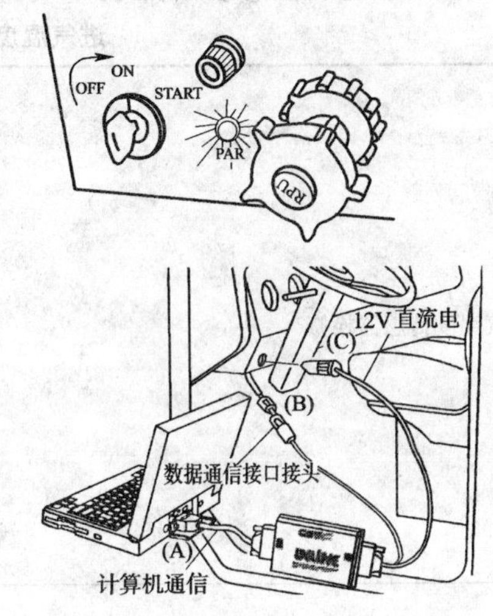
6. 检查进气温度传感器和发动机线束接头端子 ➢ 将钥匙开关转到“OFF”（断开）； ➢ 从进气压力传感器上断开发动机线束； ➢ 检查进气温度传感器和发动机线束接头端子有无下列情况： ■ 端子腐蚀； ■ 端子弯曲或折断； ■ 端子缩进或伸出； ■ 接头内或表面有湿气； ■ 接头密封件丢失或损坏； ■ 接头端子有污垢或碎屑。 有上述情况，应维修损坏的端子；冲洗接头端子上的污垢、碎屑或湿气；只要端子损坏，则维修或更换发动机线束，或更换进气压力传感器	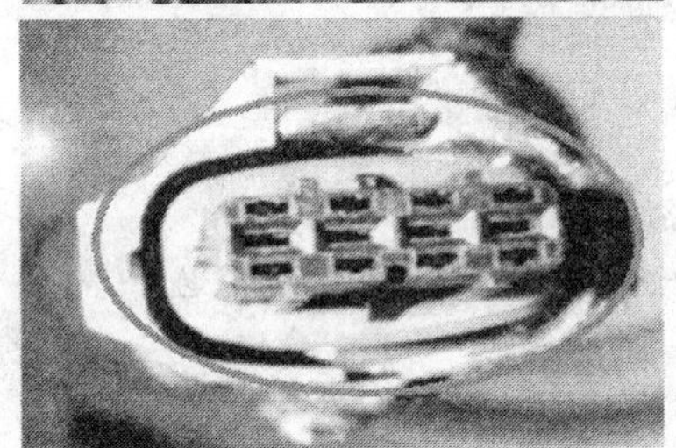
7. 检查进气温度传感器的电阻 ➢ 从发动机线束接头上断开进气压力传感器； ➢ 测量进气压力传感器的 1 号端子与 2 号端子之间的电阻； ➢ 标准阻值为 10 ~ 10kΩ（参考大修提示），否则更换进气压力传感器	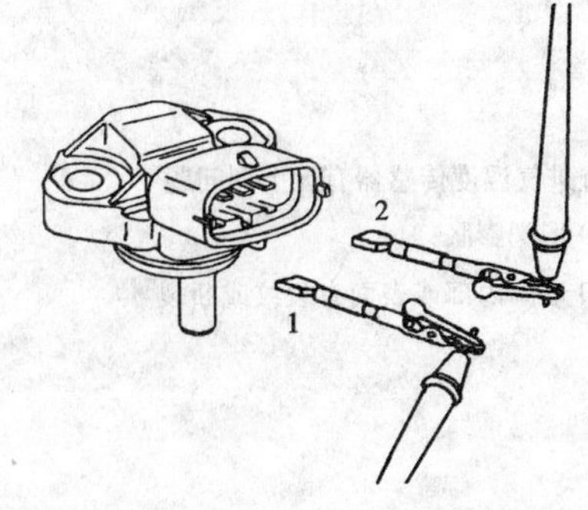

续上表

<table>
<tr><td>
8. 检查发动机线束和 ECM 接头的端子
➢ 将钥匙开关转到“OFF”(断开)；
➢ 从 ECM 上断开发动机线束 36 针接头；
➢ 检查发动机线束和 ECM 接头端子有无下列情况：
■ 端子腐蚀；
■ 端子弯曲或折断；
■ 端子缩进或伸出；
■ 接头内或表面有湿气；
■ 接头密封件丢失或损坏；
■ 接头端子有污垢或碎屑。
注：轻轻拉动每根导线以核实导线锁定在接头中，并且没有缩进的端子。
有上述情况，应维修损坏的端子；冲洗接头端子上的污垢、碎屑或湿气；如果端子损坏，则维修或更换发动机线束或更换 ECM
</td><td>
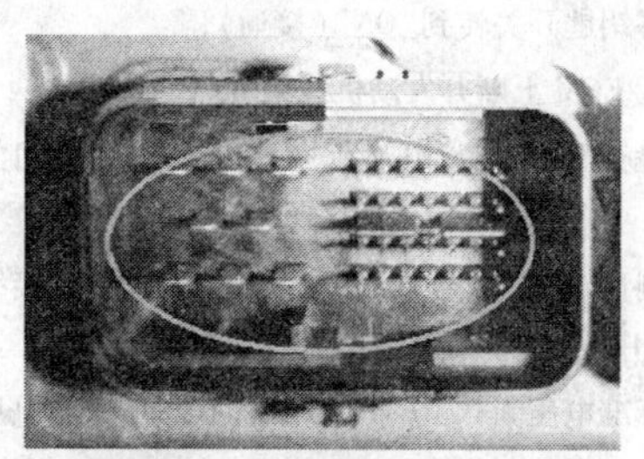
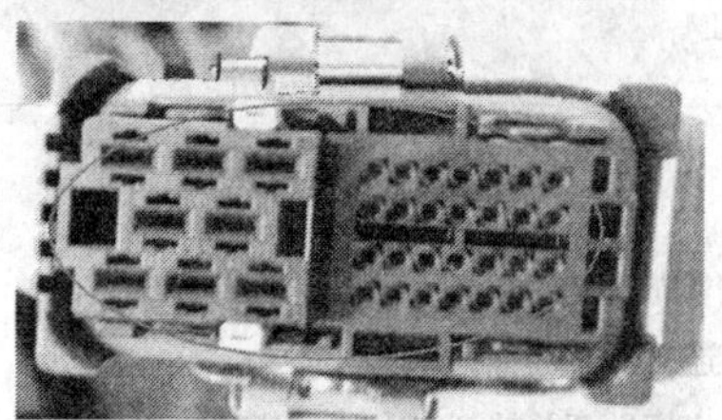
</td></tr>
<tr><td>
9. 检查是否开路
➢ 将钥匙开关转到“OFF”(断开)；
➢ 从 ECM 上断开发动机线束 36 针接头；
➢ 从进气压力传感器上断开发动机线束；
➢ 检查是否开路；
➢ 测量发动机线束 36 针接头的 21 号端子与传感器接头 1 号端子之间的电阻；
➢ 测量发动机线束 36 针接头 29 号端子与传感器接头 2 号端子之间的电阻；
➢ 标准阻值为小于 10 Ω
</td><td>
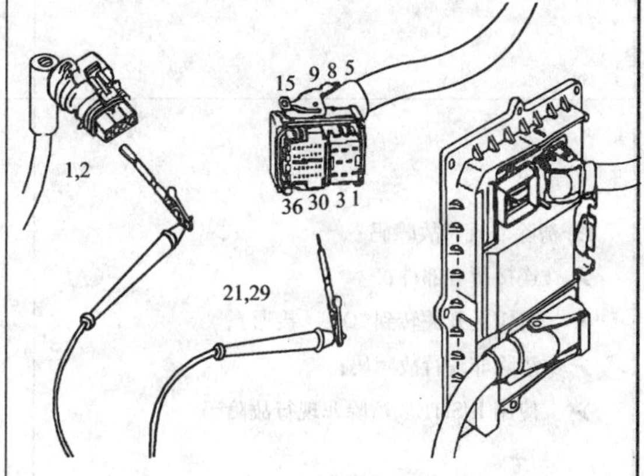

</td></tr>
<tr><td>
10. 检查是否对搭铁短路
➢ 将钥匙开关转到“OFF”(断开)；
➢ 从进气压力传感器上断开发动机线束；
➢ 从 ECM 上断开发动机线束 36 针接头；
➢ 检查是否对搭铁短路；
➢ 测量 36 针接头 21 号端子与发动机缸体搭铁之间的电阻；
➢ 测量 36 针接头的 29 号端子与发动机缸体搭铁之间的电阻；
➢ 标准阻值为小于 100 kΩ
</td><td>
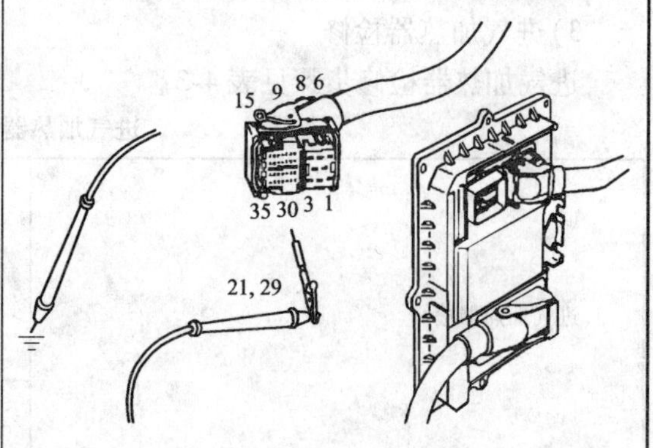

</td></tr>
</table>

续上表

11. 检查端子与端子之间是否短路 ➢ 将钥匙开关转到“ON”(接通)； ➢ 从 ECM 上断开发动机线束 36 针接头； ➢ 检查 ECM 与蓄电池负极(－)接线柱之间的信号电压； ➢ 测量 ECM 28 号端子与蓄电池负极(－)接线柱之间的电压； ➢ 标准电压为 0.10～0.25 V。不符合标准电压应更换 ECM	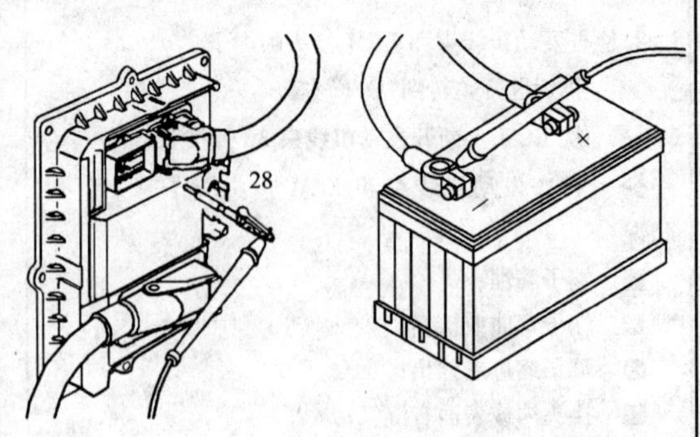
12. 清除故障码 ➢ 连接所有部件； ➢ 将钥匙开关转到“ON”(接通)； ➢ 使故障码不起作用； ➢ 起动发动机，并且让它怠速运转 1min； ➢ 核实故障码 122 不起作用的原因	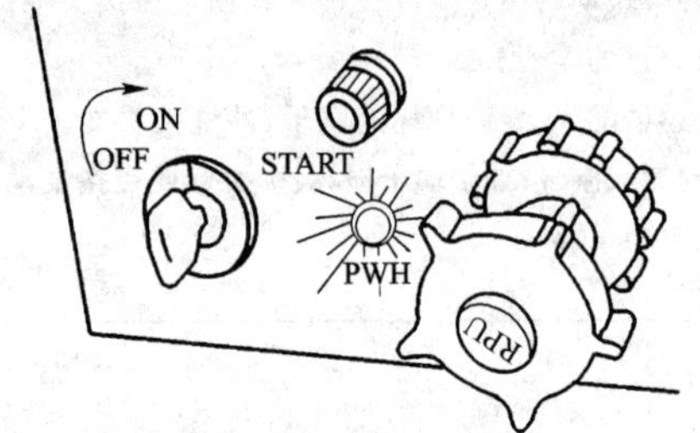
13. 清除非现行故障码 ➢ 连接所有部件； ➢ 将钥匙开关转到“ON”(接通)； ➢ 清除非现行故障码； ➢ 使用 INSITE™ 清除非现行故障码	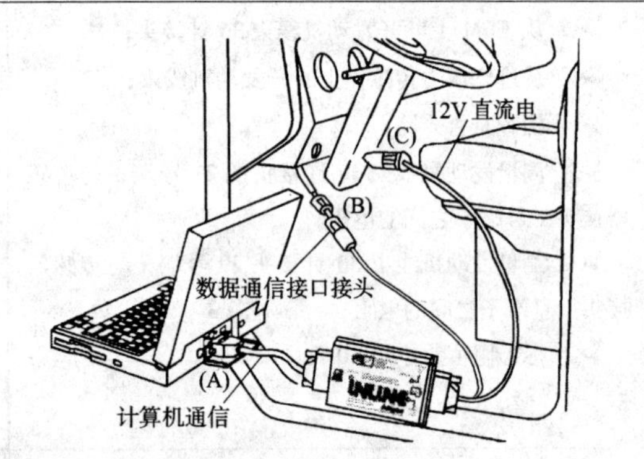

3) 进气加热器检修

进气加热器检修步骤见表 4-3。

进气加热器检修步骤 表 4-3

1. 进气加热器检修	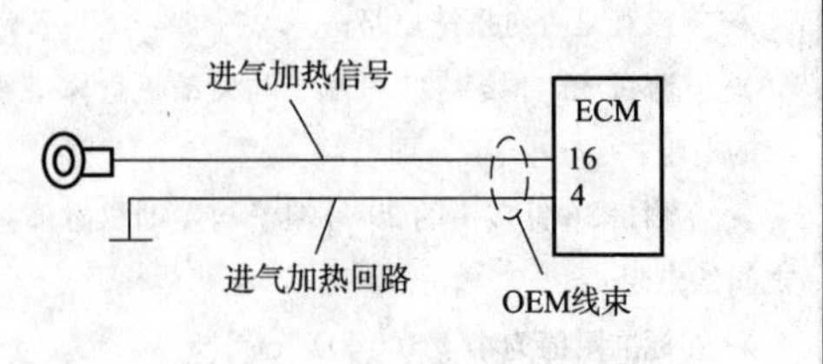

续上表

<table>
<tr><td>
2. 检查进气加热器电阻
➢ 将钥匙开关转到"OFF"(断开);
➢ 从进气加热器上断开 OEM 线束;
➢ 检查进气加热器电阻;
➢ 测量进气加热器接头 1 号端子与 2 号端子之间的电阻;
➢ 标准电阻值为小于 1Ω。否则更换进气加热器
</td><td>
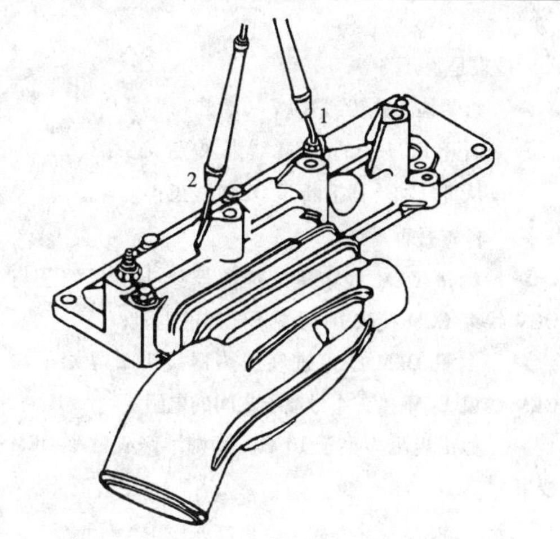

</td></tr>
<tr><td>
3. 检查 OEM 线束和 ECM 接头的端子
➢ 将钥匙开关转到"OFF"(断开);
➢ 断开 ECM 中的 OEM 线束 89 针接头;
➢ 从进气加热器上断开 OEM 线束;
➢ 检查 OEM 线束和 ECM 接头的端子有无下列情况:
■ 端子腐蚀;
■ 端子弯曲或折断;
■ 端子缩进或伸出;
■ 接头内或表面有湿气;
■ 接头密封件丢失或损坏;
■ 接头端子有污垢或碎屑。
注:轻轻拉动每根导线以核实导线锁定在接头中,并且没有缩进的端子。
有上述情况,维修损坏的端子。冲洗接头端子上的污垢、碎屑或湿气。只要端子损坏,则维修或更换 OEM 线束或更换 ECM
</td><td>

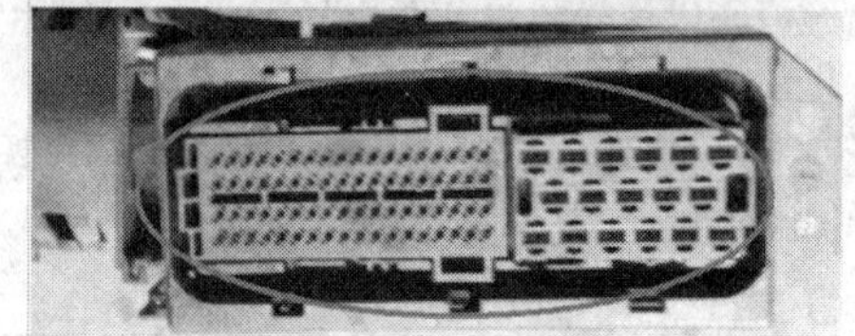
</td></tr>
<tr><td>
4. 检查是否对搭铁短路
➢ 将钥匙开关转到"OFF"(断开);
➢ 从进气加热器上断开 OEM 线束;
➢ 断开 ECM 中的 OEM 线束 89 针接头;
➢ 检查是否对搭铁短路;
➢ 测量 OEM 线束 ECM 接头 4 号端子与发动机缸体搭铁之间的电阻;
➢ 测量 OEM 线束 ECM 接头 16 号端子与发动机缸体搭铁之间的电阻;
➢ 标准电阻值为大于 100 kΩ。否则维修或更换 OEM 线束
</td><td>
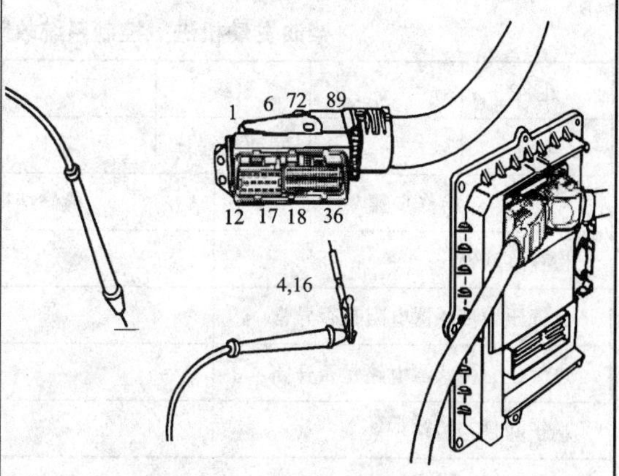

</td></tr>
</table>

续上表

5. 检查是否开路 ➢ 将钥匙开关转到"OFF"(断开); ➢ 断开 ECM 中的 OEM 线束 89 针接头; ➢ 从进气加热器上断开 OEM 线束; ➢ 检查是否开路; ➢ 测量 OEM 线束进气加热器接头 1 号端子与 OEM 线束 ECM 接头 16 号端子之间的电阻; ➢ 测量 OEM 线束进气加热器接头 2 号端子与 OEM 线束 ECM 接头 4 号端子之间的电阻; ➢ 标准电阻为小于 10 Ω。否则维修或更换 OEM 线束	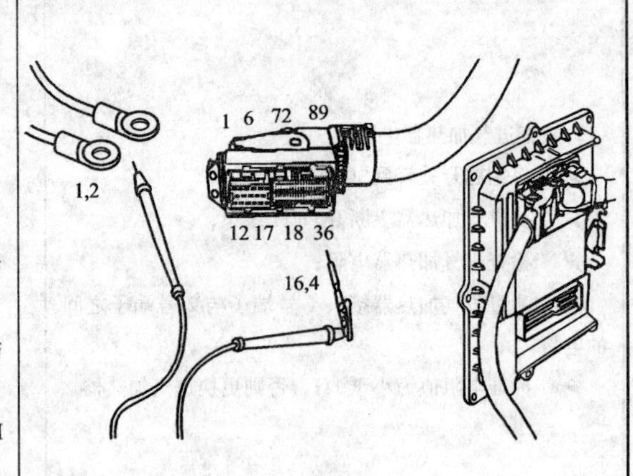
6. 检查端子与端子之间是否短路 ➢ 将钥匙开关转到"OFF"(断开); ➢ 断开 ECM 中的 OEM 线束 89 针接头; ➢ 从进气加热器上断开 OEM 线束; ➢ 检查是否开路; ➢ 测量 OEM 线束 ECM 接头 4 号端子与接头中所有其他端子之间的电阻; ➢ 测量 OEM 线束 ECM 接头 16 号端子与接头中所有其他端子之间的电阻; ➢ 标准电阻为大于 100 kΩ。否则维修或更换 OEM 线束	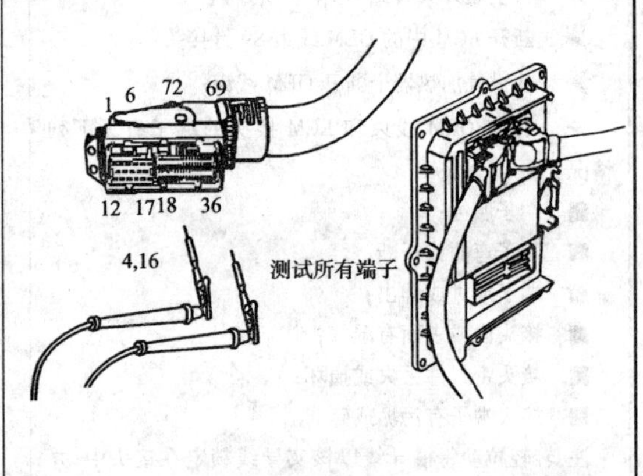

6 记录与分析

1)进气压力传感器检修(4-4)

柴油发动机进气控制系统故障的诊断与排除作业记录单　　表 4-4

姓名		班级		学号		组别	
车型		发动机编号		作业单号		作业日期	

检修步骤	检修结果记录	是否正常
检查故障码		
进气压力传感器电阻是否异常		
进气压力传感器电路是否开路		
端子间是否短路		

续上表

姓名		班级		学号		组别	
车型		发动机编号		作业单号		作业日期	
检修步骤		检修结果记录			是否正常		
线路是否短路搭铁							
线路是否存在开路							
传感器电源是否存在异常							
传感器输出信号是否异常							
处理意见							
制订修复工艺							
维修记录							

2）进气温度传感器检修（表4-5）

柴油发动机进气控制系统故障的诊断与排除作业记录单　　表4-5

姓名		班级		学号		组别	
车型		发动机编号		作业单号		作业日期	
检修步骤		检修结果记录			是否正常		
检查故障码							
进气温度传感器电阻是否异常							
进气温度传感器电路是否开路							
端子间是否短路							
线路是否短路搭铁							
线路是否存在开路							
传感器电源是否存在异常							
传感器输出信号是否异常							
处理意见							
制订修复工艺							
维修记录							

3）进气加热器检修（4-6）

柴油发动机进气控制系统故障的诊断与排除作业记录单　　表4-6

<table>
<tr><td>姓名</td><td></td><td>班级</td><td></td><td>学号</td><td></td><td>组别</td><td></td></tr>
<tr><td>车型</td><td></td><td>发动机编号</td><td></td><td>作业单号</td><td></td><td>作业日期</td><td></td></tr>
<tr><td colspan="2">检修步骤</td><td colspan="3">检修结果记录</td><td colspan="3">是否正常</td></tr>
<tr><td colspan="2">进气加热器电阻是否异常</td><td colspan="3"></td><td colspan="3"></td></tr>
<tr><td colspan="2">进气加热器电路是否开路</td><td colspan="3"></td><td colspan="3"></td></tr>
<tr><td colspan="2">端子间是否短路</td><td colspan="3"></td><td colspan="3"></td></tr>
<tr><td colspan="2">线路是否短路搭铁</td><td colspan="3"></td><td colspan="3"></td></tr>
<tr><td colspan="2">线路是否存在开路</td><td colspan="3"></td><td colspan="3"></td></tr>
<tr><td colspan="2">处理意见</td><td colspan="6"></td></tr>
<tr><td colspan="2">制订修复工艺</td><td colspan="6"></td></tr>
<tr><td colspan="2">维修记录</td><td colspan="6"></td></tr>
</table>

三、学 习 评 价

（一）理论考核

1. 填空题

（1）进气温度传感器和进气压力传感器制成一体，安装在__________。

（2）在实际应用中进气温度传感器主要应用______式和______式温度传感器。

（3）进气温度传感器在环境温度25°C时，其电阻阻值是______至______Ω。

（4）进气加热器安装在__________。

（5）进气加热器电阻值小于__________Ω。

（6）进气加热器在低温环境下可改进__________性能和__________控制。电子控制模块（ECM）控制燃油加热器电源__________。加热器中有两个加热线圈，由ECM分别控制。

（7）进气压力传感器和进气温度传感器制成一体，安装在__________。

（8）在实际应用中进气压力传感器主要应用__________式和__________式压力传感器。

(9)进气压力传感器信号电压是__________至__________V。

2. 判断题

(1)进气加热器在低温环境下可改进起动性能和白烟控制。电子控制模块(ECM)控制空气加热器电源继电器。加热器中有两个加热线圈,它们由 ECM 分别控制。(　　)

(2)增压柴油发动机中,不同温度下的增压空气密度不同,发动机需要进气温度传感器产生的信号来修正增压压力和喷油量。(　　)

(3)进气温度传感器的类型有线绕电阻式、热敏电阻式、热偶电阻式。(　　)

(4)进气温度传感器在环境温度25°C时,其电阻阻值是1700 ~2500 Ω。(　　)

(5)进气压力传感器在实际应用中主要应用压阻式和压电式压力传感器。(　　)

(6)柴油发动机在冷机起动时,没必要用进气加热器对进气进行加热来改善着火性能。(　　)

(7)进气加热器电阻小于1 Ω。(　　)

(8)进气加热器位于进气歧管的进气接头处。(　　)

(9)进气温度传感器和进气压力传感器制成一体,安装在进气歧管上。(　　)

(10)进气压力传感器的信号电压是0.10 ~0.25 V。(　　)

3. 选择题

(1)通常情况下,进气温度传感器用(　　)制成。

A. 加热线圈　　B. 正温度系数热敏电阻

C. 负温度系数热敏电阻　　D. 铜管

(2)进气压力传感器和进气温度传感器制成一体,安装在(　　)上。

A. 进气管　　B. 空气滤清器

C. 排气管　　D. 废气涡轮增压器

(3)进气压力传感器提供的电信号用于检查(　　)。

A. 排气压力　　B. 增压压力

C. 进气阻力　　D. 进气量大小

(4)燃油加热器位于发动机进气侧的(　　)上。

A. 高压共轨　　B. 油箱

C. 燃油滤清器　　D. 回油管

4. 问答题

(1)进气压力传感器的作用是什么?

(2)进气压力传感器的常见故障有哪些?

(3)进气加热器的作用是什么?

(4)进气加热器的常见故障有哪些?

(5)进气压力传感器的作用是什么?

(6)进气压力传感器的常见故障有哪些?

(二)技能考核

项目的评分表见表4-7 ~表4-9。

进气压力传感器检修项目评分表　　表 4-7

<table>
<tr><td rowspan="2">基本信息</td><td>姓名</td><td></td><td>学号</td><td></td><td>班级</td><td></td><td>组别</td><td></td></tr>
<tr><td>规定时间</td><td></td><td>完成时间</td><td></td><td>考核日期</td><td></td><td>总评成绩</td><td></td></tr>
<tr><td rowspan="12">任务工单</td><td rowspan="2">序号</td><td colspan="3" rowspan="2">步骤</td><td colspan="2">完成情况</td><td rowspan="2">标准分</td><td rowspan="2">评分</td></tr>
<tr><td>完成</td><td>未完成</td></tr>
<tr><td>1</td><td colspan="3">考核准备：
机件：
量具：</td><td></td><td></td><td>10</td><td></td></tr>
<tr><td>2</td><td colspan="3">清洁机件</td><td></td><td></td><td>5</td><td></td></tr>
<tr><td>3</td><td colspan="3">零件拆装</td><td></td><td></td><td>5</td><td></td></tr>
<tr><td>4</td><td colspan="3">量具使用</td><td></td><td></td><td>5</td><td></td></tr>
<tr><td>5</td><td colspan="3">读故障码</td><td></td><td></td><td>10</td><td></td></tr>
<tr><td>6</td><td colspan="3">进气压力传感器检测</td><td></td><td></td><td>5</td><td></td></tr>
<tr><td>7</td><td colspan="3">线路检测</td><td></td><td></td><td>5</td><td></td></tr>
<tr><td>8</td><td colspan="3">故障诊断</td><td></td><td></td><td>10</td><td></td></tr>
<tr><td>9</td><td colspan="3">试机</td><td></td><td></td><td>5</td><td></td></tr>
<tr><td>10</td><td colspan="3">清洁及整理</td><td></td><td></td><td>5</td><td></td></tr>
<tr><td colspan="2">安全</td><td colspan="5"></td><td>5</td><td></td></tr>
<tr><td colspan="2">5S</td><td colspan="5"></td><td>5</td><td></td></tr>
<tr><td colspan="2">沟通表达</td><td colspan="5"></td><td>5</td><td></td></tr>
<tr><td colspan="2">工单填写</td><td colspan="5"></td><td>10</td><td></td></tr>
<tr><td colspan="2">工艺制订</td><td colspan="5"></td><td>10</td><td></td></tr>
</table>

进气温度传感器检修项目评分表　　表 4-8

<table>
<tr><td rowspan="2">基本信息</td><td>姓名</td><td></td><td>学号</td><td></td><td>班级</td><td></td><td>组别</td><td></td></tr>
<tr><td>规定时间</td><td></td><td>完成时间</td><td></td><td>考核日期</td><td></td><td>总评成绩</td><td></td></tr>
<tr><td rowspan="8">任务工单</td><td rowspan="2">序号</td><td colspan="3" rowspan="2">步骤</td><td colspan="2">完成情况</td><td rowspan="2">标准分</td><td rowspan="2">评分</td></tr>
<tr><td>完成</td><td>未完成</td></tr>
<tr><td>1</td><td colspan="3">考核准备：
机件：
量具：</td><td></td><td></td><td>10</td><td></td></tr>
<tr><td>2</td><td colspan="3">清洁机件</td><td></td><td></td><td>5</td><td></td></tr>
<tr><td>3</td><td colspan="3">零件拆装</td><td></td><td></td><td>5</td><td></td></tr>
<tr><td>4</td><td colspan="3">量具使用</td><td></td><td></td><td>5</td><td></td></tr>
<tr><td>5</td><td colspan="3">读故障码</td><td></td><td></td><td>10</td><td></td></tr>
<tr><td>6</td><td colspan="3">进气温度传感器检测</td><td></td><td></td><td>5</td><td></td></tr>
</table>

续上表

基本信息	姓名		学号		班级			组别	
	规定时间		完成时间		考核日期			总评成绩	
任务工单	序号	步　骤				完成情况		标准分	评分
						完成	未完成		
	7	线路检测						5	
	8	故障诊断						10	
	9	试机						5	
	10	清洁及整理						5	
安全								5	
5S								5	
沟通表达								5	
工单填写								10	
工艺制订								10	

进气加热器传感器检修项目评分表　　表4-9

基本信息	姓名		学号		班级			组别	
	规定时间		完成时间		考核日期			总评成绩	
任务工单	序号	步　骤				完成情况		标准分	评分
						完成	未完成		
	1	考核准备： 机件： 量具：						10	
	2	清洁机件						5	
	3	零件拆装						5	
	4	量具使用						5	
	5	读故障码						10	
	6	进气加热器检测						5	
	7	线路检测						5	
	8	故障诊断						10	
	9	试机						5	
	10	清洁及整理						5	
安全								5	
5S								5	
沟通表达								5	
工单填写								10	
工艺制订								10	

学习任务5 检修柴油发动机排放控制系统

工作情境描述

一辆福田轻型货车装有康明斯柴油发动机ISF3.8。据车主反映，该车在一次大修后，到检测站年检时发现尾气排放严重超标，NO_x 含量超过正常排放值的4倍多，维修人员检测发现该发动机后处理系统基本失效，可以判定其原因为该车后处理系统问题。

请通过检测后处理系统，判断SCR技术状况；若需要修复，请制订修复方法和工艺流程。

学习目标

通过本任务的学习，应能：

1. 掌握柴油发动机排放控制系统的功能；
2. 掌握柴油发动机废气再循环系统结构和控制原理；
3. 掌握柴油发动机催化转化系统结构和控制原理；
4. 掌握柴油发动机颗粒过滤系统结构和控制原理；
5. 根据维修手册，正确选用工具检测设备在规定时间内，安全规范地进行柴油发动机后处理系统的检测，制订修复方法和工艺流程。

学习时间

6学时。

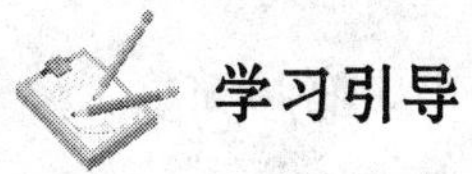

学习引导

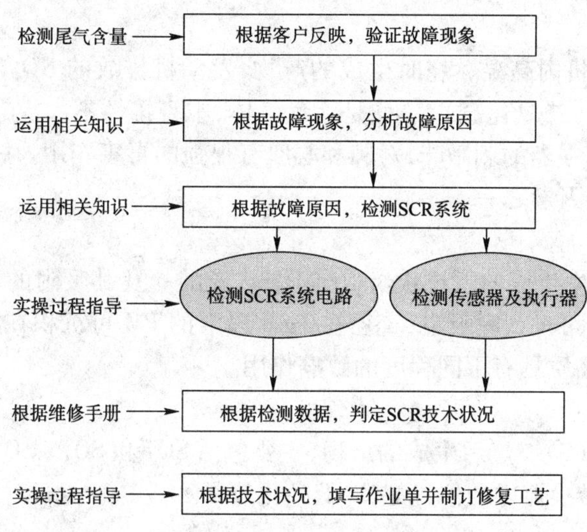

一、知识准备

(一)柴油发动机排放控制技术

1　柴油发动机排放污染物

汽车柴油发动机排放污染物主要有 HC(碳氢化合物)、CO(一氧化碳)、CO_2(二氧化碳)、NO_x(氮氧化合物)、PM(颗粒物)和 SO_x(硫氧化合物)。

1)HC

它是未燃烧和未完全燃烧的燃油、润滑油及其裂解和部分氧化的产物,如烷烃、烯烃、芳香烃、醛等。烷烃基本上无味,对人体健康不产生直接影响;烯烃略带甜味,具有麻醉作用,对黏膜有刺激,经代谢后会转化成对基因有不利影响的环氧衍生物,烯烃还会与氮氧化物一起在太阳光的紫外线作用下形成有害的“光化学烟雾”;芳香烃对血液和神经系统有损害作用,特别是多环芳香烃及其衍生物有致癌作用;醛类是刺激性物质,对眼、呼吸道、血液有毒害。

2)CO

它是发动机内不完全燃烧的产物,是一种无色无味的气体。CO 和血液中输送氧的载体血红蛋白结合,会破坏血红蛋白对人体组织的供养能力;空气中 CO 的体积百分数超过 0.1% 时,就会导致人体中毒,超过 0.3% 则会在 30min 内使人致命。

3) CO_2

它是发动机排放物中含量最多的物质,目前虽未列入控制项目,但由于它是导致全球温室效应的物质,已包括在环境净化所考虑的范围内。

4) NO_x

它是燃料在发动机内高温燃烧时生成的产物,发动机排放的 NO_x,绝大部分是 NO(一氧化氮),少量是 NO_2(二氧化氮)。NO 是无色气体,本身毒性不大,在大气中,缓慢氧化成 NO_2;NO 呈褐色,具有强烈的刺激味,对肺和心肌有很强的毒害作用。NO_x 也是形成有害的“光化学烟雾”的主要因素之一。

5) PM

它是在燃烧过程中生成的颗粒状炭(干炭烟)、硫酸盐及其吸附的可溶性有机物质,直径在 5μm 以下的 PM 可进入呼吸道,直径在 3μm 以下的 PM 可沉积在肺细胞内,引起肺病变。PM 吸附的有机物质具有不同程度的致癌作用。

6) SO_x

它是燃料中的硫(S)燃烧后生成的产物,主要包括 SO_2 和 SO_3。SO_x 能形成污染环境的酸雾,还会毒化催化转换器中的催化剂,降低净化效果。

2 柴油发动机排放控制措施

柴油发动机排放控制主要是降低 NO_x 和 PM 排放。

控制柴油发动机 NO_x 排放的措施、控制的方法可分为两类,一是抑制它的生成,二是对排出的污染物进行后处理。

控制 PM 排放的措施主要是减少干炭烟和 SOF。抑制干炭烟生成的措施有采用增压和多气门技术增加吸入空气量、采用小喷孔喷油器和增加向油雾内导入的空气量、缩小燃烧室内的无效容积提高空气利用率、采用高压喷射和改进燃烧室形状从而加强紊流的形成等。此外,喷油嘴布置在燃烧室中心,使燃料均匀分散,防止局部混合气过浓,对抑制 PM 的生成非常有效。SO_x 由未燃烧的燃料和润滑油产生的一些成分构成。

抑制 SO_x 生成措施主要是改进燃油供给系统以防止液体燃油直接进入汽缸、改进曲柄连杆机构以防止润滑油窜入汽缸等。

(二)废气再循环控制系统

1 系统基本原理

废气再循环(EGR)就是将废气中的一部分引入燃烧室中,参与燃烧过程。由于废气的主要成分是惰性气体(CO_2、H_2O、N_2 等),具有较高的比热,废气与新鲜混合气混合后,热容量增大,可降低最高的燃烧温度,同时再循环的废气对新鲜混合气的稀释,也相应地降低了氧的浓度,从而使 NO_x 在燃烧过程中生成量受到抑制。

废气再循环量的多少可用 EGR 率表示,它是指再循环的废气量在进入汽缸内的气体中所占的比率。

$$\text{EGR 率} = [\text{EGR 量}/(\text{进气量} + \text{EGR 量})] \times 100\%$$

2 EGR 的实现方式

非增压柴油发动机的进、排气管存在足够的压力差,实现 EGR 很容易。增压柴油发动机实现 EGR 比较困难,因为在发动机运行工况下,排气管内的压力低于进气管内的压力,这意味着废气不能自动从排气管流向进气管,为此必须采取一定的措施。

按增压柴油发动机实现 EGR 的途径不同,可分为内部 EGR 和外部 EGR 两种类型。

1)内部 EGR

内部 EGR 是指通过排气门或者特殊设置阀门的开启来实现废气再循环。

2)外部 EGR

外部 EGR 是指将部分废气经由外部管路引入进气系统来实现废气再循环。按照废气进入进气系统的位置不同,外部 EGR 又可分为低压回路 EGR 和高压回路 EGR 两种类型。

低压回路 EGR 是将废气引入压气机进口前的低压进气系统中,见图 5-1。低压回路 EGR 系统很容易获得所需要的压力差,但再循环的废气流经压气机和中冷器,使得压气机的进气温度高于设计温度,而且中冷器容易阻塞而导致压力损失增加。

高压回路 EGR 是将废气引入压气机出口后的高压进气系统中,见图 5-2。高压回路 EGR 系统的再循环废气不经过压气机和中冷器,不存在影响增压装置耐久性和可靠性的问题,目前应用较普遍。但高压回路 EGR 获得所需要的压力差比较困难。

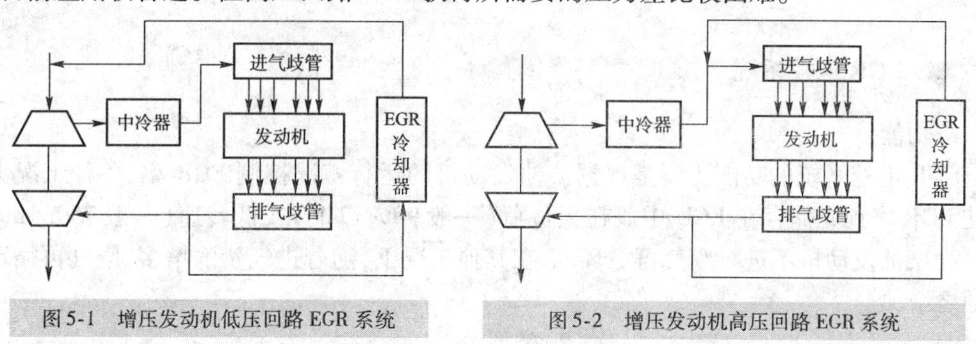

图 5-1　增压发动机低压回路 EGR 系统　　图 5-2　增压发动机高压回路 EGR 系统

为保证 EGR 的顺利实现,高压回路 EGR 通常采用的技术措施见图 5-3。

图 5-3a)所示是在 EGR 阀前(有些在后)安装一个防逆流阀,以防止 EGR 阀开启时增压空气逆流,利用排气压力脉动只能将部分废气压入高压进气系统。

图 5-3b)所示是利用节流阀对增压空气进行节流的方法,降低进气管内的压力,但显然会增加柴油发动机的进气阻力。

图 5-3c)所示是在进气系统中,安装一个文丘里管,利用文丘里管喉口的压降,获得 EGR 所需要的压力差,并可通过调节文丘里管旁通阀的开度,来改变 EGR 的有效压差。

图 5-3d)所示是利用专门的 ECR 泵强制进行 EGR。该方法虽然具有较好的灵活性,但由于泵的流量要求很大,采用机械驱动泵又过于庞大昂贵,所以常采用由增压器驱动的 EGR 泵。

采用可调叶片式增压压力控制系统,通过调整叶片角度减小废气流经涡轮的有效截面,提高增压器涡轮前排气管内的压力,也是增压柴油发动机实现 EGR 的有效途径。

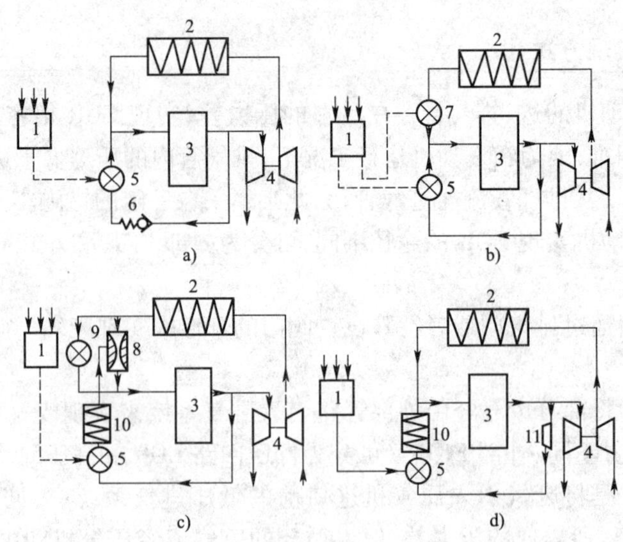

图 5-3　增压柴油发动机高压回路 EGR 措施

a)防逆流方式;b)进气节流方式;c)文丘里管方式;d)EGR 泵方式

1-ECU;2-中冷器;3-柴油发动机;4-废气涡轮增压器;5-EGR 阀;6-防逆流阀;7-进气节流阀;8-文丘里管;9-文丘里管旁通阀;10-EGR 冷却器;11-EGR 泵

3　EGR 电控系统

1)功能

EGR 电控系统的功能主要是根据柴油发动机的运行工况控制 EGR 率、各种工况下的最佳 EGR 率预先储存在 ECU 中。在大负荷(一般 90% 以上)或低转速(一般 750r/min 以下)时,柴油发动机不进行废气再循环,而在其他工况下,随着进气量的增多,废气再循环量也随之增加。

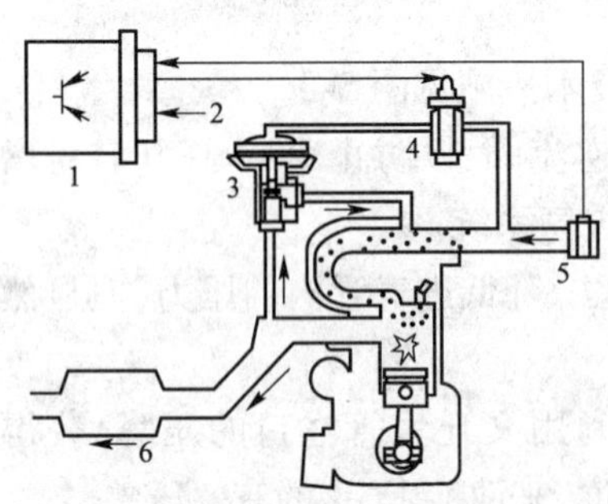

图 5-4　真空驱动型 EGR 开环控制系统
1-ECU;2-柴油发动机转速信号;3-EGR 阀;4-EGR 电磁阀;5-空气流量计;6-催化转换器

2)类型

按照控制模式的不同,EGR 电控系统可分开环控制系统和闭环控制系统两种类型。

按照 EGR 阀的驱动方式不同,EGR 电控系统可分为真空驱动型和电驱动型两种类型。

(1)真空驱动型 EGR 开环控制系统。

如图 5-4 所示,该控制系统主要由 EGR 阀和 EGR 电磁阀等组成,EGR 阀安装在废气再循环通道中,用以控制废气再循环量。EGR 电磁阀安装在通向 EGR 阀的真空通道中,ECU 根据发动机转速、负荷和冷却液温度等信号来控制电磁阀的通电或断电。EGR 电磁阀不通电时,控制 EGR 阀的真空通道接通 EGR 阀开启,进行废气再循环;EGR 电磁阀通电时,控制 EGR 阀的真空通道被切断,EGR 阀关闭,停止废气再循环。

EGR电磁阀采用占空比控制型ECU通过控制电磁阀的开度，调节作用在EGR阀上的真空度，以控制EGR阀的开度，实现对EGR率的控制。

EGR阀为气动膜片式，其结构见图5-5。EGR阀的真空室可在膜片上方，也可在膜片下方，视具体需要而定；真空驱动膜片动作时，由膜片拉杆带动阀移动，以控制废气再循环，废气再循环量取决于EGR阀的开度、排气管压力和进气管真空度。采用真空驱动型EGR阀，虽然系统结构复杂、响应速度慢，但EGR电磁阀远离高温废气，且真空驱动力比较大。

在开环控制EGR系统中，ECU根据各传感器信号确定发动机工况，并按其内存的EGR率与转速、负荷的对应关系进行控制，而对其控制的结果不能进行监测。

(2)电驱动型EGR开环控制系统。

如图5-6所示，该系统利用占空比控制型电磁阀或步进电动机型EGR阀直接控制废气再循环量，对其控制结果是否与目标值一致并不进行监测。与真空驱动型EGR系统相比，电驱动型EGR系统的突出优点是控制精度高、响应速度快，但由于电驱动装置距离高温废气近、工作环境差，对其工作可靠性要求高。

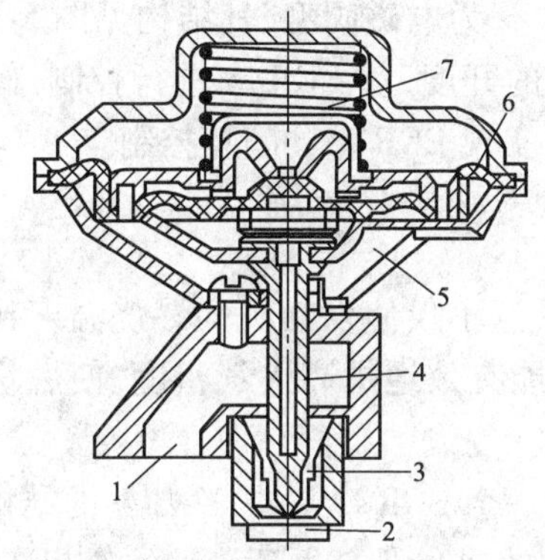

图5-5　真空驱动型EGR阀

1-废气进口；2-废气出口；3-阀；4-膜片拉杆；5-真空进口；6-膜片；7-复位弹簧

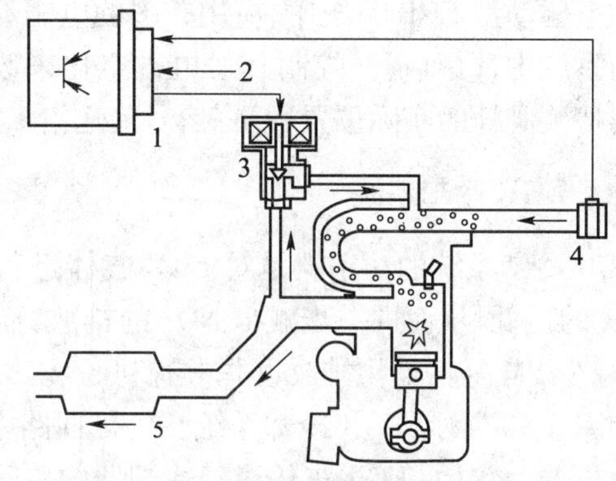

图5-6　电驱动型EGR开环控制系统

1-ECU；2-柴油发动机转速信号；3-电驱动EGR阀；4-空气流量计；5-催化转换器

(3)真空驱动型EGR闭环控制系统。

用EGR阀开度(位置)作为反馈信号的真空驱动型EGR闭环控制系统如图5-7所示。与前述真空驱动型EGR开环控制系统相比，这种控制系统只是在EGR阀上增设了一个EGR阀开度传感器。闭环控制EGR系统工作时，ECU可根据EGR阀开度传感器的反馈信号修正电磁阀的开度，使EGR率控制精度更高。EGR阀开度传感器为电位计式或差动电感式。

(4)电驱动型EGR闭环控制系统。

用EGR率作为反馈信号的电驱动型EGR闭环控制系统原理如图5-8所示。EGR率传感器安装在进气总管中的稳压箱上，新鲜空气经节气门进入稳压箱，参与再循环的废气经电驱动EGR阀进入稳压箱，传感器检测稳压箱内气体中的氧浓度(氧浓度随EGR率的增加而降低)，并转换成电信号输送给ECU，ECU根据此反馈信号修正电驱动EGR阀的开度，使EGR率保持在最佳值。

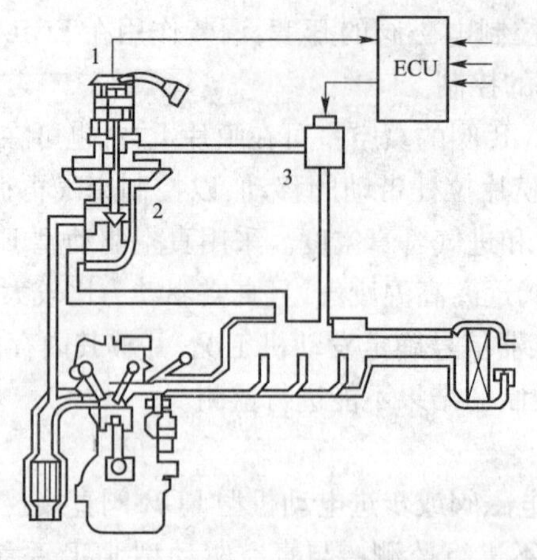

图 5-7　真空驱动型 EGR 闭环控制系统

1-EGR 开度传感器；2-EGR 阀；3-EGR 控制电磁阀

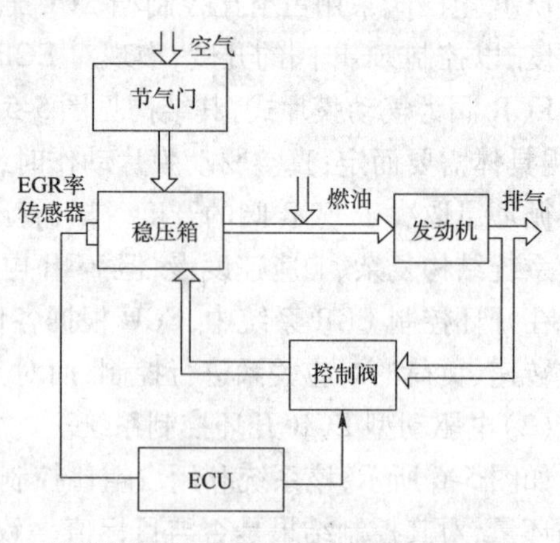

图 5-8　电驱动型 EGR 闭环控制系统

在电驱动型 EGR 系统中，应用较多的电驱动 EGR 阀为电磁阀型，其结构见图 5-9。这种控制系统中，ECU 通过控制其通电占空比来改变阀的开度，对 EGR 率进行控制；阀开度传感器检测阀杆的实际位置，并将信号输送给 ECU，以实现 EGR 率的闭环控制。

4　EGR 冷却系统

EGR 冷却系统的功用就是对 EGR 气体进行冷却，这不仅使发动机的燃烧温度比用通常 EGR 的更低，从而进一步减少 NO_x 的排放，而且还能有效地提高进气密度，使燃烧更完全，对减少 PM 等污染物排放也非常有利。

如图 5-10 所示，EGR 冷却系统在气体回路中加装一个 EGR 冷却器，冷却器的结构类似机油散热器，高温的 EGR 气体流经冷却器的芯管时，被在芯管外部循环流动的冷却液冷却，被冷却后的废气再经 EGR 阀流入进气管进行循环。利用柴油发动机的冷却液对再循环废气进行冷却，效果不理想，有些采用空气直接冷却。

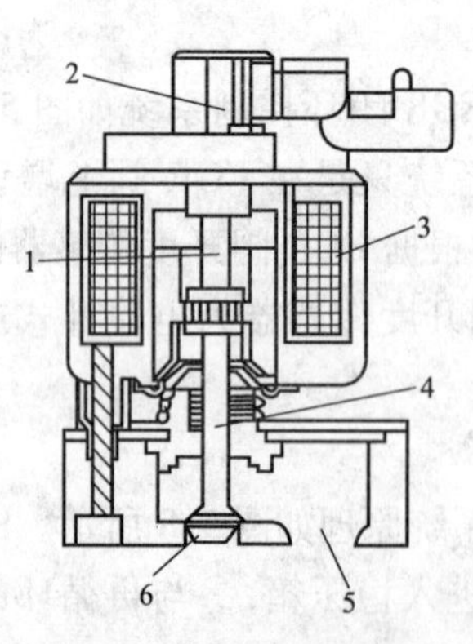

图 5-9　电磁阀型 EGR 阀

1-电枢；2-阀开度传感器；3-电磁线圈；4-阀杆；5-废气进口；6-废气出口

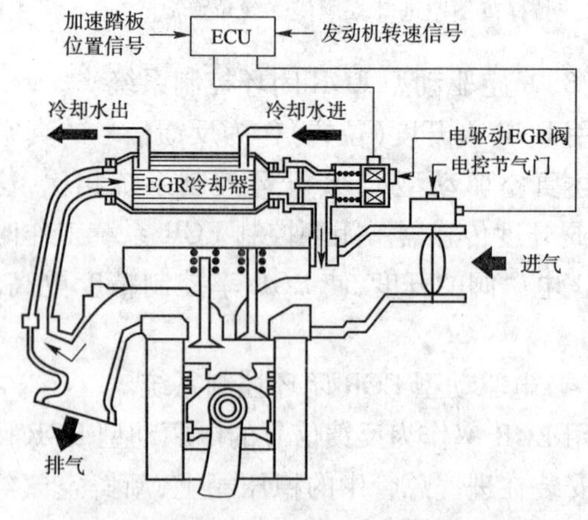

图 5-10　EGR 冷却系统

(三)催化转换系统

催化转换系统是柴油发动机排气后处理系统的重要组成部分,其功用是利用安装在柴油发动机排气系统中的催化转换器,使柴油发动机排出的 HC、CO、PM 氧化,或使 NO_x 还原,以达到降低排放污染的目的。按照工作原理,催化转换器分两大类:氧化催化转换器和还原催化转换器。

1 氧化催化转换器(DOC)

1)作用

氧化催化转换器(Diesel Oxidation Catalyst,DOC)指安装在柴油汽车排气系统中,通过催化剂进行氧化反应,能同时降低排气中一氧化碳(CO)、总碳氢化合物(THC)和柴油颗粒物中可溶性有机物组分(SO_x)的催化转换器。

2)工作原理

柴油发动机加装氧化催化转换器是一种有效的机外净化可燃污染物常用方法,它是利用在蜂窝陶瓷载体上负载贵重金属铂、钯作为催化剂,在一定温度及催化剂的作用下,使排气中可溶性有机物氧化,同时排气中 CO 和 HC 也被氧化成 CO_2 和 H_2O,从而降低 HC、CO 和 PM 的排放量。采用氧化催化转换器,能够使柴油发动机 HC 和 CO 排放减少 50%,使 PM 排放减少 50% ~70%。

氧化催化转换器的作用原理见图 5-11。单纯的氧化催化转换器,只能减少排气中可燃烧的污染物(HC、CO 和 PM)排放量。随其转化效率的提高,固态硫酸盐颗粒的生成量也增多,甚至可达到无氧化催化转换器时的 8 ~9 倍,这种负面影响必然会降低使用氧化催化转换器所产生的环境效益。氧化催化转换器装置内部的结构见图 5-12,其陶瓷体表面附着活性催化材料。装置一般串联于发动机排气管中或增压器排气端。

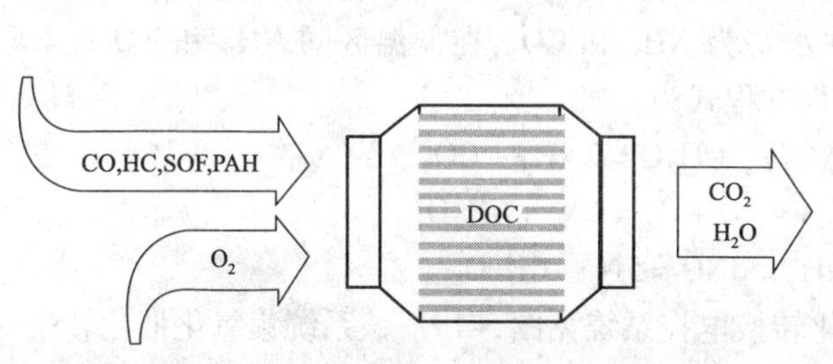

图 5-11　氧化催化转换器的作用原理

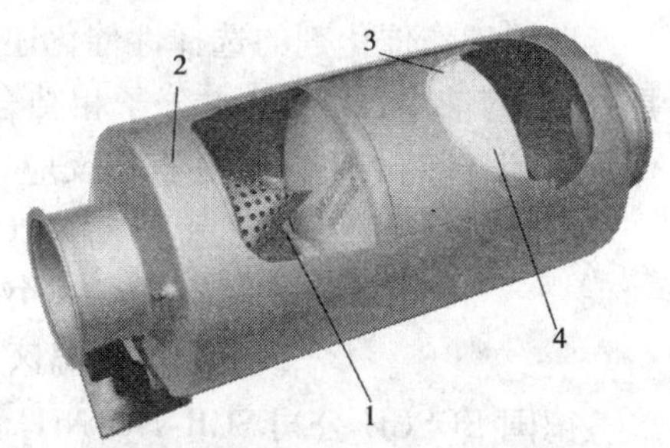

图 5-12　氧化催化转换器内部结构

1-气流分配装置;2-不锈钢外壳;3-衬垫;4-陶瓷体

3)缺点

氧化催化器的主要缺点是会将排气中的 SO_2 氧化成 SO_3,生成危害更大的硫酸雾或固态硫酸盐颗粒。

2 还原催化转换器

1)传统技术

还原催化转换器是对发动机排气中的 NO_x 进行后处理的装置。目前应用在柴油发动机上的还原催化转换器与汽油机基本相同，也是将氧化催化转换技术与还原催化转换技术集成一体，图 5-13 是三元催化转换器结构，它由金属壳体、陶瓷格栅底板及催化剂涂层组成，催化剂为贵重金属铂和锗，当含有 HC、CO 和 NO_x 的废气流经转换器时，这些污染物被转化为 N_2、CO 和 H_2O。

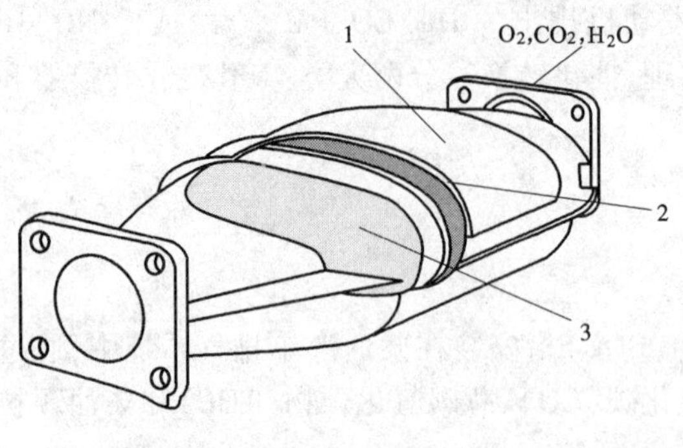

图 5-13　三元催化转换器
1-壳体；2-隔热密封垫；3-陶瓷载体和催化剂

2）选择性催化还原技术（SCR）

“选择性”是指在催化还原转换过程中，利用还原剂的特性优先选择 NO_x 在催化剂作用下一起被氧化，而不是按自然规律先是比较容易氧化的 HC 和 CO 被氧化，从而大幅提高转换效率（可达 99%），它是近年来比较成功的 NO_x 催化还原技术。

目前使用柴油发动机的催化还原技术主要有：选择性非催化还原（SNCR）、非选择性催化还原（NSCR）和选择性催化还原（SCR）。

选择性催化还原系统主要由催化转换器和还原剂供给装置组成。

采用选择性催化还原技术的转换器一般称为选择性还原催化转换器（Selective Catalytic Reduction，SCR），它是指安装在柴油汽车排气系统中，用于将柴油发动机排气中的氮氧化物（NO_x）催化还原成 N_2 和 O_2 的催化转换系统。该系统需要外加还原剂，例如，能产生 NH_3 的化合物（如尿素）。

在选择性催化还原系统中，采用的还原剂主要有氨（NH_3）、尿素（Urea）及碳氢化物（如柴油等）。

以尿素作催化剂的选择性催化还原技术（表示为 SCR-NO-NH_3），尿素的催化作用机理是：在水溶液中，尿素与水分子相结合并水解为 NH_3 和 CO_2，在低温区间 NH_3 和 NO 被氧化，在高温区间 NH_3 和 NO 直接反应，过程方程式为：

$$\text{尿素水解}\ CO(NH_3)_2 + H_2O = 2NH_3 + CO_2$$

$$\text{在低温区}\ 4NH_3 + 4NO + O_2 = 4N_2 + 6H_2O$$

$$\text{在高温区}\ 4NH_3 + 6NO = 5N_2 + 6H_2O$$

德国 BOSCH 公司 SCR-NO-NH_3 催化转换电控系统见图 5-14。该系统集氧化催化转换技术，SCR-NO-NH_3 选择性还原催化转换技术于一体。由 ECU 控制的尿素还原剂供给系统主要由排放传感器、尿素溶液温度传感器、排气温度传感器、空气滤清器、尿素溶液箱、尿素溶液供给模块（电控泵）、喷雾器（电控喷射器）等组成，来自空气滤清器的清洁空气与尿素溶液在尿素溶液供给模块中混合，ECU 则根据柴油负荷、排气温度等传感器信号按内存确定最佳喷射量，并通过喷雾器将适量的尿素溶液与空气的混合物喷入 SCR 催化转换器中。由于转换器的转换效率取决于尿素溶液的质量和温度以及排气温度，所以在尿素溶液箱和排气管上安装有温度传感器，以检测尿素溶液和排气的实际温度，并将信号输送给 ECU。此外，在柴油发动机不同负荷下 NO_x 的排放量不同，对尿素溶液的需要量也不同，为精确控制尿素溶液的供给量，在排气管上还安装有排放传感器或称氧化氮传感器，用来检测并向ECU反馈处理后的废气中 NO_x 含量，以实现对尿素溶液供给量的闭环控制。安装在SCR催化转换器前部的氧化催化转换器，可有效降低HC、CO和PM的排放量。

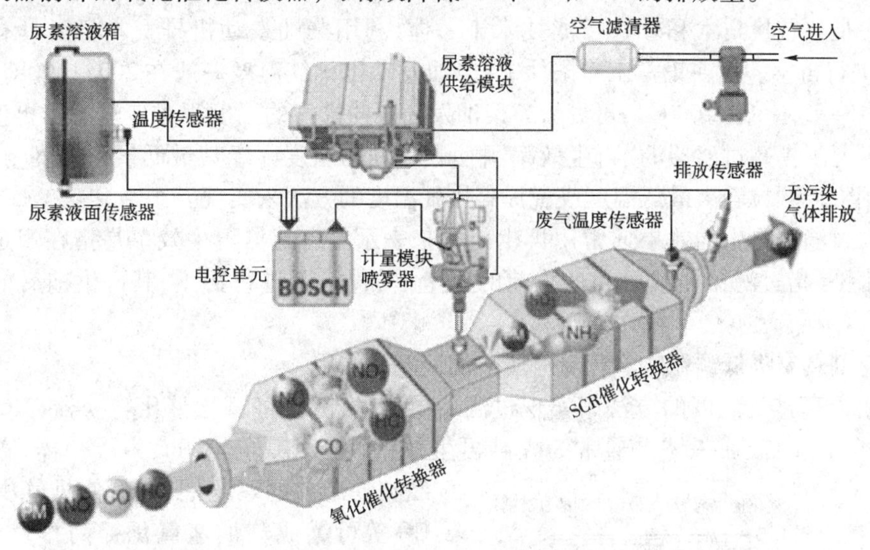

图5-14 SCR-NC-NH_3 催化转换电控系统

（四）颗粒过滤系统

颗粒过滤是有效降低柴油发动机颗粒物排放的主要措施之一。

颗粒过滤系统的主要装置就是颗粒过滤器（Diesel Particulate Filter，DPF），它是安装在柴油汽车排气系统中，通过过滤来降低排气中颗粒物（PM）的装置。

1 颗粒过滤器

颗粒过滤器的结构见图5-15。当废气流经颗粒过滤器时，利用有极小孔隙的滤芯将废气中直径较大的颗粒物过滤下来。滤芯是颗粒过滤器的主体，除应保证过滤器有较高的过滤效率外，还应具有较高的机械性能、热稳定性能和耐热性能，具有较小的热膨胀系数、流通阻力和质量。目前，最常使用的过滤材料有：金属丝网、陶瓷纤维、泡沫陶瓷和壁流式蜂窝陶瓷等。

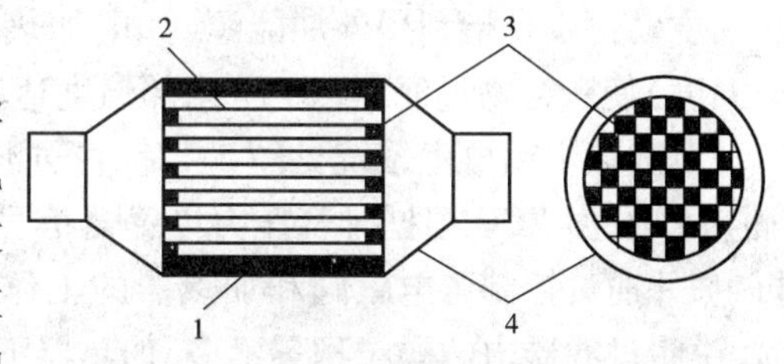

图5-15 颗粒过滤器

1-隔垫；2-多孔滤芯；3-陶瓷塞；4-金属壳体

2 过滤器再生技术

颗粒过滤器对炭的过滤效率较高，可达到60%。简单的过滤器只能物理性地降低颗粒排放，随着过滤下来的颗粒积累，会造成柴油发动机排气背压增加。当排气背压达到16～20kPa时，柴油发动机性能开始恶化。因此必须定期除去过滤器中的颗粒，使过滤器恢复到原来的工作状态，即过滤器再生。

过滤器再生方式可分为被动再生和主动再生。

1）被动再生

指集催化转换技术和颗粒过滤技术于一体，利用柴油发动机排气本身所具有的能量（热量）进行再生。但在正常工作条件下，柴油发动机排气温度一般在 200～500℃，而颗粒物的燃点一般在 500～600℃，可见依靠柴油发动机的排气的温度很难使过滤器再生。为能在多种工况下提高过滤器的“再生效率”，使颗粒物的温度高于其最低氧化温度十分必要，通常采用降低颗粒着火最低温度或者提高排气温度的方法来实现。

颗粒过滤器再生的效果通常用再生效率来表示。过滤器再生效率是指在规定的颗粒物加载水平（指过滤器加载后和加载前的重量增加量）下进行再生，其再生前后的重量变化率。

催化剂具有降低颗粒物氧化反应所需的温度的作用。

采用提高排气温度的方法来实现过滤器再生，实际是将氧化催化转换器（DOC）与颗粒过滤器（DPF）集成一体。通常为提高再生效率，将 DOC 与 CDPF 集成一体，它利用安装在滤芯前的氧化催化剂，使排气中的 HC、CO 等可燃成分加速氧化提高排气温度，为颗粒物氧化创造有利的温度环境，并利用负载在滤芯上的催化剂降低颗粒物氧化反应所需的温度，温度一增一减都有利于实现过滤器的被动再生。DOC + DPF 型过滤器的结构见图 5-16。

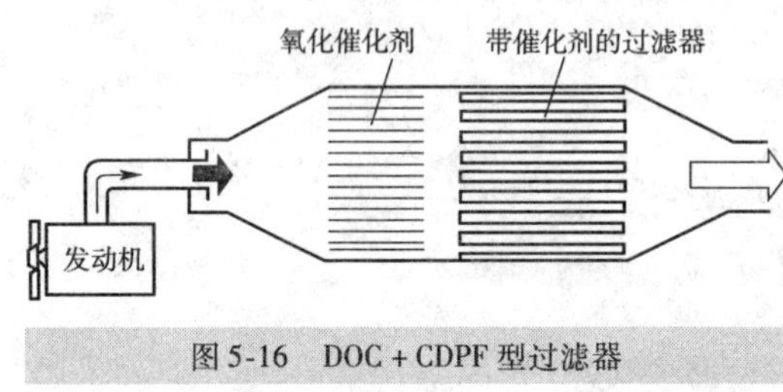

图 5-16　DOC + CDPF 型过滤器

采用被动再生技术的颗粒过滤器，在柴油发动机工作中，在降低颗粒物排放的同时，也在连续不断地进行着再生，故又称为“连续再生式颗粒过滤器”。

2）主动再生

主动再生是指利用外加能源（如电加热器、燃烧器或发动机操作条件的改变以提高排气温度）使颗粒物过滤器（DPF）内部温度达到颗粒物的氧化燃烧温度而进行的再生。

电加热主动再生系统见图 5-17。在过滤器的前面加装一个电加热器，后面加装一个压缩空气罐，由 ECU 根据排气压力传感器信号（反应过滤器堵塞情况）确定过滤器是否需要再生，并通过控制各电磁阀和加热器的工作，来完成过滤器再生。排气压力未达到设定值时，说明过滤器内的颗粒积累不多，加热器不通电，电磁阀 1、3、5 关闭，电磁阀 2 和 4 开启，废气经电磁阀 2 过滤器和电磁阀 4 排入大气。当排气压力达到设定值时，ECU 发出指令将电磁阀 2 和 4 关闭，并开启电磁阀 5 使废气不经过滤器直接排入大气；同时，利用脉冲指令控制电磁阀 1 和 3 使压缩空气罐放出高压脉冲气流，气流将过滤器中的颗粒反吹进电加热器中燃烧掉，从而实现过滤器的再生。在上述电加热主动再生系统中，以用微波加热器取代电加热器，形成微波加热主动再生系统。

有些电加热主动再生系统，将加热器置于过滤器内，见图 5-18。其工作原理与外置加热器式基本相同，但内置加热器使颗粒物燃烧在过滤器内进行，容易导致过滤器因高温而损坏，而且颗粒物燃烧后的灰烬不易排出。

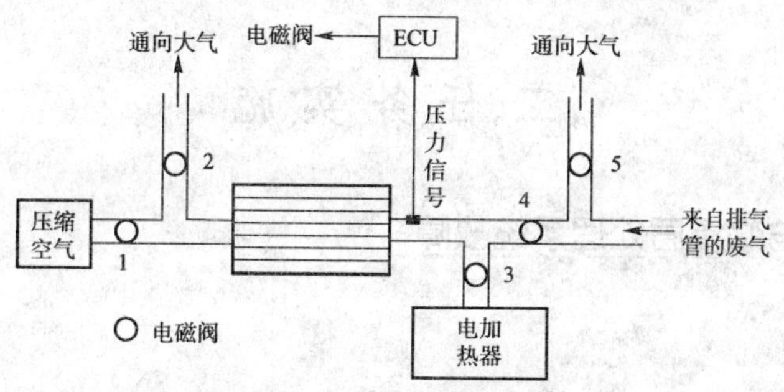

图5-17　电加热主动再生系统

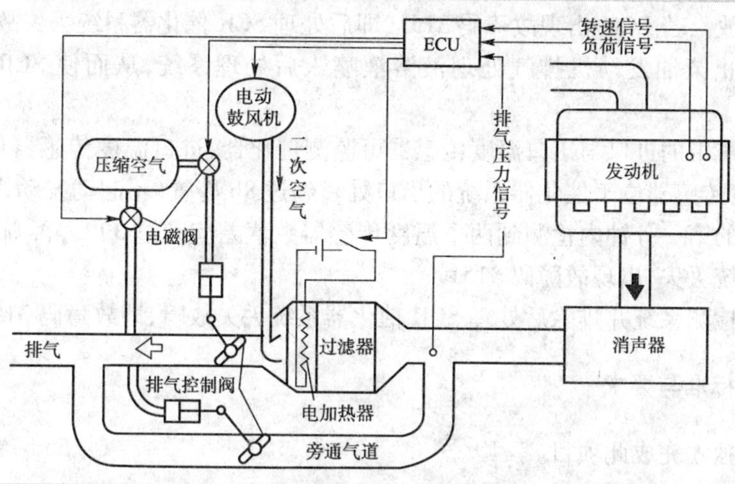

图5-18　内置电加热主动再生系统

燃烧器加热主动再生系统见图5-19。在过滤器前安装一个燃烧器，当过滤器需要再生时，用喷油器向燃烧器喷入少量燃油，并通过空气压缩机向燃烧器供给二次空气，利用火花塞点燃燃油，燃烧所产生的热量使过滤器中沉积的颗粒物快速燃烧掉，实现过滤器的再生。再生过程一般需1～2min。

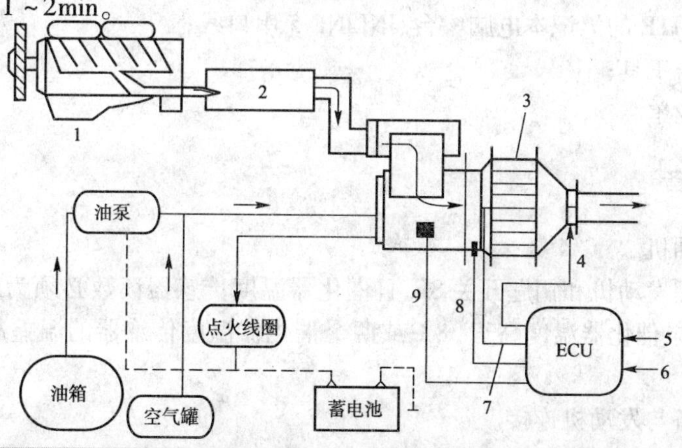

图5-19　燃烧器主动再生系统

1-柴油发动机；2-消声器；3-过滤器；4-出口温度信号；5-转速信号；6-负荷信号；7-排气压力信号；8-进口温度信号；9-燃烧器温度信号

二、任 务 实 施

项目 检测与修复后处理系统故障

1 项目说明

福田轻型载货车采用康明斯的 ISF3.8 发动机,该发动机的后处理系统是采用 SCR 技术处理尾气排放。若 ECM 出现故障码 3151,即后处理 SCR 催化器系统丢失故障状况出现,此时系统将禁止柴油发动机排气处理液溶液喷入后处理系统,从而使 SCR 的排放处理失效。

后处理系统中的进口与出口温度传感器可监测催化器,进口温度传感器位于催化器之前,而出口温度传感器位于催化器系统的出口处。经过 8h 冷置(不起动发动机),ECM 在起动发动机怠速的第一分钟内检测到两个温度传感器数值差应超过 39℃,否则,ECM 将认为 SCR 催化器系统丢失,出现故障码 3151。

该项目将检测系统并排除后处理 SCR 催化器系统丢失故障,即故障码 3151。

2 技术标准与要求

每个学员独立完成此项目。

3 设备器材

(1)福田轻型载货故障车辆一台;

(2)万用表、端子拆卸工具、热风枪、线束维修包、压线钳、ECM 基准标定线束、加速踏板位置传感器插头电缆、加速踏板位置传感器维修接头、ISB 导线维修工具包;

(3)装有 INSITE 的笔记本电脑一台、INLINE 5 串口线;

(4)准备所需工具;

(5)准备作业单。

4 作业准备

(1)清洁发动机。

(2)必须关闭发动机和钥匙开关 8h,且催化器温度传感器读数必须为环境温度后该诊断才能进行。如果催化器温度高于 38℃或两个催化器温度传感器的温差超过 5.5℃,则该诊断不能进行。

(3)诊断设备与发动机连接。

5 操作步骤

具体步骤见表 5-1。

检测与修复步骤　　表5-1

<table>
<tr><td>1. 连接故障检测仪器到车辆仪表台下方故障诊断接口</td><td></td></tr>
<tr><td>2. 读取故障码
➢ 故障码3151
➢ 故障原因
■ 催化转换器缺失；
■ 催化转换器脱落；
■ 温度传感器失效；
■ 在EGP后排气背压过高。
➢ 故障结果
■ 后处理失效</td><td>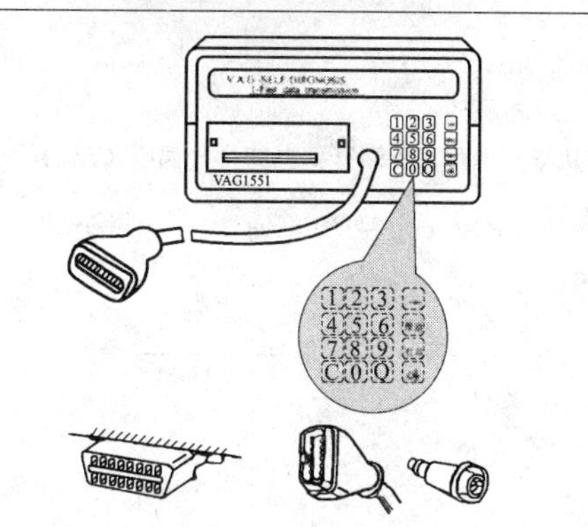</td></tr>
<tr><td>警告：排气和排气部件在车辆停止运转后仍然很热。为避免发生火灾或造成财产损坏、造成烧伤或其他严重的人身伤害，在开始此步骤或维修之间使排气系统冷却，并确保没有易燃物质处在可能与热的排气装置或排气部件接触的位置。
由于催化剂中含有五氧化二钒，所以在处理催化器总成时应始终戴上防护手套、防尘罩和护目镜。不要使这些催化物质进入眼睛，如果进入眼睛，立即用大量的水冲洗至少15min。避免长时间与皮肤接触，如果接触，请立即使用肥皂和水冲洗皮肤。催化剂中含有五氧化二钒。美国加利福尼亚州政府已经认定五氧化二钒会致癌。在更换催化剂时，不要切开排气催化器总成。该总成质量达23kg以上，为避免造成人身伤害，请使用提升设备或在他人的帮助下提升该总成</td><td>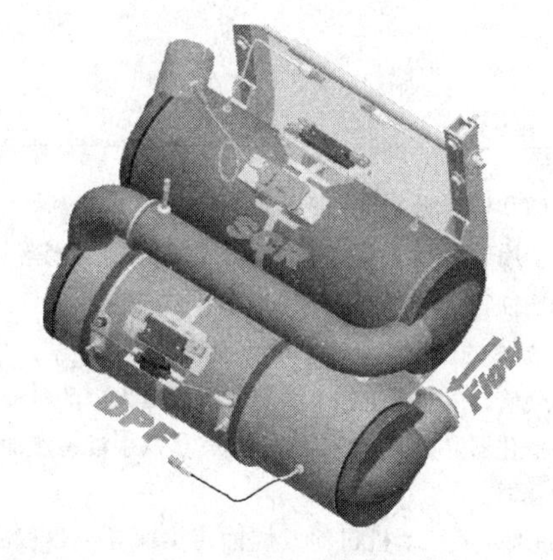</td></tr>
<tr><td>3. 使用INSITE服务软件确认加料系统已净化
➢ 在拆卸排气温度传感器之前，使用INSITE服务软件确认加料系统已净化。当排气系统充分冷却后，会自动进行净化程序。通过“数据监测/记录屏”，监测“尿素泵状态监测器”参数。当系统进行净化时，该参数将显示“Purging”（净化中），并且，当净化完成后，会变为Off（关闭）。如果该参数不能被监控或该系统不响应，等待至少5min，然后等系统冷却至可以安全进行修理时进行修复</td><td>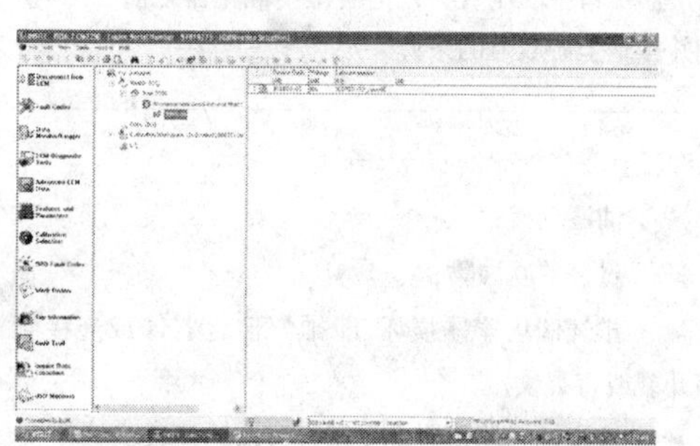</td></tr>
</table>

续上表

4. 从分解管断开并拆卸后处理尿素加料阀	
5. 从车辆催化器上断开并拆卸排气温度传感器	
6. 从车辆/发动机底部降低排气催化器	
7. 清洁和检查能否继续使用 ➢ 用钢丝刷除去排气催化器密封表面所有剥落的油漆和腐蚀物。 ➢ 过多的燃油或机油堆积会损坏排气催化器。如果在排气管路中能看见因上游发动机故障出现的机油，则更换催化器。如果有迹象显示排气蒸汽中混有燃油，更换催化器。 注：如果因为发动机机油或燃油污染而导致累积故障，而需要更换排气催化器，则清洁排气催化器的涡轮增压器出口中的尾管。在更换排气催化器之前，必须识别并排除上游故障的来源	
8. 检查排气催化器有无 ➢ 油漆剥落； ➢ 过多的腐蚀物； ➢ 排气催化器体损坏，即排气催化器体或连接管路开裂或有裂纹； ➢ 检查排气催化器有无尿素泄漏的迹象	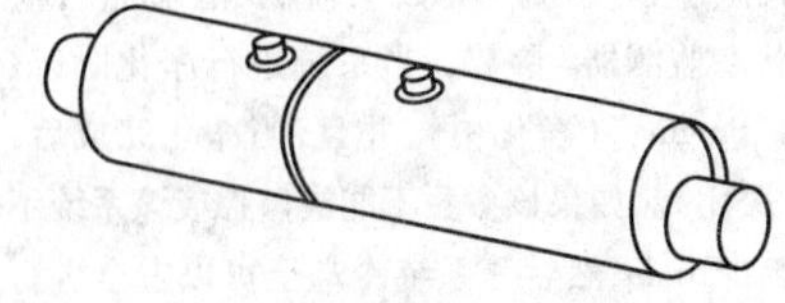

续上表

9. 连接 OEM 排气管和固定夹，将催化器提入位 ➢ 继续使用之前应检查所有管接头和支架	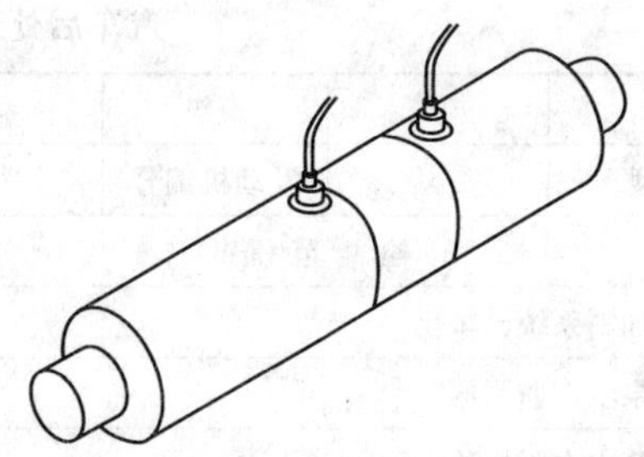
警告：此部件或总成质量达 23kg 以上。为了避免严重的人身伤害，一定要在其他人协助下，或使用适当的提升设备来提升此部件或总成。 注：检查是否选用了正确的催化器零件号。 排气催化器上有用于组装的“INLET”出口标记（连至发动机的出口）	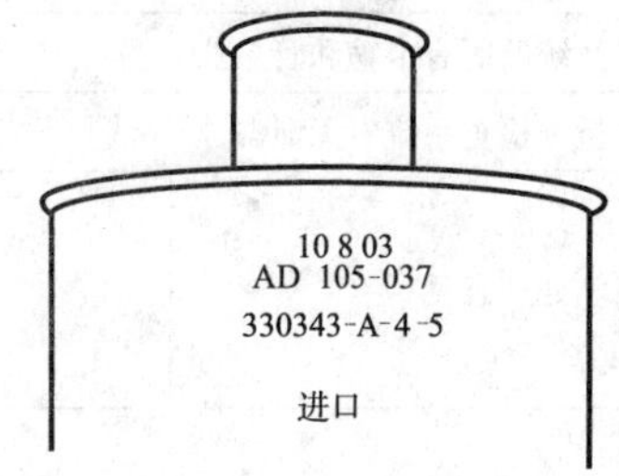
10. 安装并连接排气温度传感器 ➢ 检查排气系统的所有卡箍和管接头； ➢ 起动发动机并检查系统有无泄漏	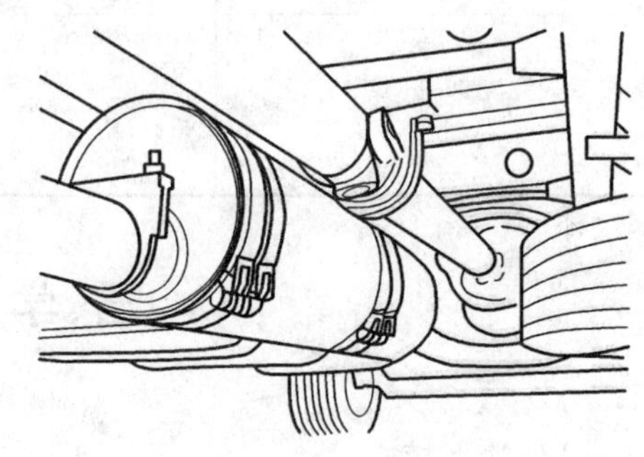
11. 试机故障排除	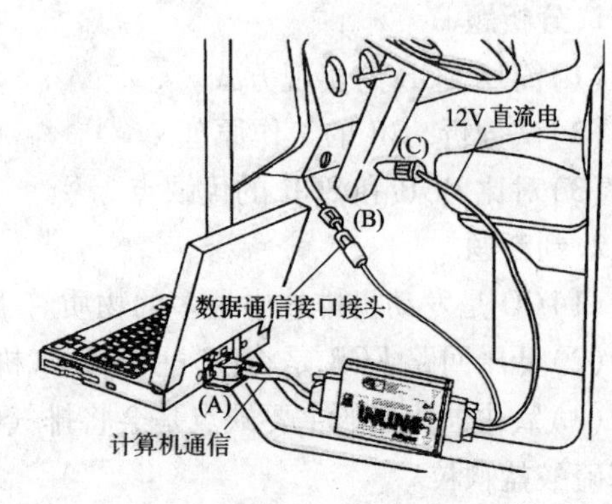

6 记录与分析(表5-2)

汽车后处理系统检验作业记录单 表5-2

姓名		班级		学号		组别	
车型		发动机编号		作业单号		作业日期	
检测范围				记录结果			
确认加料系统已净化							
尿素泵状态监测器							
排气管中有无机油							
排气催化器有无尿素泄漏的迹象							
检查是否选用了正确的催化器零件号							
检查排气系统的所有卡箍和管接头							
起动发动机并检查系统有无泄漏							
处理意见							
制订修复工艺							
维修记录							

三、学习评价

(一)理论考核

1. 分析题

(1)简述EGR的实现方式。

(2)试分析SCR的工作原理。

(3)对比EGR和SCR的优缺点。

2. 判断题

(1)CO是发动机排放中最多的物质。 ( )

(2)低压回路EGR是将废气引入压气机进口前的低压进气系统中。 ( )

(3)氧化催化器的主要缺点是会将排气中的SO_2氧化成SO_3,生成危害更大的硫酸雾或固态硫酸盐颗粒。 ( )

(4)在选择性催化还原系统中,采用的还原剂主要有氨、尿素及碳氢化物。 ( )

3. 选择题

(1)发动机排放物中含量最多的物质是什么？(　　)

A. CO　　B. HC　　C. CO_2　　D. NO_x

(2)哪种 EGR 系统的再循环废气不经过压气机和中冷器？(　　)

A. 高压回路　　B. 低压回路　　C. 外部　　D. 内部

(3)SCR“选择性”是指在催化还原转换过程中，利用还原剂的特性优先选择什么在催化剂作用下一起被氧化？(　　)

A. SO_x　　B. NO_x　　C. HC　　D. CO

(4)当排气背压达到多大时，柴油发动机性能开始恶化？(　　)

A. 16 ~ 20kPa　　B. 10 ~ 15kPa　　C. 20 ~ 25kPa　　D. 10 ~ 20kPa

(二)技能考核

项目的评分表见表5-3。

柴油发动机排放控制系统检修项目评分表　　表5-3

基本信息	姓名		学号		班级		组别	
	规定时间		完成时间		考核日期		总评成绩	
任务工单	序号	内　容				扣分记录	标准分	评分
	1	仪器检查、发动机起动前检查					5	
	2	确认故障现象					5	
	3	目视检查					5	
	4	读取故障码，初步确定故障范围					10	
	5	催化转化器检查					5	
	6	使用万用表检测温度传感器电阻或电压					10	
	7	维修资料使用					5	
	8	故障推理过程，确认故障点					5	
	9	排除故障，清除故障码，试车					5	
安全							5	
5S							5	
沟通表达							5	
工单填写							10	
工艺制订							10	

学习任务6 检修柴油发动机电控系统综合故障

工作情境描述

某旅游汽车公司车队有1台装有康明斯ISBe电控柴油发动机的大客车，行驶了5万km，最近出现了发动机起动困难，起动后还会出现发动机运转不稳而且发动机动力不足的现象，年检时还发现发动机排放不正常。技术人员检查后，也没有发现发动机的故障原因所在，但确定发动机的机械部分没有任何故障。

目前发动机的上述故障依旧。请通过检测诊断设备对发动机的电控系统进行故障诊断，并对故障进行排除。

学习目标

通过本任务的学习，应能：

1. 明确柴油发动机电控燃油喷射系统故障检修流程；
2. 使用柴油发动机电控系统检测与诊断设备；
3. 诊断柴油发动机电控系统典型故障（发动机起动困难、发动机运转不稳、发动机动力不足、发动机排放不正常），并分析其原因；
4. 确定柴油发动机电控系统检修项目。

学习时间

14学时。

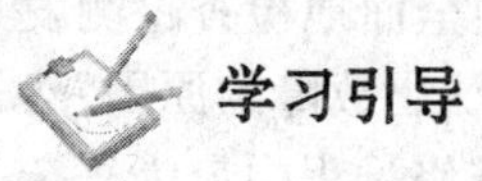

学习引导

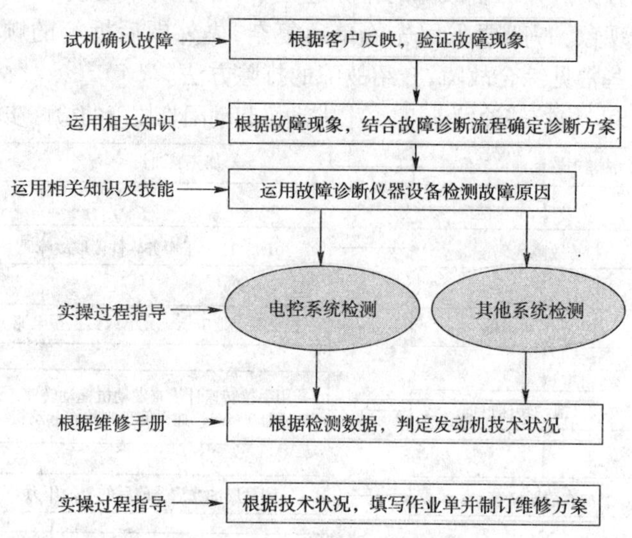

一、知识准备

(一)柴油发动机电控燃油喷射系统故障检修流程

电控柴油机燃油系统通过各种传感器检测出发动机的实际运行状态,送入电控单元进行计算和处理,可以对喷油时间、喷油压力和喷油率进行最佳控制。由于采用了电子控制技术,比较传统的柴油机故障检修流程有如下独特之处:

(1)静态模式读取和清除故障码;

(2)症状确认;

(3)动态故障码检查;

(4)电路检查;

(5)部件检查;

(6)调整、设定、激活或维修;

(7)试车检验。

在对电控系统进行检修的过程中,要注意下列安全事项:

(1)禁止使用大功率仪器,避免对电控单元产生无线电干扰;

(2)在拆除蓄电池的搭铁线前,先读取 ECU 中的故障码;

(3)检修燃油系统时,先对油路进行卸压;

(4)在拆卸和插接线路或元件连接器之前,点火开关一定要置于“ON”位。

(二)柴油发动机电控系统典型综合故障及故障排除方法

柴油发动机典型的电控系统综合故障包括:发动机起动困难、发动机运转不稳、发动机动力不足、发动机排放不正常。对于这些典型的综合故障,一定要仔细全面地检查检测发动机各个系统及其传感器、执行器、ECU,并做必要的测试,直到检查确认出故障的原因,然后制定出故障排除方案。在综合故障的排除过程中,排查故障是整个维修过程中最为复杂的过程。面对故障现象,一般要采用先简单后复杂,先外围后拆解的顺序进行逐项排查。下面我们就列举一些常见综合故障,介绍故障的排除方法。

(1)以康明斯 ISBe 电控柴油发动机为例,发动机起动困难故障的检修步骤如图 6-1 所示:

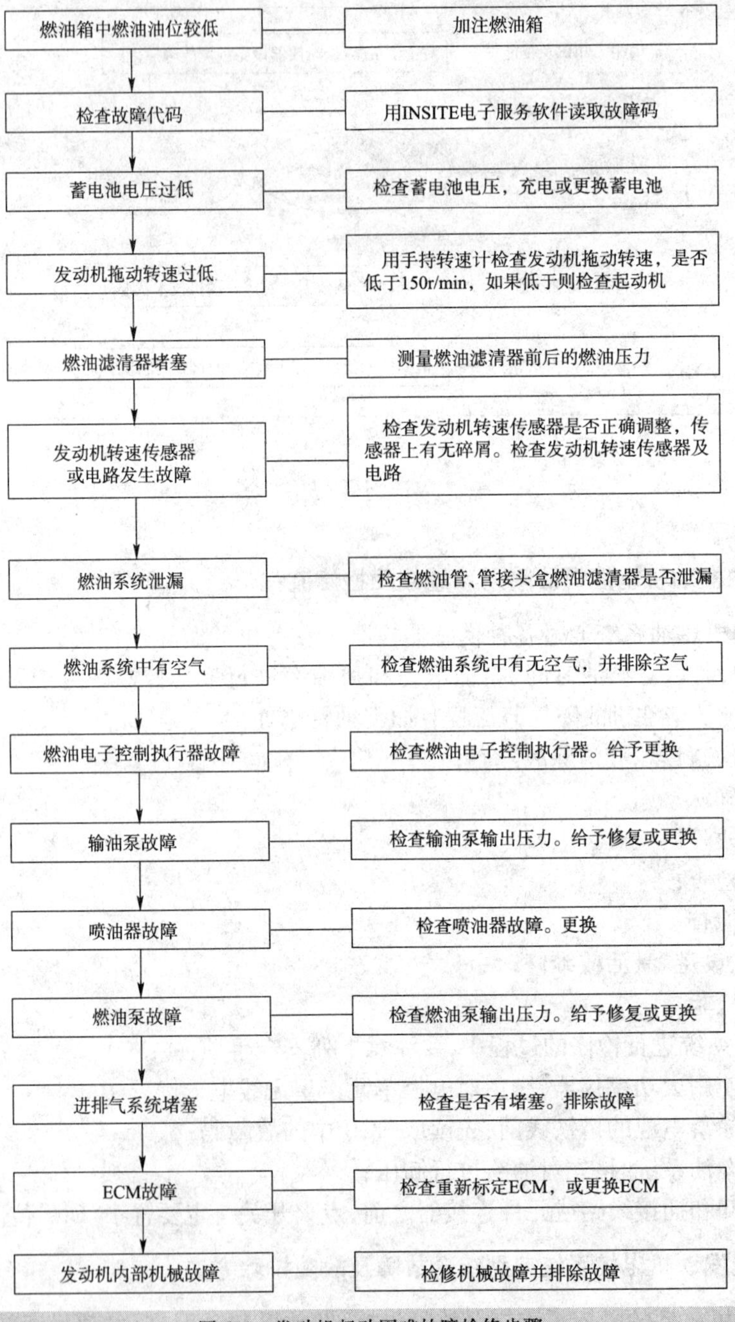

燃油箱中燃油油位较低	加注燃油箱
检查故障代码	用INSITE电子服务软件读取故障码
蓄电池电压过低	检查蓄电池电压，充电或更换蓄电池
发动机拖动转速过低	用手持转速计检查发动机拖动转速，是否低于150r/min，如果低于则检查起动机
燃油滤清器堵塞	测量燃油滤清器前后的燃油压力
发动机转速传感器或电路发生故障	检查发动机转速传感器是否正确调整，传感器上有无碎屑。检查发动机转速传感器及电路
燃油系统泄漏	检查燃油管、管接头盒燃油滤清器是否泄漏
燃油系统中有空气	检查燃油系统中有无空气，并排除空气
燃油电子控制执行器故障	检查燃油电子控制执行器。给予更换
输油泵故障	检查输油泵输出压力。给予修复或更换
喷油器故障	检查喷油器故障。更换
燃油泵故障	检查燃油泵输出压力。给予修复或更换
进排气系统堵塞	检查是否有堵塞。排除故障
ECM故障	检查重新标定ECM，或更换ECM
发动机内部机械故障	检修机械故障并排除故障

图 6-1 发动机起动困难故障检修步骤

(2)以康明斯 ISBe 电控柴油发动机为例,发动机运转不稳故障的检修步骤如图 6-2 所示:

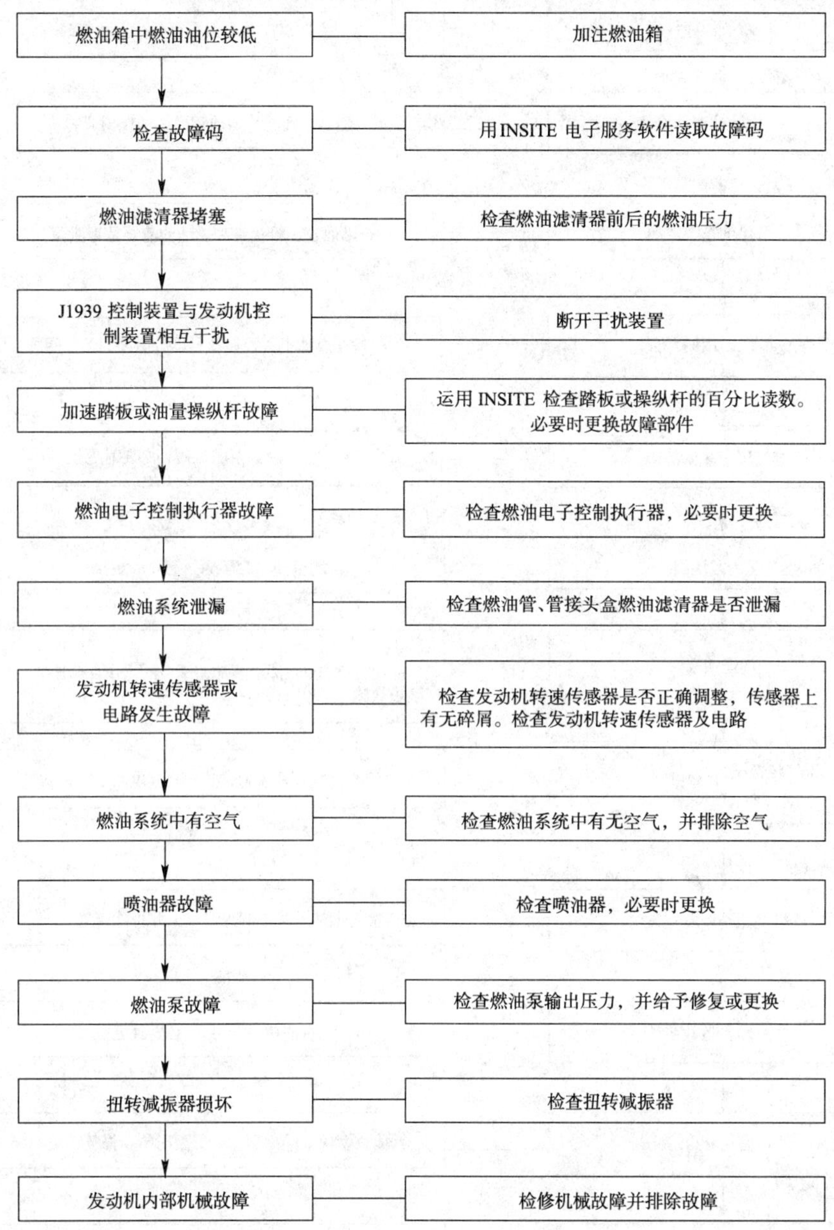

图 6-2　发动机运转不稳故障检修步骤

(3)以康明斯 ISBe 为例,发动机动力不足故障的检修步骤如图 6-3 所示:

(4)以康明斯 ISBe 为例,发动机排放不正常故障的检修步骤如图 6-4 所示:

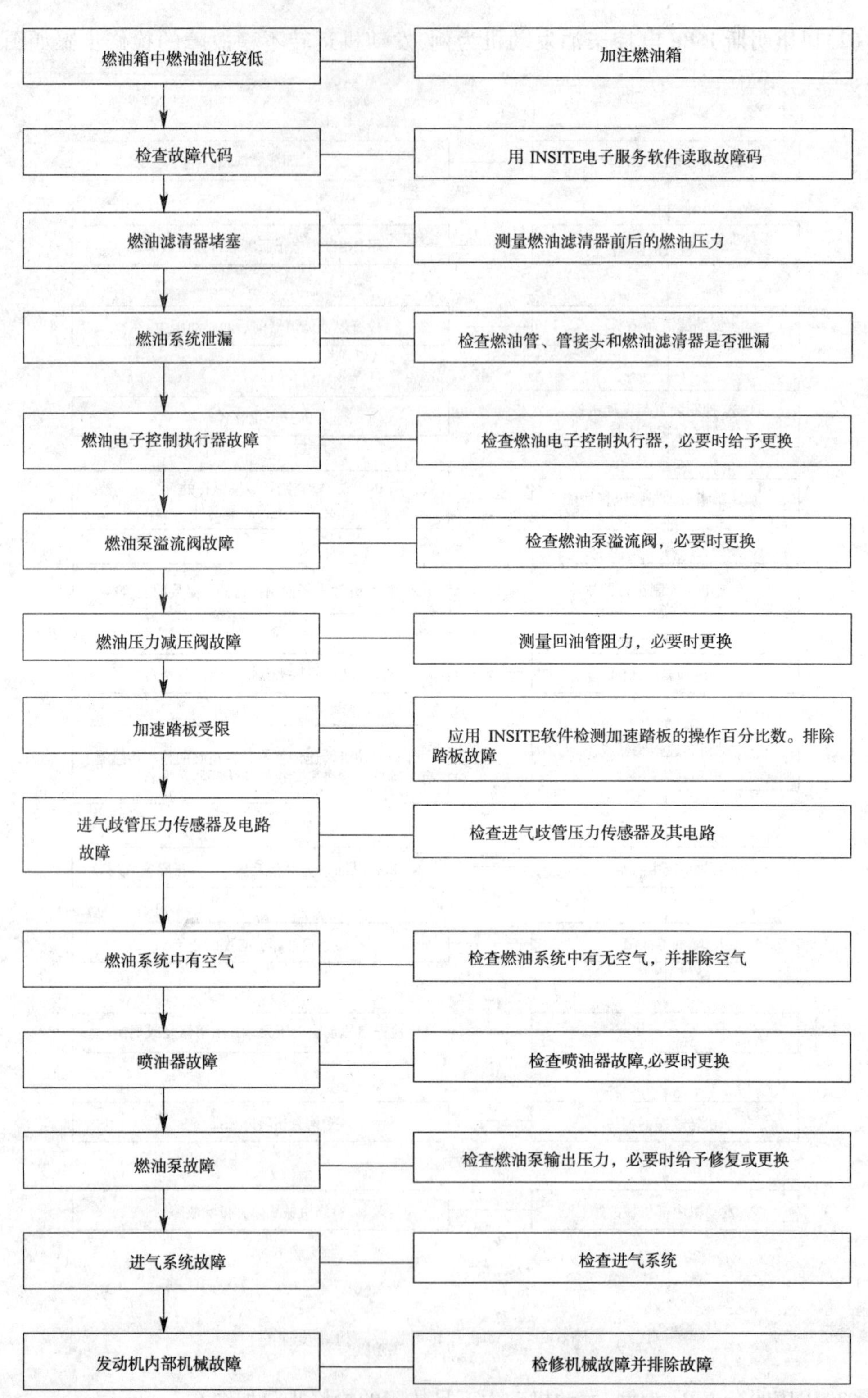

图 6-3　发动机动力不足故障检修步骤

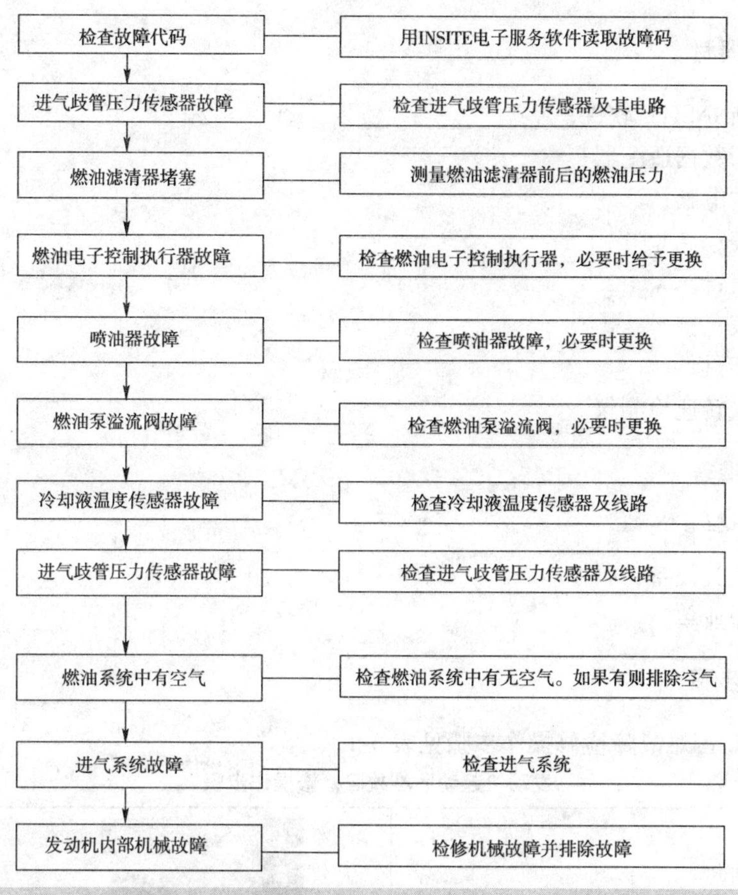

图6-4　发动机排放不正常故障检修步骤

二、任 务 实 施

项目1　发动机起动困难故障的检修

1　项目说明

以金龙大客车的康明斯 ISBe 故障发动机为任务实施对象,根据故障诊断排除故障树的检测排除流程进行检修。运用康明斯电控系统 INSITE 软件和故障诊断设备进行检修。

2　技术标准与要求

(1)每个学员独立完成此项目。

(2)技术标准:

按照康明斯 ISBe 发动机故障维修手册,以故障树为故障排查流程依据进行检测。检修完毕试机检验。

3 设备器材

(1)康明斯 INSITE 软件;
(2)康明斯数据适配器;
(3)笔记本电脑;
(4)气压表;
(5)油压表;
(6)万用表;
(7)拆装工具;
(8)手持式转速检测仪。

4 作业准备

(1)清洁发动机;
(2)清洁工具设备;
(3)准备作业单。

5 操作步骤

发动机起动困难故障检修操作步骤见表 6-1。

发动机起动困难故障检修操作步骤 表 6-1

1. 试机,确认故障	
 2. 用数据线连接 INLINE 和 ECM 故障诊断接口;用数据线连接笔记本电脑和 INLINE	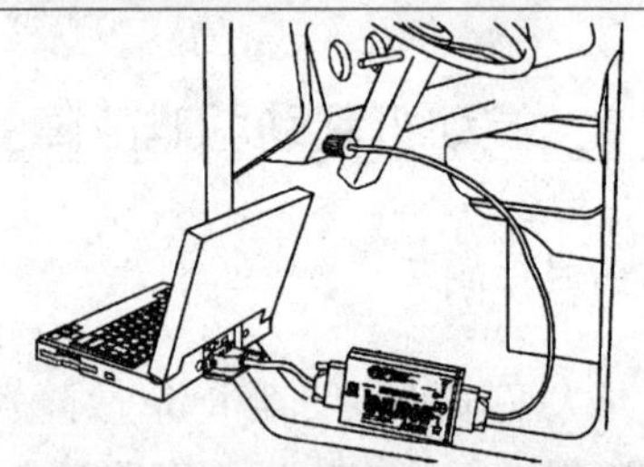
3. 读取故障码,并根据故障码的故障诊断树进行检修	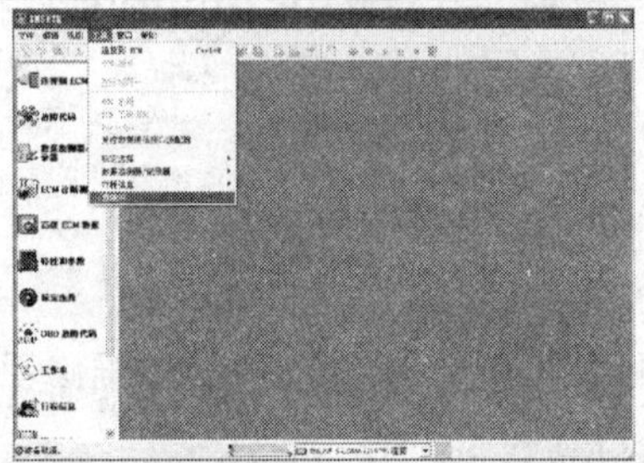

续上表

4. 检查蓄电池电压,充电或更换蓄电池	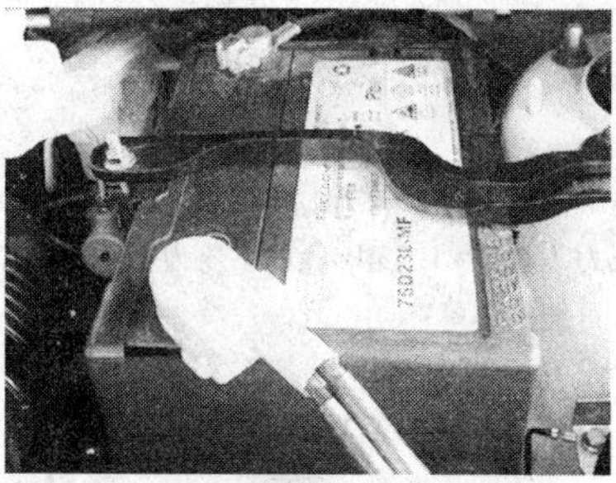
5. 用手持转速计检查发动机拖动转速,是否低于150r/min,如果低于该转速就检查起动机	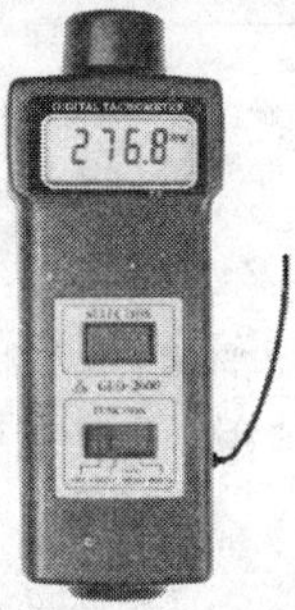
6. 测量燃油滤清器前后的燃油压力	
➢ 拆下输油泵到燃油滤清器进口的低压燃油管	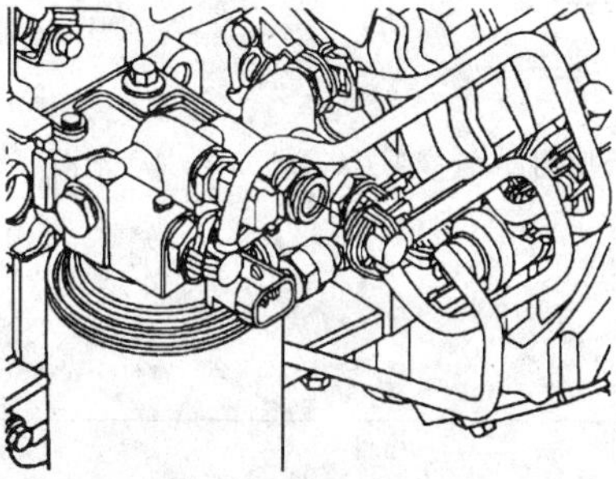
➢ 将燃油压力表连接到燃油滤清器座,重新安装低压燃油管	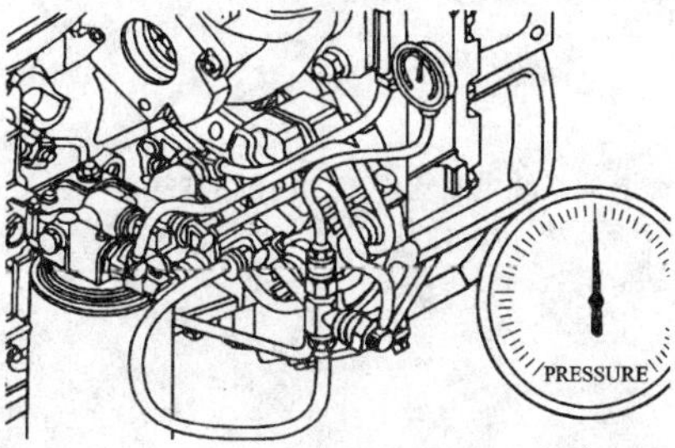

续上表

➢ 测量低怠速下的燃油压力。要求燃油滤清器进口处的压力为0.5~1.3MPa。如果压力低于标准值,说明输油泵可能损坏	
➢ 从燃油滤清器出口拆下低压油管,安装燃油压力表重新连接低压燃油管	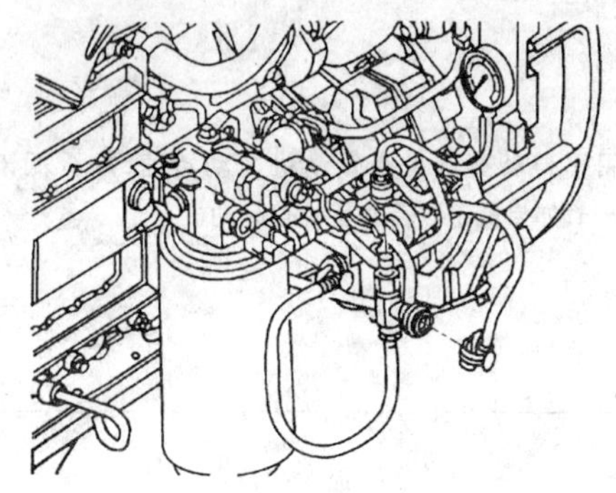
7. 检查发动机转速传感器是否正确调整,传感器上有无碎屑。检查发动机转速传感器及电路	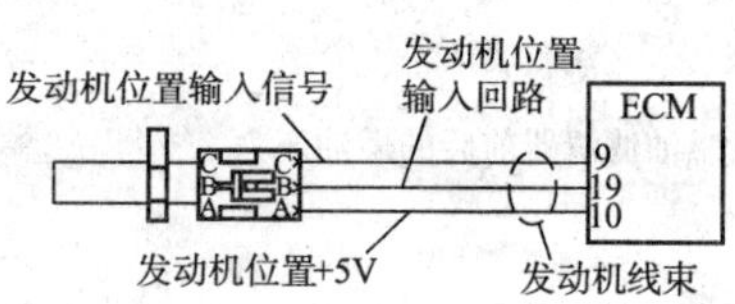
8. 检查燃油管、管接头及燃油滤清器是否泄漏	
9. 检查燃油系统中有无空气,并排除空气	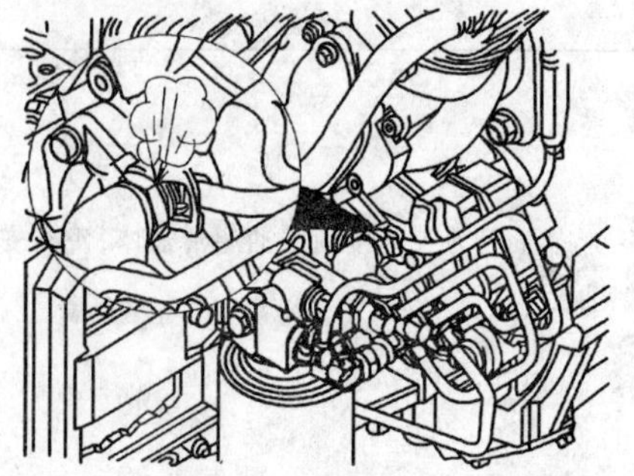

续上表

➢ 连接油压表到输油泵前端	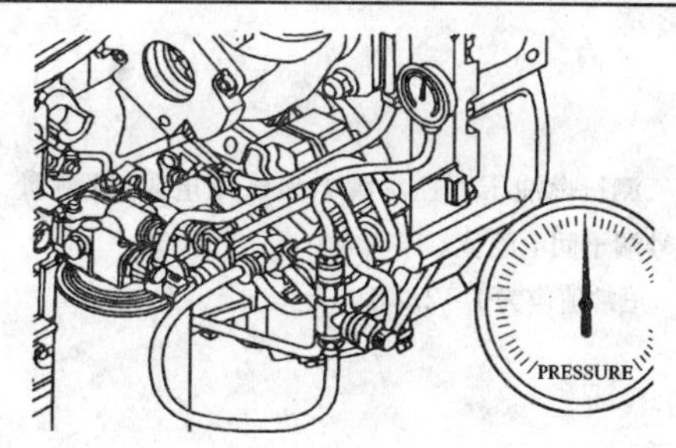
➢ 怠速运转发动机，检查有无气泡。如果系统中连续出现气泡几分钟，则确定燃油中有空气，应检查管路及接头，密封处理	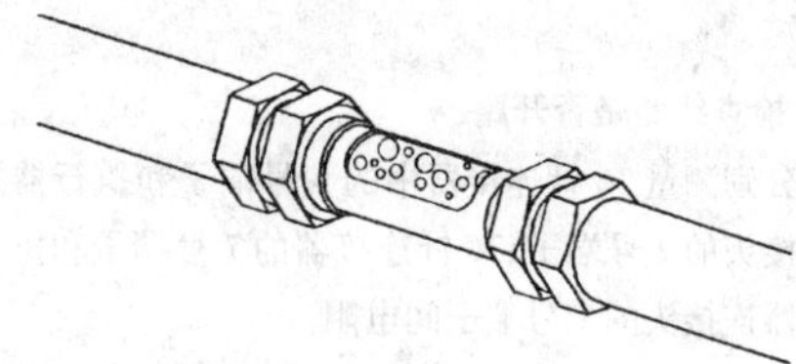
10. 检查燃油电子控制执行器，给予更换	
➢ 接通再断开电源开关，检查电子燃油控制执行器有无“咔嗒”声。若没有声音则表示故障。 ➢ 清洗油泵，并用压缩空气吹干	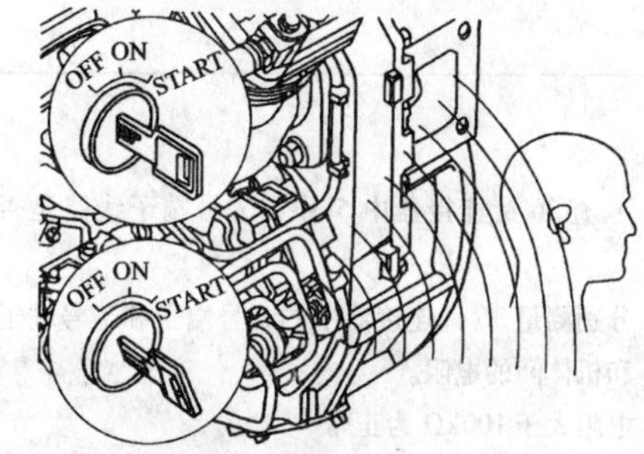
➢ 拆下燃油泵的低压油管。 ➢ 拆下螺栓和燃油控制执行器	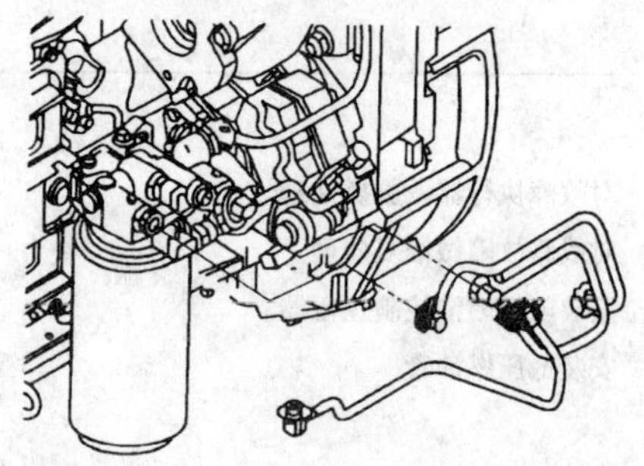

续上表

<table>
<tr><td>➢ 测量燃油压力控制阀电磁线圈电阻，即测量1号、2号端子间电阻值。
■ 正常值应为1～2.2Ω</td><td>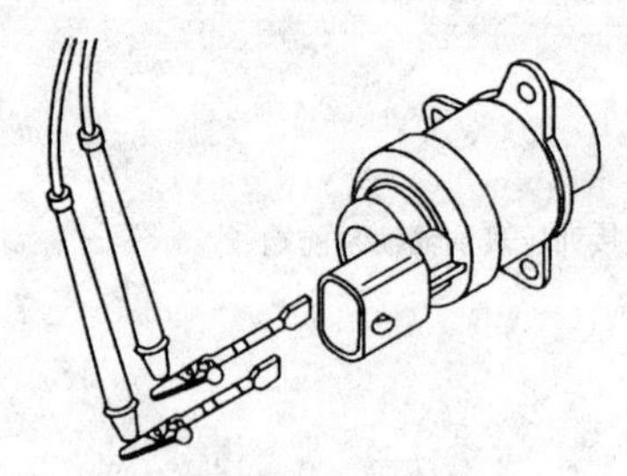</td></tr>
<tr><td>➢ 检查线路是否开路：
■ 分别测量36针连接器中的5号端子和执行器连接头的2号端子；36针连接器的7号端子和执行器连接头的1号端子间电阻。
■ 电阻小于10Ω为正常</td><td>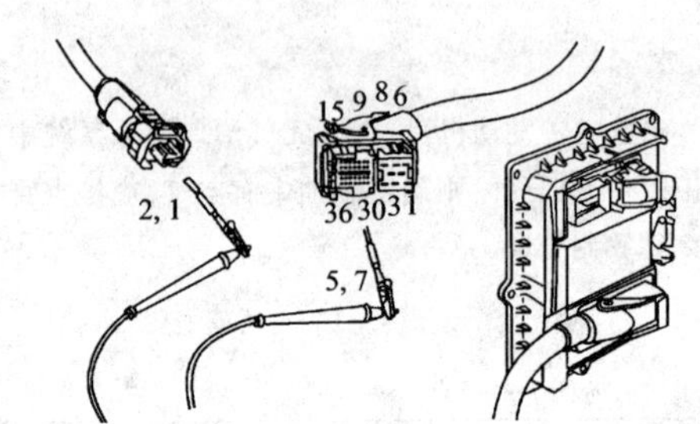
</td></tr>
<tr><td>➢ 检查36针连接器中的端子线路是否短路：
■ 分别测量36针连接器中的5号端子及7号端子和36针连接器的其他端子间电阻。
■ 电阻大于100kΩ为正常</td><td>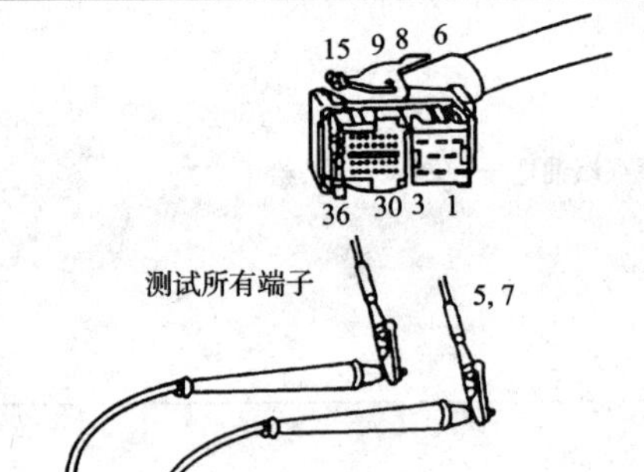
</td></tr>
<tr><td>➢ 检查36针连接器中5号和7号端子线路是否搭铁：
■ 分别测量36针连接器中的5号端子和7号端子和机体间的电阻。
■ 电阻大于100kΩ为正常</td><td>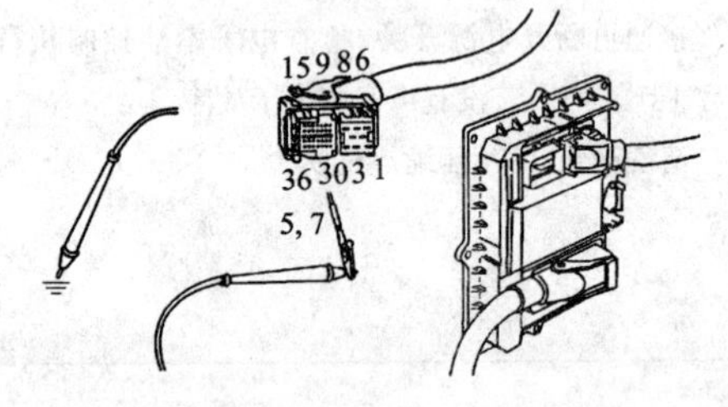
</td></tr>
<tr><td>➢ 对故障执行器做更换处理。
➢ 对线路故障做修复处理。
➢ 安装电子燃油控制执行器。
➢ 安装低压燃油管</td><td>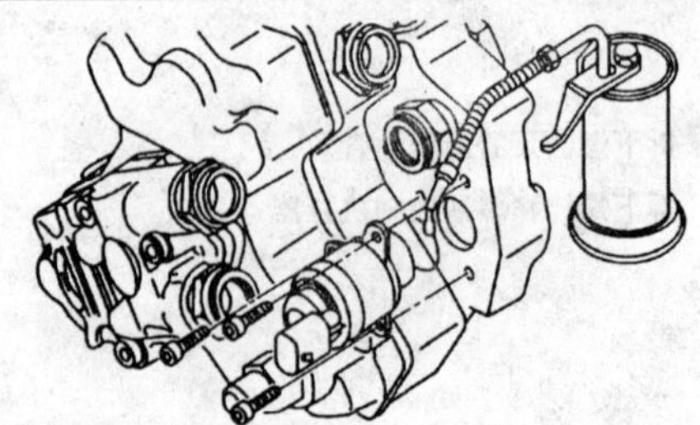</td></tr>
</table>

续上表

11. 检查输油泵输出压力。给予修复或更换	
➢ 检查齿轮式输油泵是否泄漏，以及壳体和燃油管是否损坏	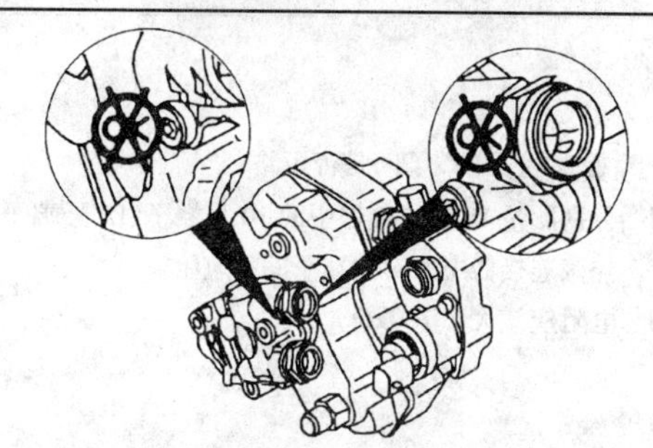
➢ 运转发动机，检查有无泄漏	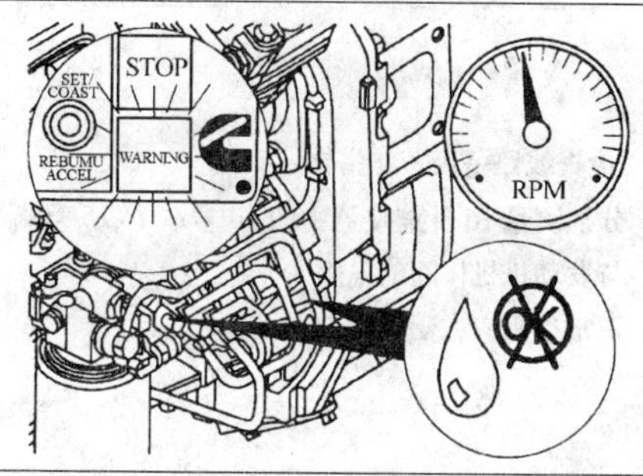
12. 检查喷油器(以六缸喷油器为例)	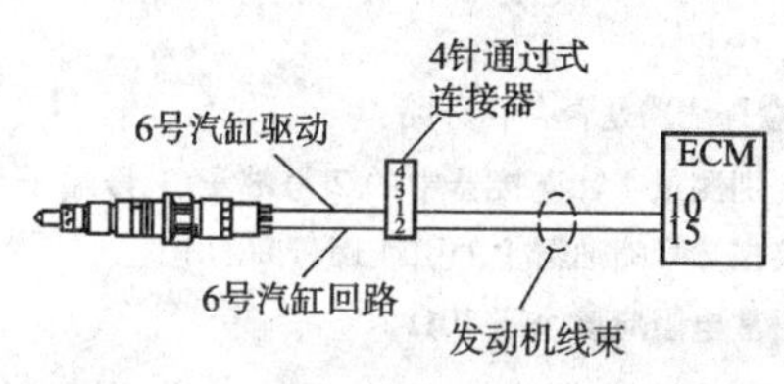
➢ 检查喷油器电路电阻： ■ 测量喷油器连接器中的1号与2号端子间的电阻。 ■ 电阻标准值应小于0.5Ω。 ■ 否则喷油器电磁阀线圈故障，建议更换	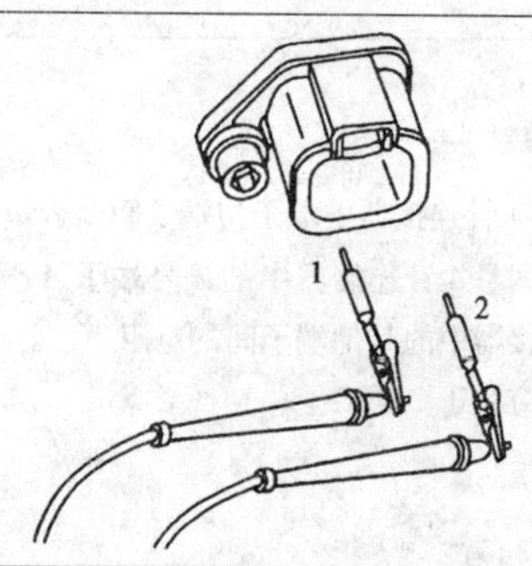

续上表

➢ 检查电路是否开路： ■ 分别测量16针连接器中的10号端子和4针连接器中的1号端子间的电阻，以及15号端子与2号端子间的电阻。 ■ 电阻值应该小于10Ω	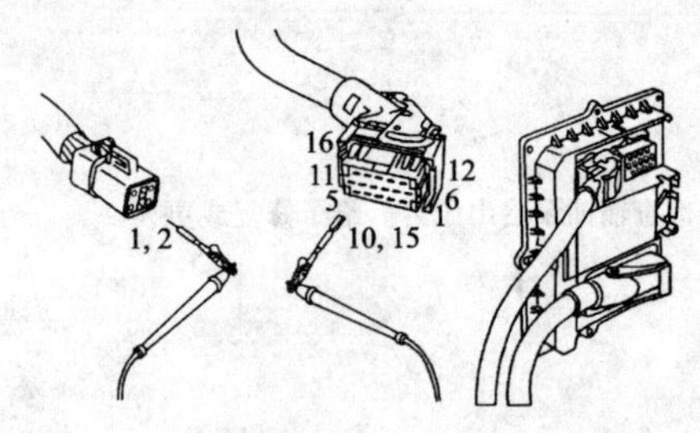
➢ 检查端子与端子间是否短路： ■ 分别测量16针连接器中的10号端子、15号端子与该连接器中的其他端子间的电阻。 ■ 电阻应该大于100kΩ	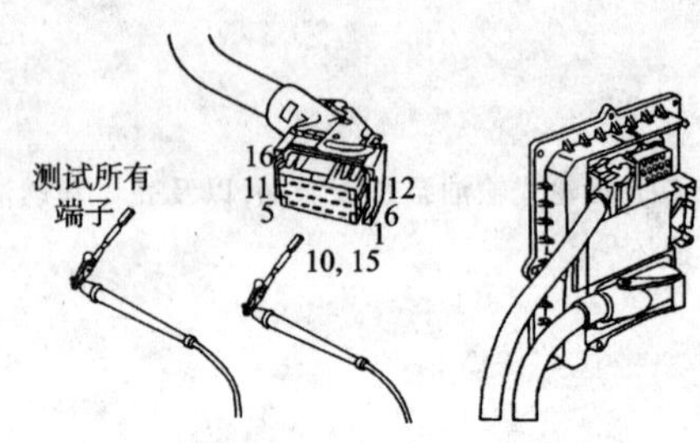
➢ 检查线路是否短路搭铁： ■ 分别测量16针连接器中的10号端子、15号端子与发动机机体间的电阻。 ■ 正常电阻应大于100kΩ	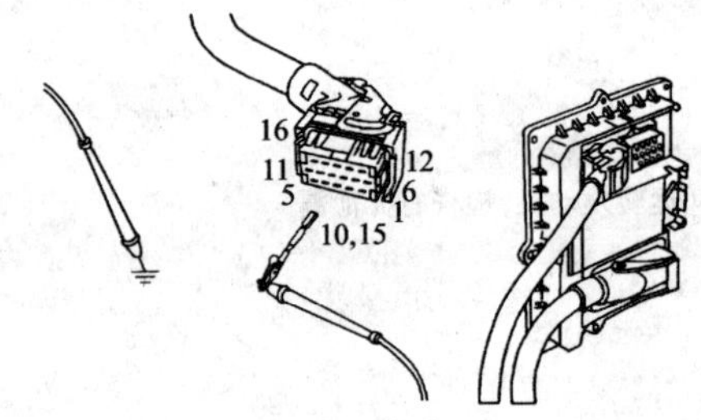
➢ 检查线路是否存在开路： ■ 分别测量4针连接器中的2号端子、1号端子与接在2号喷油器上的引线螺母间的电阻。 ■ 正常电阻应该小于10Ω	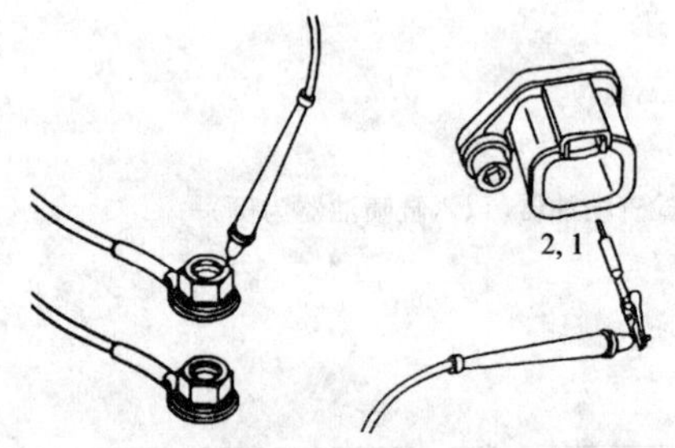
➢ 检查4针连接器中端子与端子间是否短路： ■ 分别测量4针连接器中的2号端子、1号端子与该连接器中的其他端子间的电阻 ■ 电阻应大于100kΩ	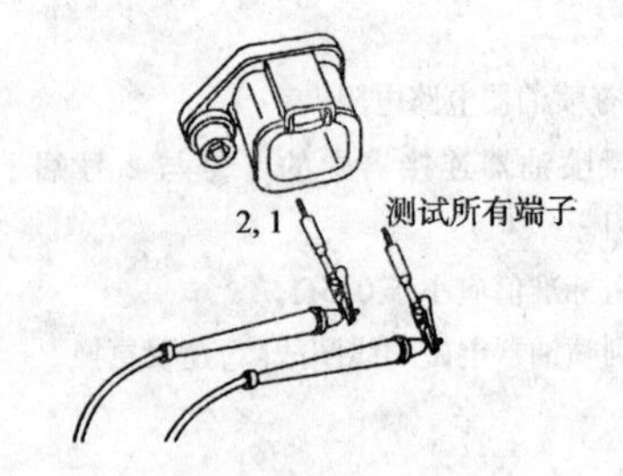

续上表

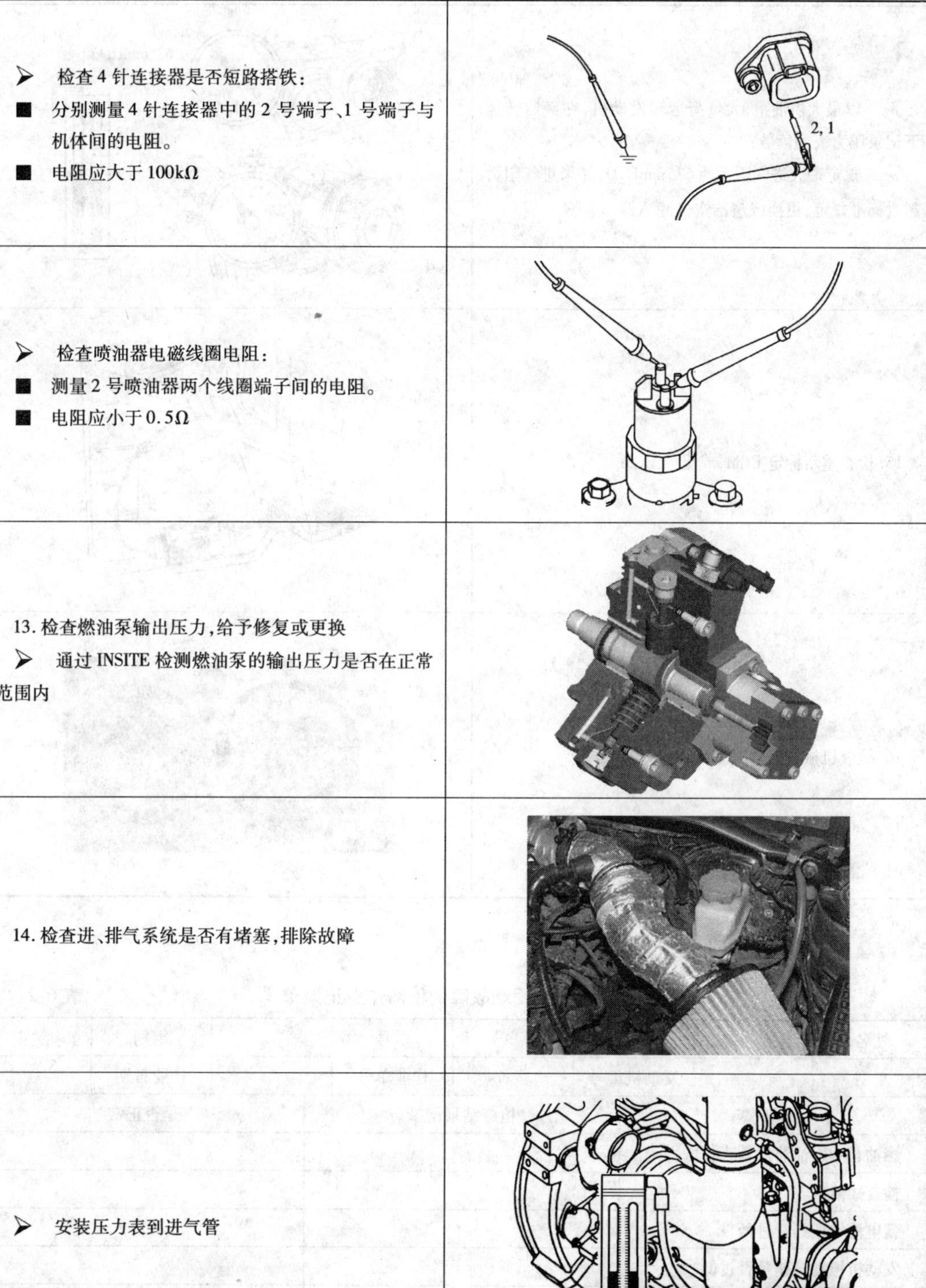

➢ 检查4针连接器是否短路搭铁： ■ 分别测量4针连接器中的2号端子、1号端子与机体间的电阻。 ■ 电阻应大于100kΩ	
➢ 检查喷油器电磁线圈电阻： ■ 测量2号喷油器两个线圈端子间的电阻。 ■ 电阻应小于0.5Ω	
13. 检查燃油泵输出压力，给予修复或更换 ➢ 通过INSITE检测燃油泵的输出压力是否在正常范围内	
14. 检查进、排气系统是否有堵塞，排除故障	
➢ 安装压力表到进气管	

续上表

<table>
<tr><td>➢ 以最大供油量，大负荷运转发动机，在额定转速下记录压力表的读数；
➢ 规定最大进气阻力为635mmH₂O，如果进气阻力超过标准规范，更换或清洁空气滤清器</td><td>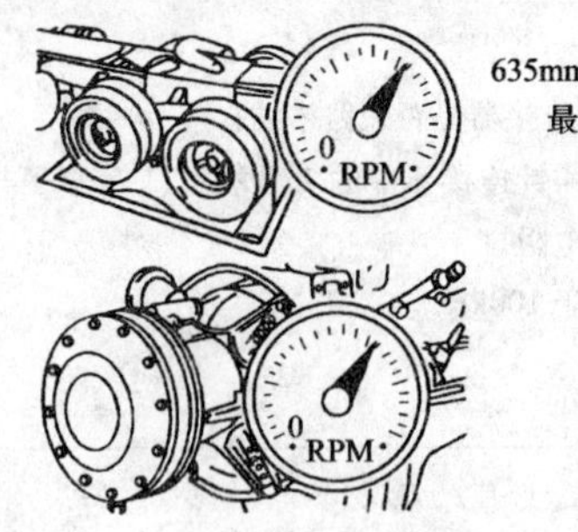

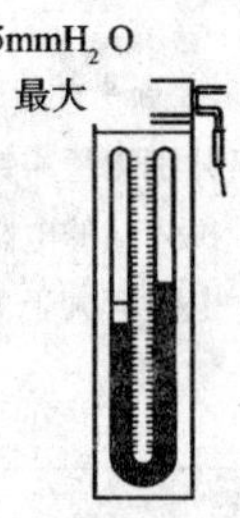
</td></tr>
<tr><td>15. 检查重新标定ECM，或更换ECM</td><td>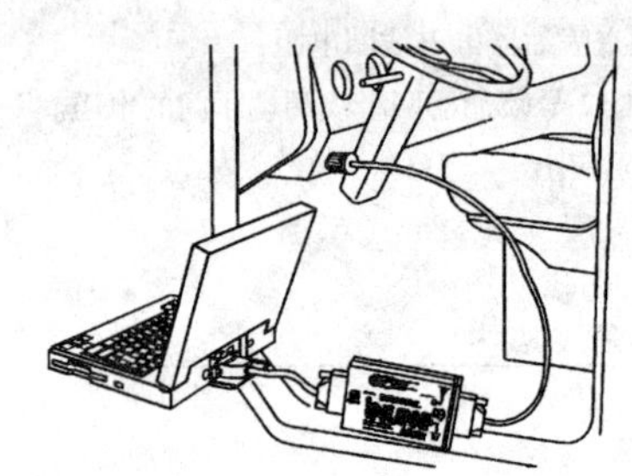</td></tr>
<tr><td>16. 检修机械故障并排除故障</td><td></td></tr>
</table>

6 记录与分析(表6-2)

发动机起动困难故障的检修作业记录单　　表6-2

姓名		班级		学号		组别	
车型		发动机编号		作业单号		作业日期	

检修步骤	检修结果记录	是否正常
燃油箱中燃油油位是否较低		
检查故障码		
蓄电池电压是否过低		
发动机拖动转速是否过低		
燃油滤清器是否堵塞		
发动机转速传感器或电路是否发生故障		

续上表

姓名		班级		学号		组别	
车型		发动机编号		作业单号		作业日期	
检修步骤		检修结果记录			是否正常		
燃油系统是否泄漏							
燃油系统中是否有空气							
是否燃油电子控制执行器故障							
是否输油泵故障							
是否喷油器故障							
是否燃油泵故障							
是否进排气系统堵塞							
是否 ECM 故障							
是否发动机内部机械故障							
处理意见							
制订修复工艺							
维修记录							

项目2　发动机运转不稳故障的检修

1　项目说明

以金龙大客车的康明斯 ISBe 故障发动机为任务实施对象,根据故障诊断排除故障树的检测排除流程进行检修。使用康明斯电控系统 INSITE 软件和故障诊断设备进行检修。

2　技术标准与要求

(1)每个学员独立完成此项目。

(2)技术标准:

按照康明斯 ISBe 发动机故障维修手册,以故障树为故障排查流程依据。检修完毕试机检验。

3　设备器材

(1)康明斯 INSITE 软件;

(2)康明斯数据适配器;

(3)笔记本电脑;

(4)气压表;

(5)油压表;

(6)万用表;

(7)拆装工具;

(8)手持式转速检测仪。

4 作业准备

(1)清洁发动机;

(2)清洁工具设备;

(3)准备作业单。

5 操作步骤

发动机运转不稳故障检修操作步骤见表6-3。

发动机运转不稳故障检修操作步骤　　表6-3

1. 试机,确认故障	
2. 检查燃油箱是否油位太低	
3. 用数据线连接INLINE和ECM故障诊断接口;用数据线连接笔记本电脑和INLINE	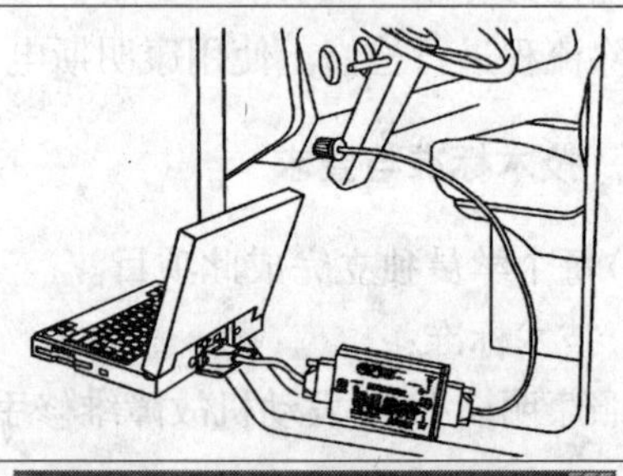
4. 读取故障码,并根据故障码的故障诊断树进行检修	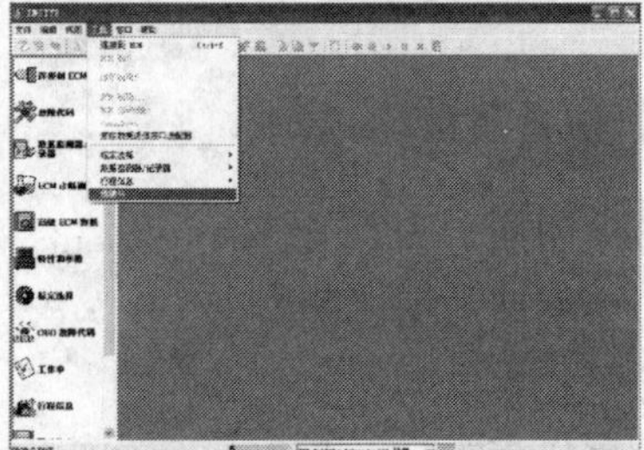

续上表

5. 测量燃油滤清器前后的燃油压力	
➢　拆下输油泵到燃油滤清器进口的低压燃油管	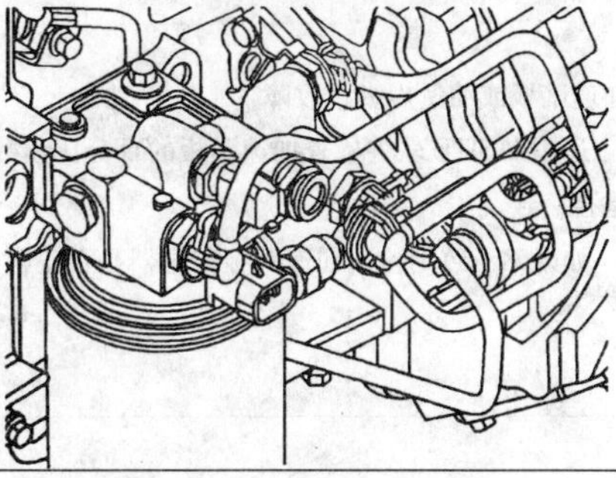
➢　将燃油压力表连接到燃油滤清器座，重新安装低压燃油管	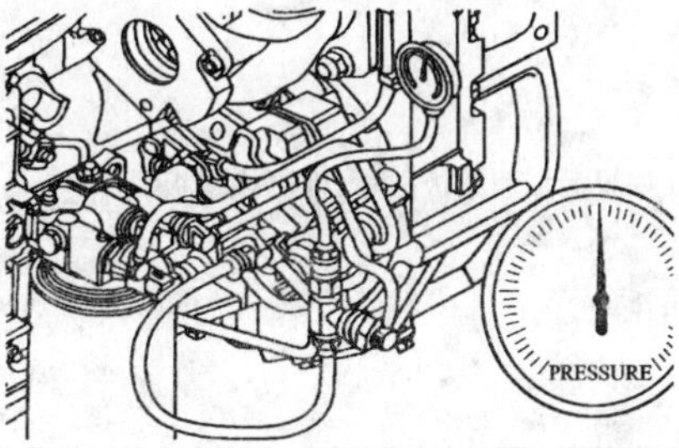 PRESSURE
➢　测量低怠速下的燃油压力。要求燃油滤清器进口处的压力为0.5～1.3MPa。如果压力低于标准值，说明输油泵可能损坏	 OK RPM PRESSURF
➢　从燃油滤清器出口拆下低压油管，安装燃油压力表重新连接低压燃油管	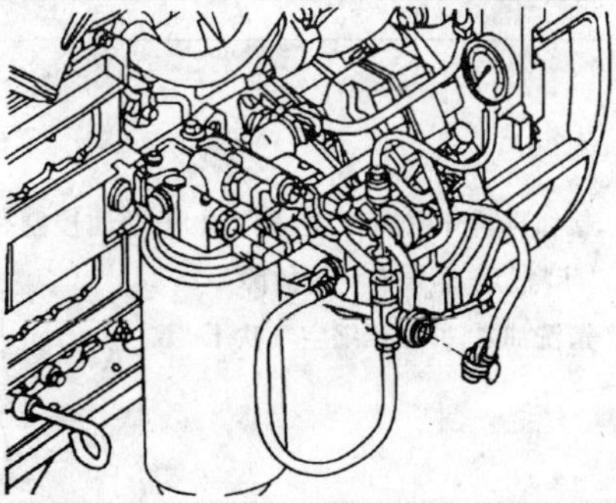

续上表

6. 排除 J1939 控制装置与发动机控制装置相互干扰 ➢ 通过 INSITE 软件检查是否存在干扰，若存在，则排除干扰	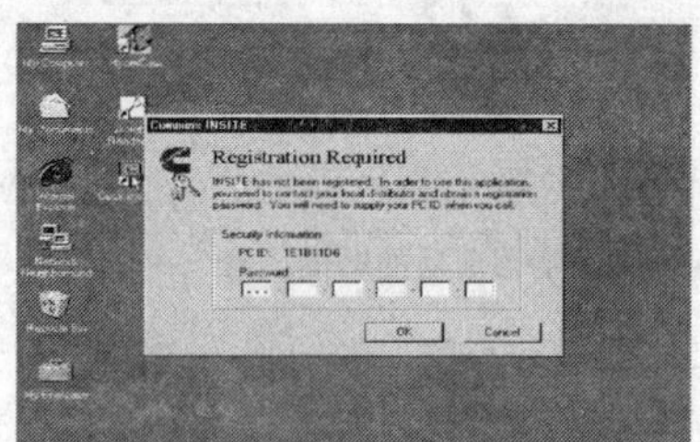
7. 加速踏板或油量操纵杆故障 ➢ 运用 INSITE 软件检查加速踏板的百分比读数与实际是否一致。 ➢ 如果不一致则检测加速踏板传感器是否正常	
➢ 如果为加速踏板故障，则更换踏板	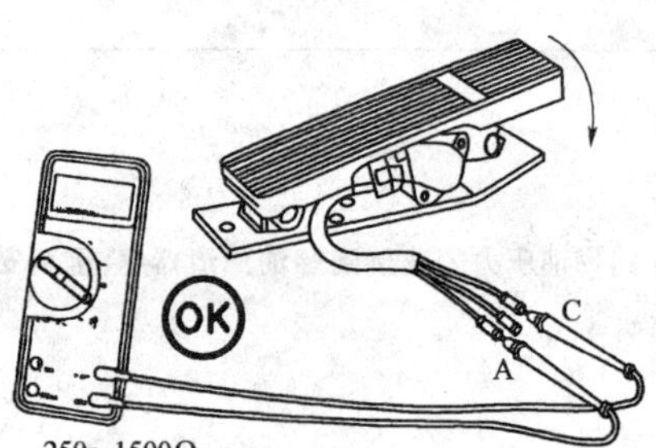
8. 检查燃油电子控制执行器，必要时给予更换	
➢ 接通再断开电源开关，检查电子燃油控制执行器有无“咔嗒”声，若没有则为故障。 ➢ 清洗油泵，并用压缩空气吹干	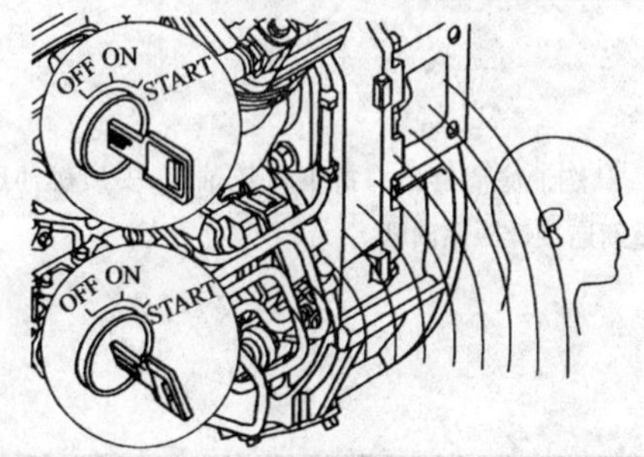

续上表

➢ 拆下燃油泵的低压油管。 ➢ 拆下螺栓和燃油控制执行器	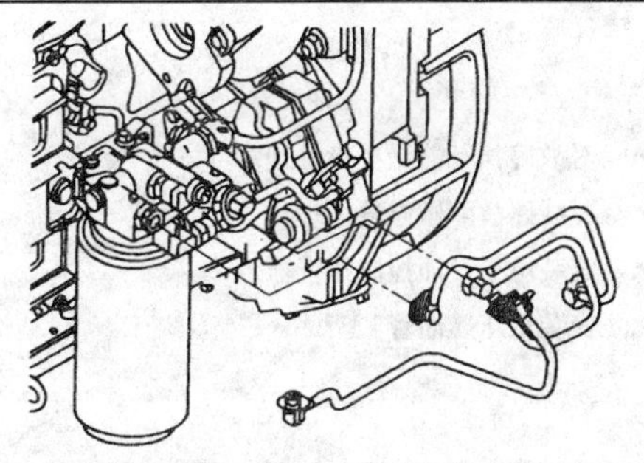
➢ 测量燃油压力控制阀电磁线圈电阻，即测量1号和2号端子间的电阻。 ■ 正常值应为1～2.2Ω。	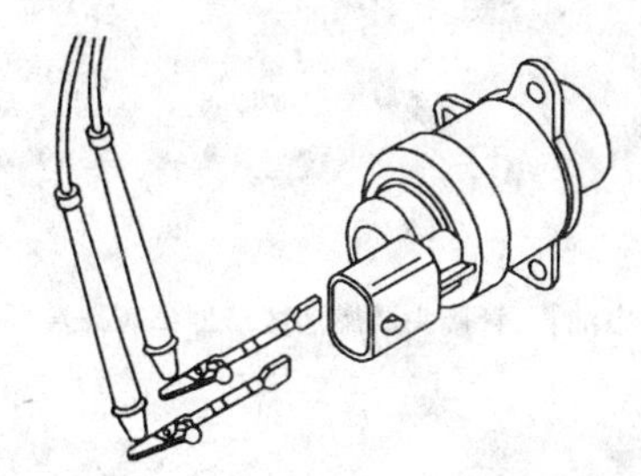
➢ 检查线路是否开路： ■ 分别测量36针连接器中的5号端子和执行器连接头的2号端子；36针连接器的7号端子和执行器连接头的1号端子间电阻。 ■ 电阻小于10Ω为正常	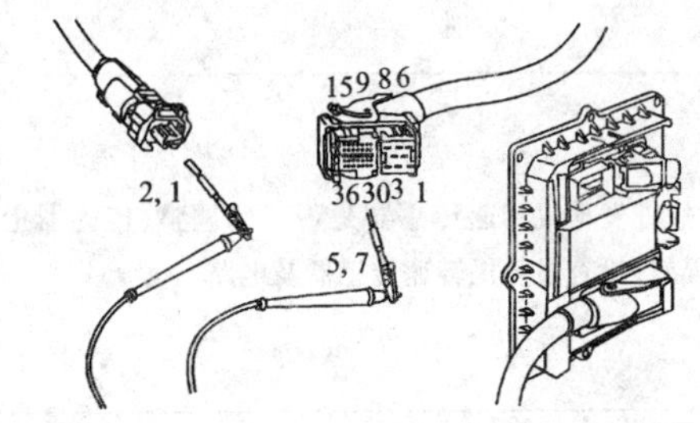
➢ 检查36针连接器中的端子线路是否短路： ■ 分别测量36针连接器中的5号端子及7号端子和36针连接器的其他端子间电阻。 ■ 电阻大于100kΩ为正常	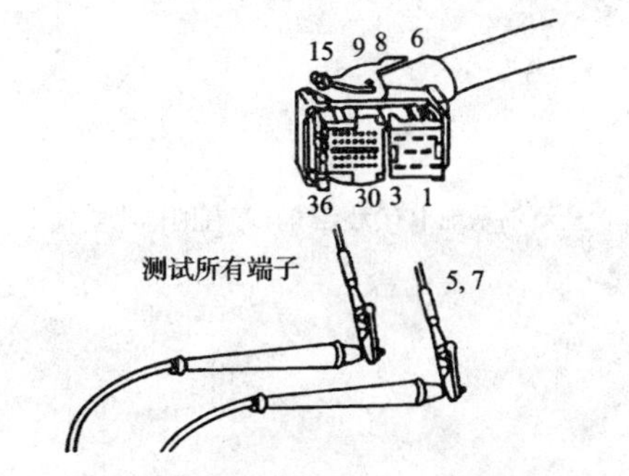
➢ 检查36针连接器中5号和7号端子线路是否搭铁： ■ 分别测量36针连接器中的5号端子和7号端子和机体间的电阻。 ■ 电阻大于100kΩ为正常	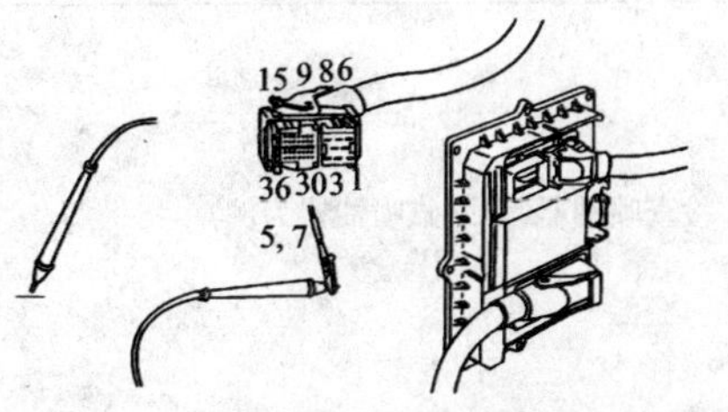

续上表

➢ 对故障执行器做更换处理。 ➢ 对线路故障做修复处理。 ➢ 安装电子燃油控制执行器。 ➢ 安装低压燃油管	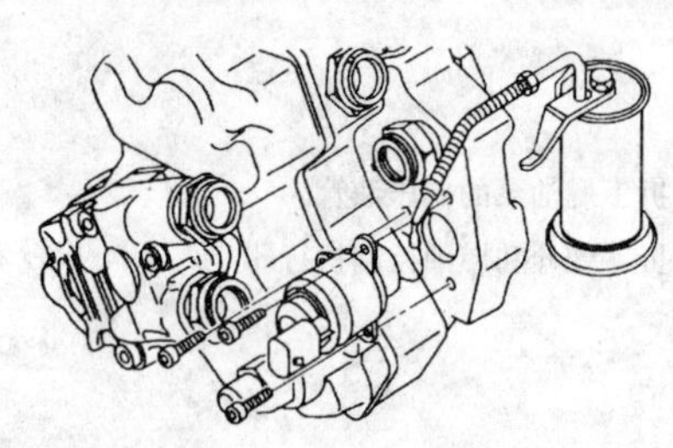
9. 检查燃油管、管接头及燃油滤清器是否泄漏	
10. 检查发动机转速传感器是否正确调整，传感器上有无碎屑；检查发动机转速传感器及电路	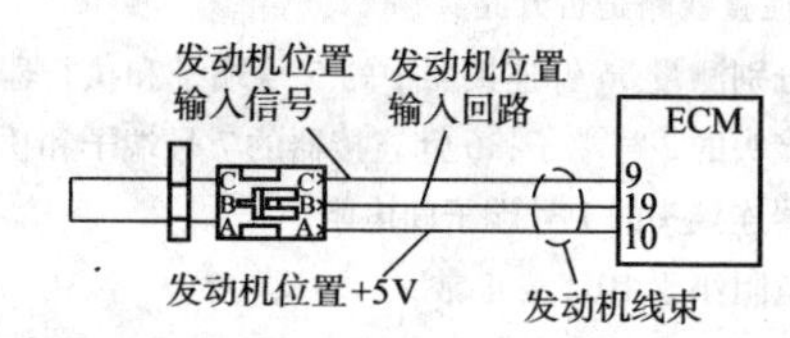
11. 检查燃油系统中有无空气。若有则排除空气	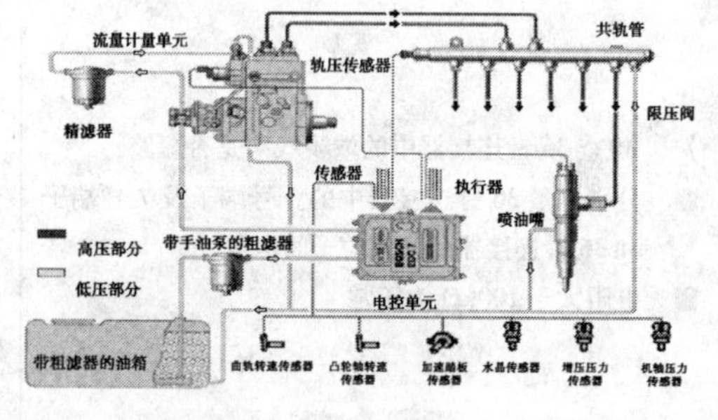
12. 检查喷油器（以六缸喷油器为例）	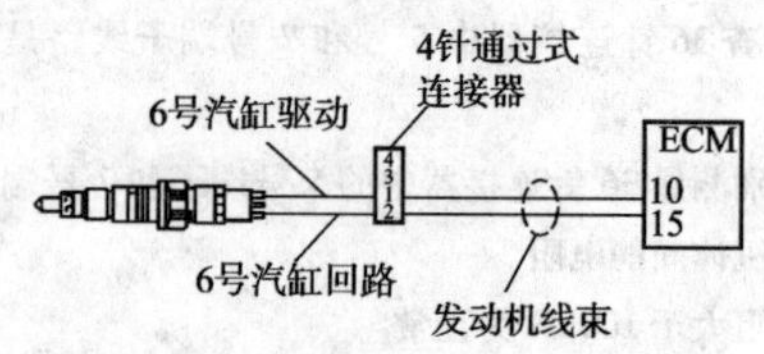

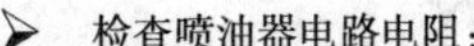

续上表

➢ 检查喷油器电路电阻： ■ 测量喷油器连接器中的 1 号与 2 号端子间的电阻。 ■ 电阻标准值应小于 0.5Ω。 ■ 否则为喷油器电磁阀线圈故障，建议更换	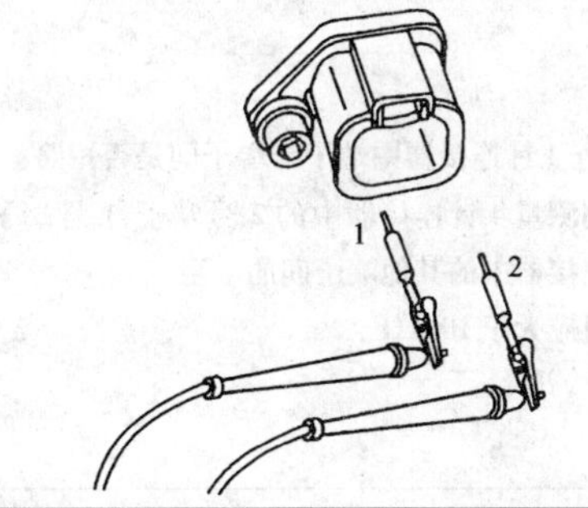
➢ 检查电路是否开路： ■ 分别测量 16 针连接器中的 10 号端子和 4 针连接器中的 1 号端子间的电阻，以及 15 号端子与 2 号端子间的电阻。 ■ 电阻值应该小于 10Ω	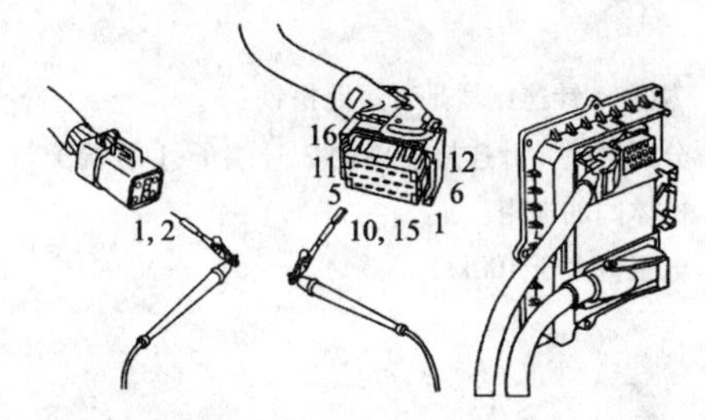
➢ 检查端子与端子间是否短路： ■ 分别测量 16 针连接器中的 10 号端子、15 号端子与该连接器中的其他端子间的电阻。 ■ 电阻应该大于 100kΩ	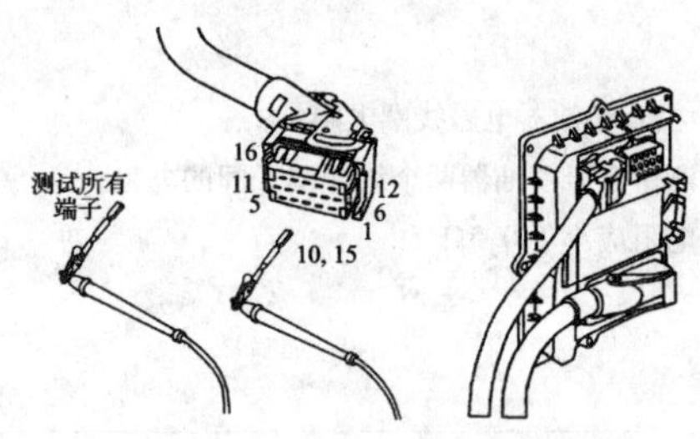
➢ 检查线路是否短路搭铁： ■ 分别测量 16 针连接器中的 10 号端子、15 号端子与发动机机体间的电阻。 ■ 正常电阻应大于 100kΩ	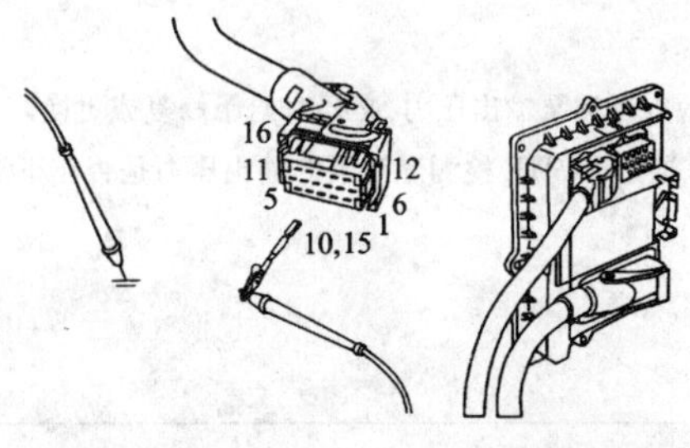
➢ 检查线路是否存在开路： ■ 分别测量 4 针连接器中的 2 号端子、1 号端子与接在 2 号喷油器上的引线螺母间的电阻。 ■ 正常电阻应该小于 10Ω	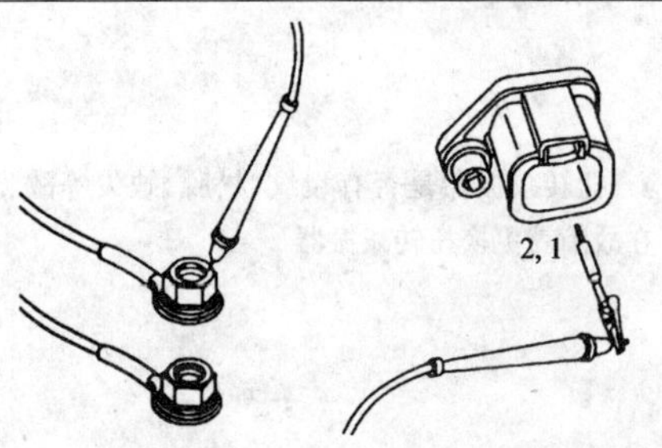

续上表

➢ 检查4针连接器中端子与端子间是否短路： ■ 分别测量4针连接器中的2号端子、1号端子与该连接器中的其他端子间的电阻。 ■ 电阻应大于100kΩ	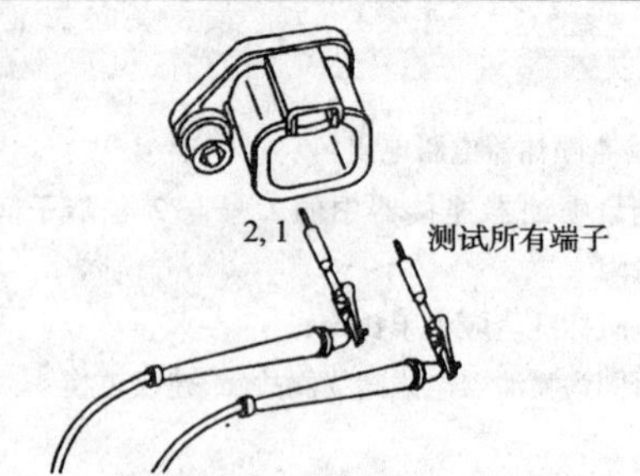
➢ 检查4针连接器是否短路搭铁： ■ 分别测量4针连接器中的2号端子、1号端子与机体间的电阻。 ■ 电阻应大于100kΩ	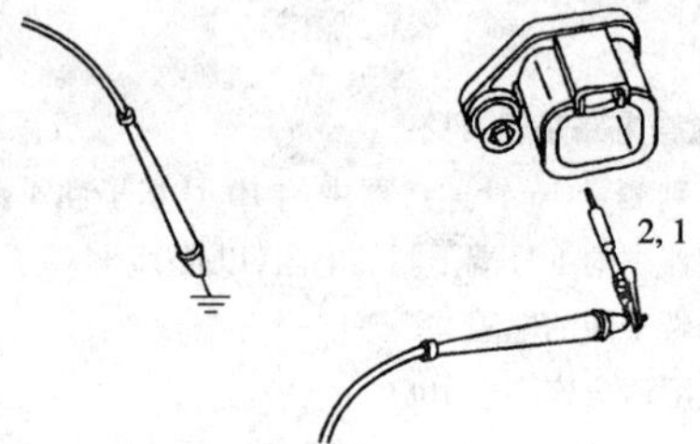
➢ 检查喷油器电磁线圈电阻： ■ 测量2号喷油器两个线圈端子间的电阻。 ■ 电阻应小于0.5Ω	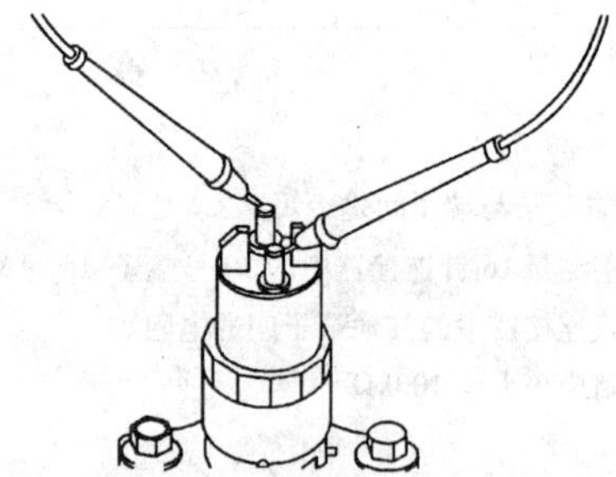
13. 检查燃油泵输出压力，必要时给予修复或更换 ➢ 通过INSITE检测燃油泵的输出压力是否在正常范围内	
14. 检查扭转减振器是否有裂纹、松脱、缺失等故障，如果存在故障就更换扭转减振器	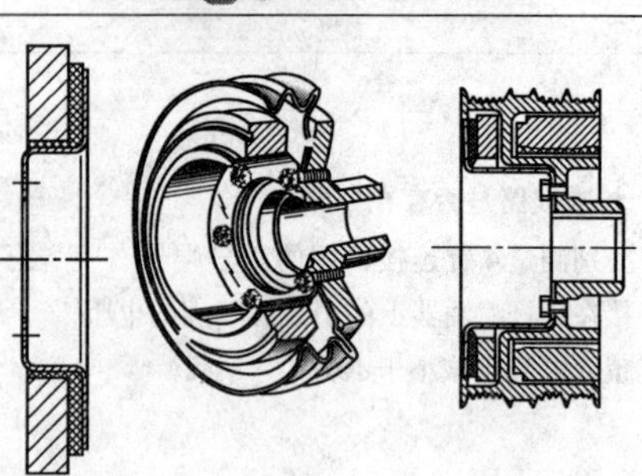

续上表

15. 检修机械故障并排除故障	

6 记录与分析(表6-4)

发动机运转不稳故障的检修作业记录单 表6-4

姓名		班级		学号		组别	
车型		发动机编号		作业单号		作业日期	

检修步骤	检修结果记录	是否正常
燃油箱中燃油油位是否较低		
检查故障码		
燃油滤清器是否堵塞		
J1939控制装置与发动机控制装置是否相互干扰		
加速踏板或油量控制操纵杆是否有故障		
是否燃油电子控制执行器故障		
是否燃油系统泄漏		
发动机转速传感器或电路是否发生故障		
燃油系统中是否有空气		
是否喷油器故障		
是否燃油泵故障		
是否曲轴扭转减振器故障		
是否发动机内部机械故障		
处理意见		
制订修复工艺		
维修记录		

项目3　发动机动力不足故障的检修

1 项目说明

以金龙大客车的康明斯 ISBe 故障发动机为任务实施对象，根据故障诊断排除故障树的检测排除流程进行检修；运用康明斯电控系统 INSITE 软件和故障诊断设备进行检修。

2 技术标准与要求

(1)每个学员独立完成此项目。

(2)技术标准：

按照康明斯 ISBe 发动机故障维修手册，以故障树为故障排查流程依据。检修完毕试机检验。

3 设备器材

(1)康明斯 INSITE 软件；

(2)康明斯数据适配器；

(3)笔记本电脑；

(4)气压表；

(5)油压表；

(6)万用表；

(7)拆装工具；

(8)手持式转速检测仪。

4 作业准备

(1)清洁发动机；

(2)清洁工具设备；

(3)准备作业单。

5 操作步骤

发动机动力不足故障检修操作步骤见表6-5。

发动机动力不足故障检修操作步骤　　表6-5

1. 试机，确认故障	

续上表

2. 检查燃油箱内油位是否太低	
3. 用数据线连接 INLINE 和 ECM 故障诊断接口;用数据线连接笔记本电脑和 INLINE	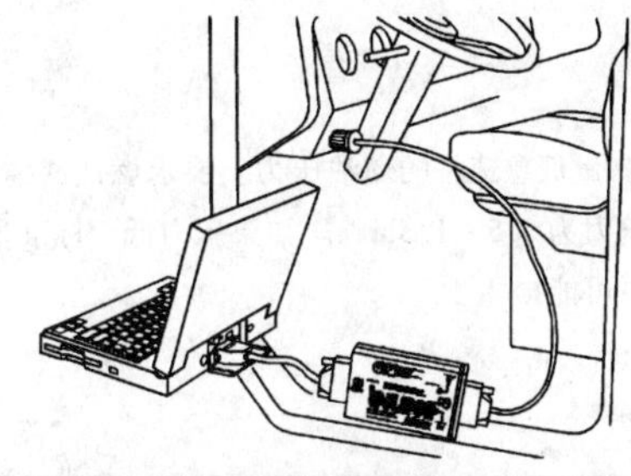
4. 读取故障码,并根据故障码的故障诊断树进行检修	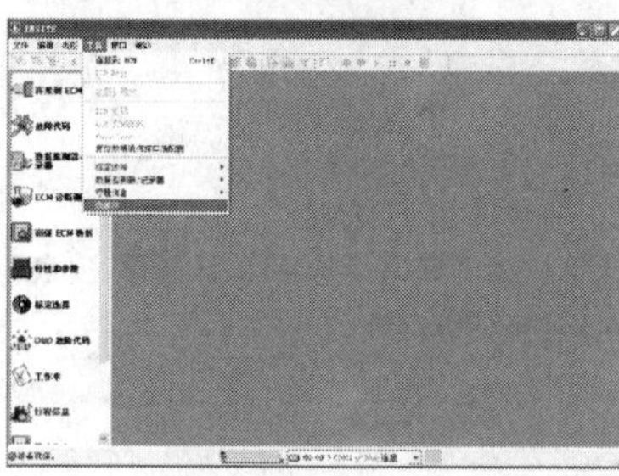
5. 测量燃油滤清器前后的燃油压力	
➢　拆下输油泵到燃油滤清器进口的低压燃油管	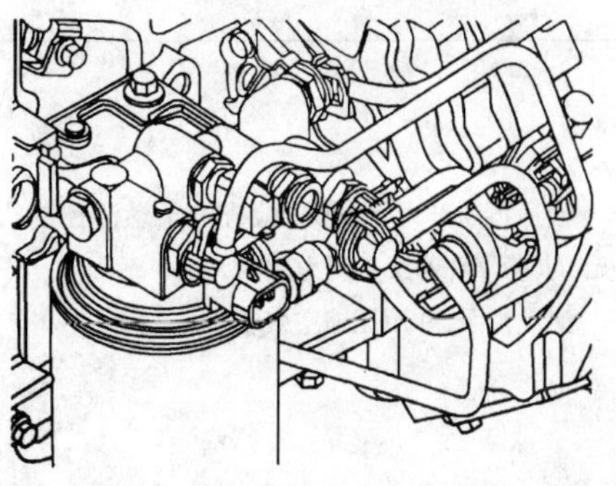

续上表

➢ 将燃油压力表连接到燃油滤清器座，重新安装低压燃油管	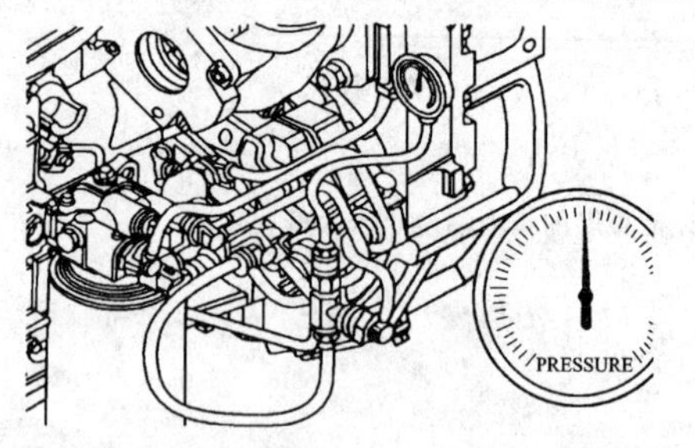
➢ 测量低怠速下的燃油压力。要求燃油滤清器进口处的压力为0.5～1.3MPa。如果压力低于标准值，说明输油泵可能损坏	
➢ 从燃油滤清器出口拆下低压油管，安装燃油压力表重新连接低压燃油管	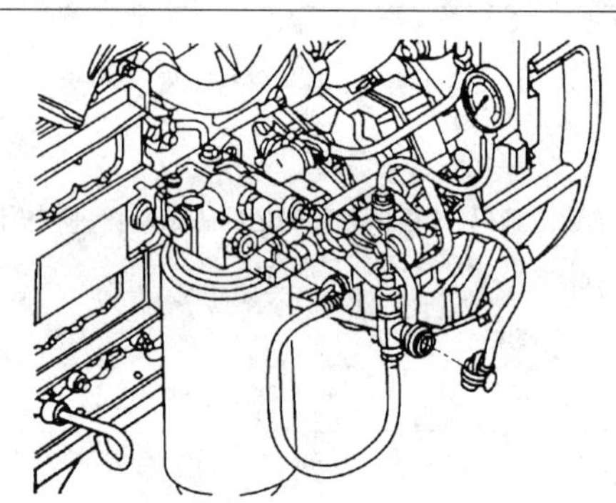
6. 检查燃油电子控制执行器，必要时给予更换	
➢ 接通再断开电源开关，检查电子燃油控制执行器有无“咔嗒”声，若没有则为故障。 ➢ 清洗油泵，并用压缩空气吹干	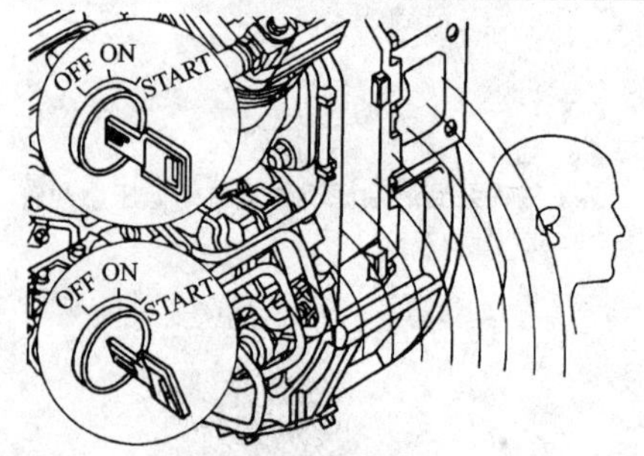

续上表

➢ 拆下燃油泵的低压油管。 ➢ 拆下螺栓和燃油控制执行器	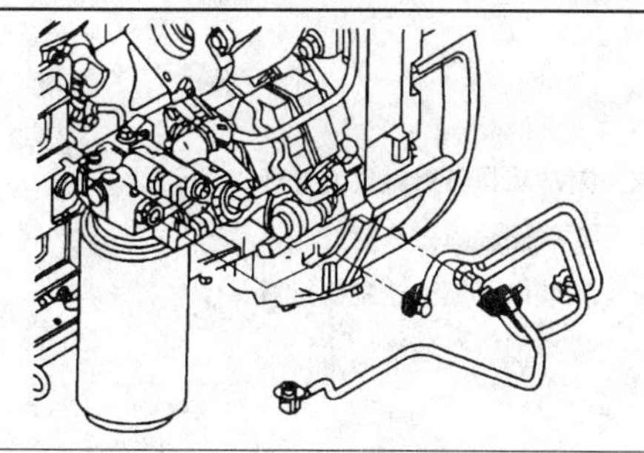
➢ 测量燃油压力控制阀电磁线圈电阻，即测量1号、2号端子间电阻值。 ■ 正常值应为1～2.2Ω	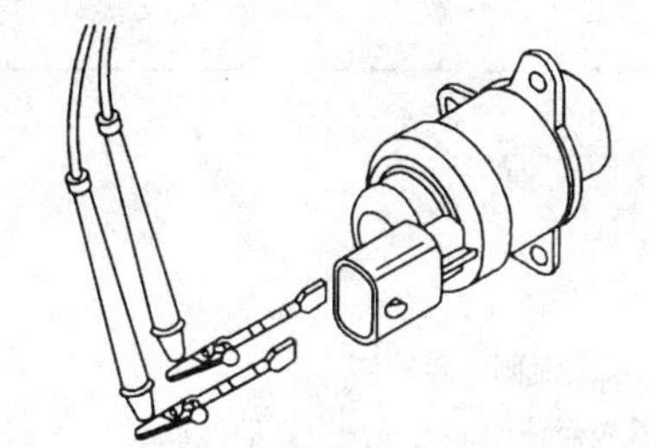
➢ 检查线路是否开路： ■ 分别测量36针连接器中的5号端子和执行器连接头的2号端子；36针连接器的7号端子和执行器连接头的1号端子间电阻。 ■ 电阻小于10Ω为正常	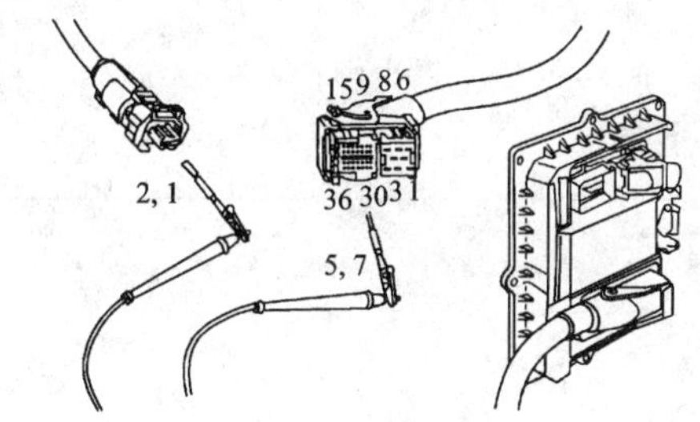
➢ 检查36针连接器中的端子线路是否短路： ■ 分别测量36针连接器中的5号端子及7号端子和36针连接器的其他端子间电阻。 ■ 电阻大于100kΩ为正常	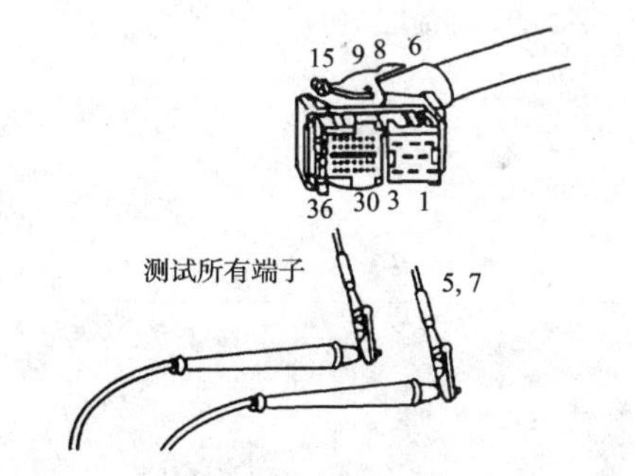
➢ 检查36针连接器中5号和7号端子线路是否搭铁： ■ 分别测量36针连接器中的5号端子和7号端子和机体间的电阻。 ■ 电阻大于100kΩ为正常	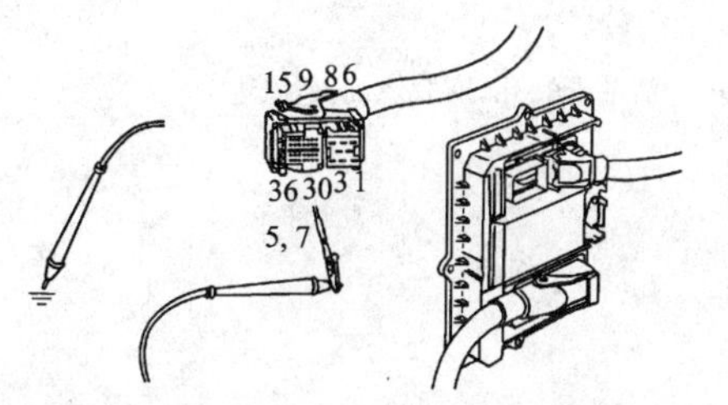

续上表

➢ 对故障执行器做更换处理。 ➢ 对线路故障做修复处理。 ➢ 安装电子燃油控制执行器。 ➢ 安装低压燃油管	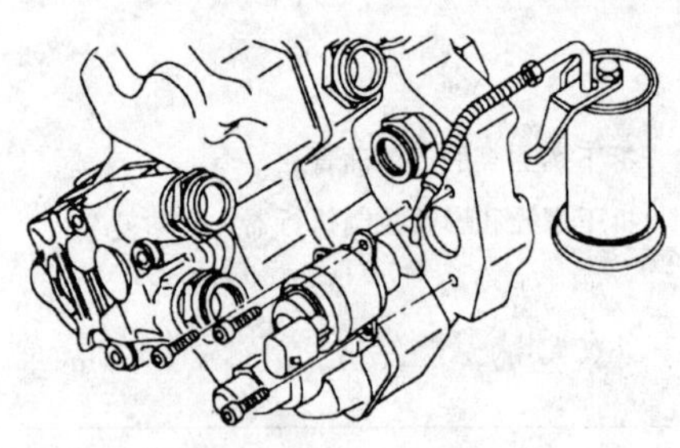
7. 燃油泵溢流阀故障检修 ➢ 检查燃油回油溢流阀有无泄漏或损坏	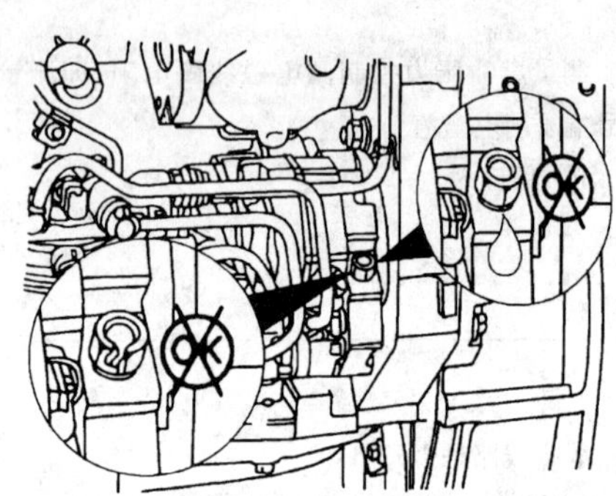
➢ 拆卸燃油回油溢流阀	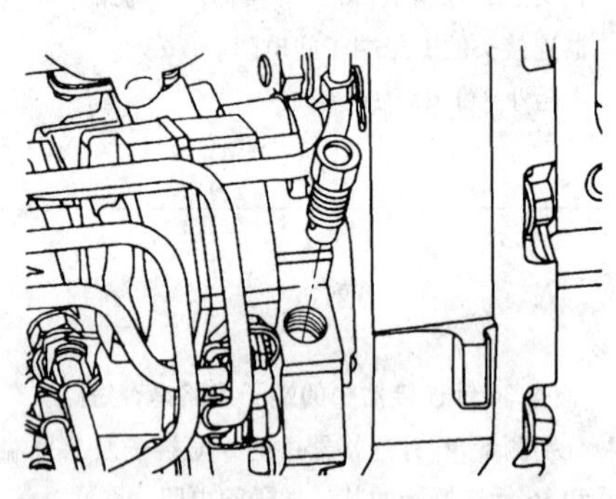
➢ 清洁安装孔，安装燃油溢流阀	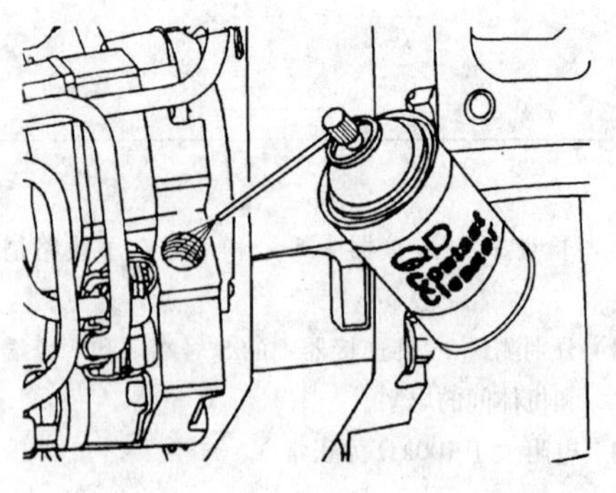

续上表

8. 燃油压力减压阀故障 ➢ 检查燃油压力减压阀有无泄漏或损坏	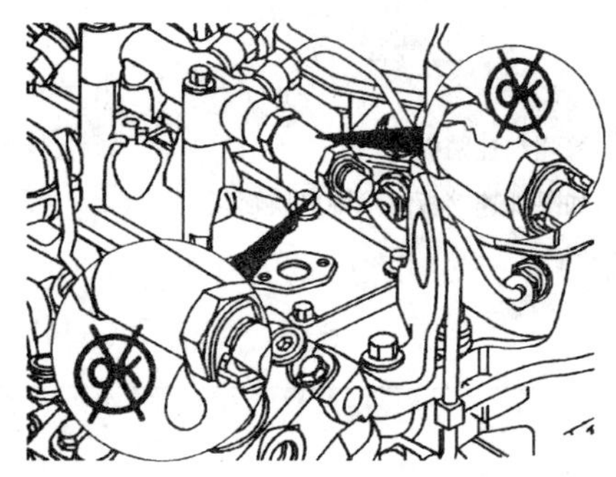
➢ 拆卸下压力减压阀燃油管。 ➢ 放掉压力减压阀中的燃油	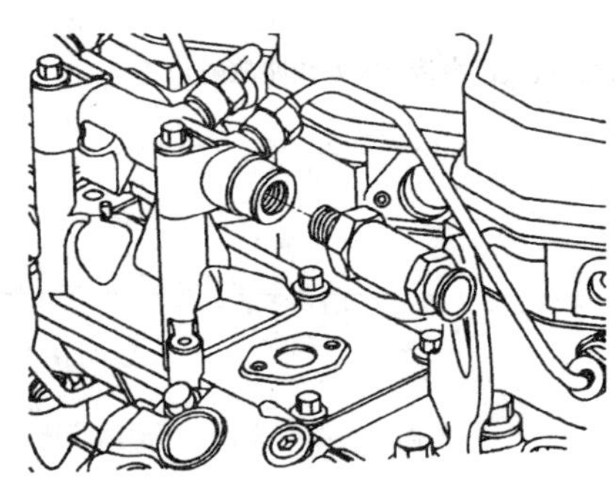
➢ 安装压力减压阀，拧紧力矩为 60N · m。 ➢ 连接压力减压阀的燃油管。 ➢ 起动发动机检查燃油压力减压阀和燃油管有无泄漏	
9. 加速踏板或油量，操纵杆故障 ➢ 运用 INSITE 软件检查加速踏板的百分比读数与实际是否一致。 ➢ 如果不一致则检测加速踏板传感器是否正常	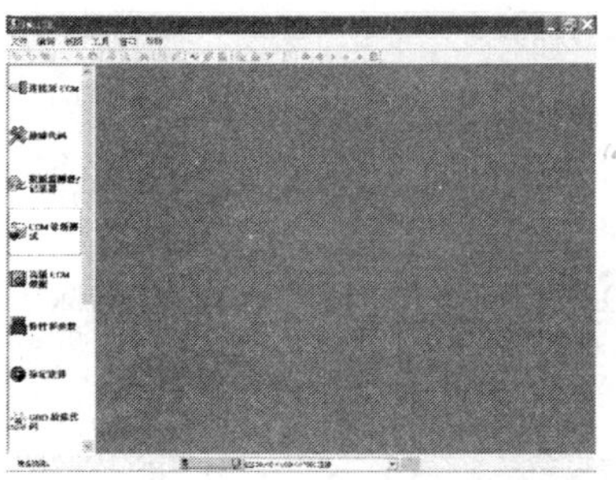

续上表

➢ 检测加速踏板。 ➢ 如果加速踏板故障则更换踏板	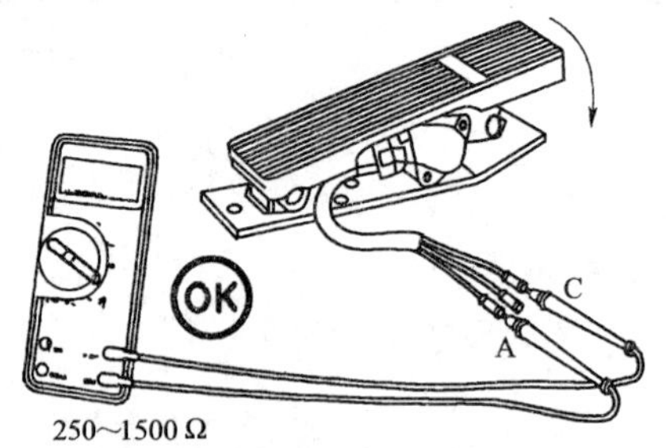
10. 检查进气压力传感器及线路故障	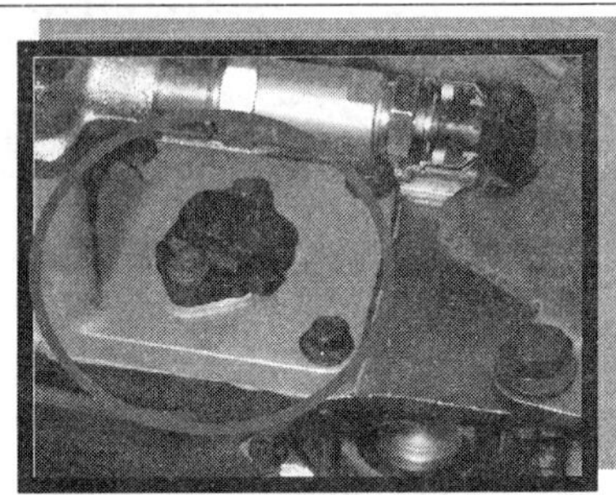
➢ 拆下进气歧管压力传感器连接器	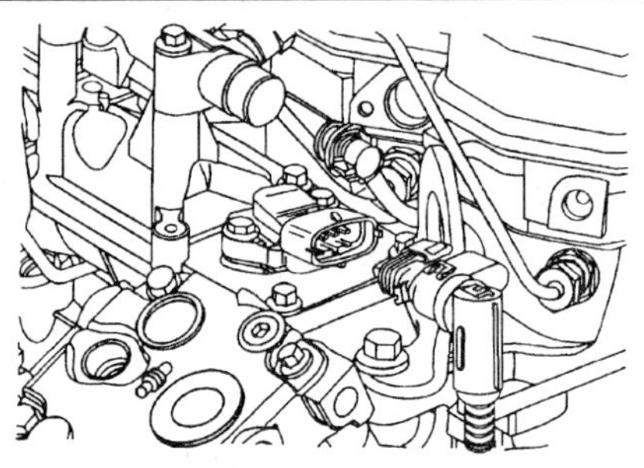
➢ 从发动机上拆下传感器。 ➢ 检查发动机线束连接器有无损坏。 ➢ 检查进气歧管压力传感器有无损坏	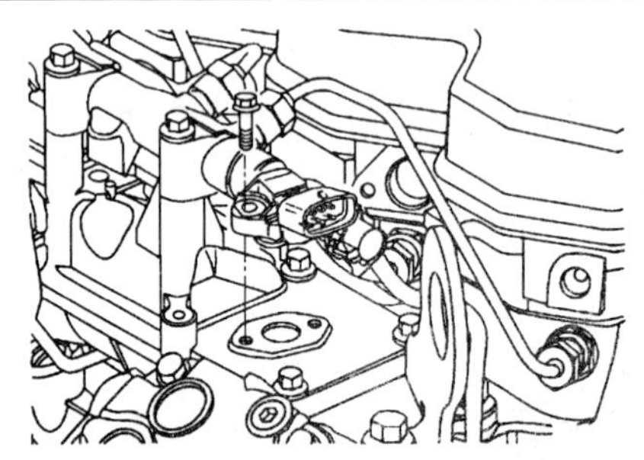
11. 检查燃油系统中有无空气，如果有则排除空气	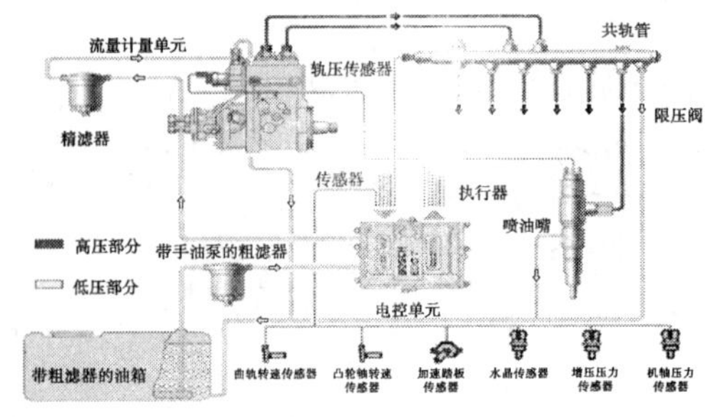

续上表

12. 检查喷油器(以六缸喷油器为例)	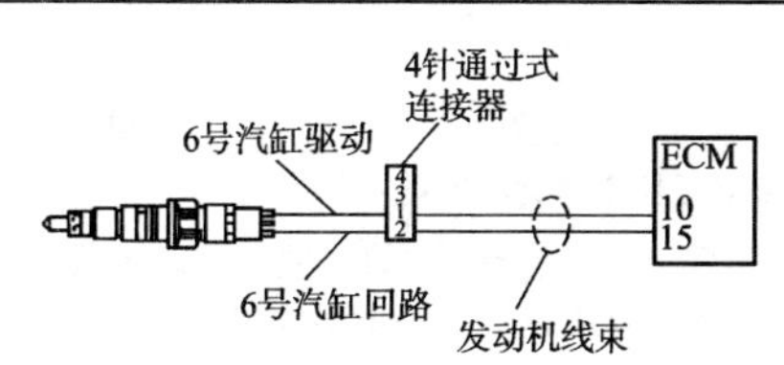
➢ 检查喷油器电路电阻: ■ 测量喷油器连接器中的1号与2号端子间的电阻。 ■ 电阻标准值应小于0.5Ω。 ■ 否则为喷油器电磁阀线圈故障,建议更换	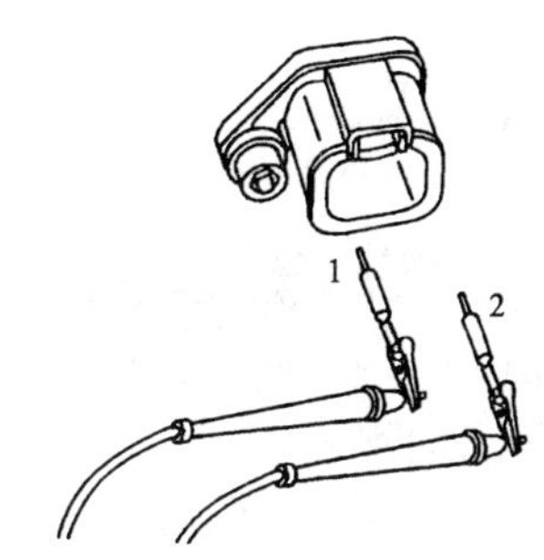
➢ 检查电路是否开路: ■ 分别测量16针连接器中的10号端子和4针连接器中的1号端子间的电阻,以及15号端子与2号端子间的电阻。 ■ 电阻值应该小于10Ω	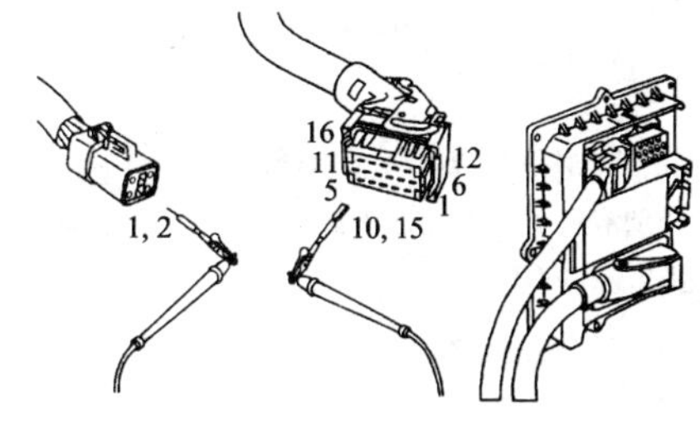
➢ 检查端子与端子间是否短路: ■ 分别测量16针连接器中的10号端子、15号端子与该连接器中的其他端子间的电阻。 ■ 电阻应该大于100kΩ	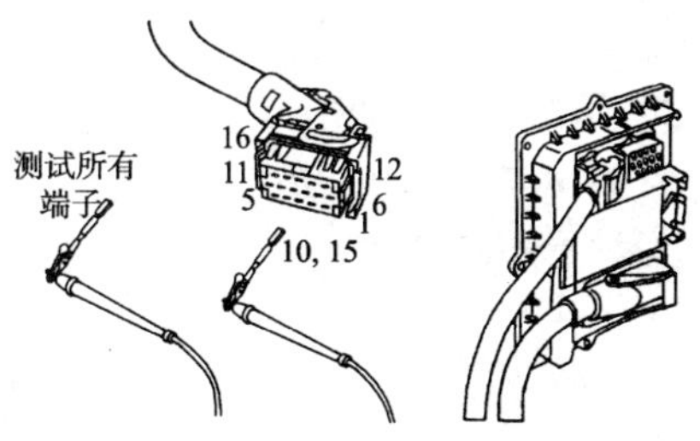
➢ 检查线路是否短路搭铁: ■ 分别测量16针连接器中的10号端子、15号端子与发动机机体间的电阻。 ■ 正常电阻应大于100kΩ	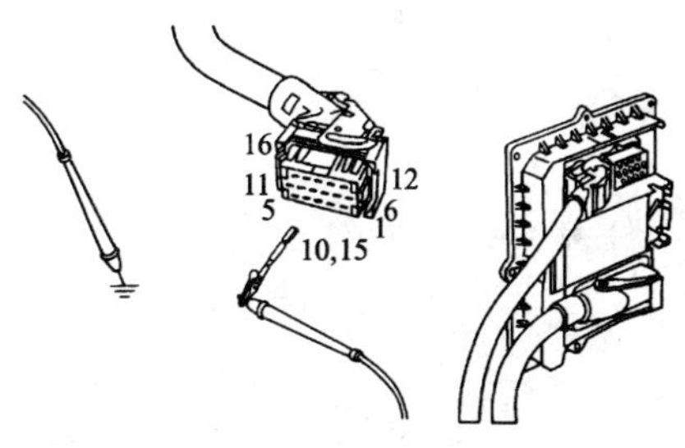

续上表

➢ 检查线路是否存在开路： ■ 分别测量4针连接器中的2号端子、1号端子与接在2号喷油器上的引线螺母间的电阻。 ■ 正常电阻应该小于10Ω	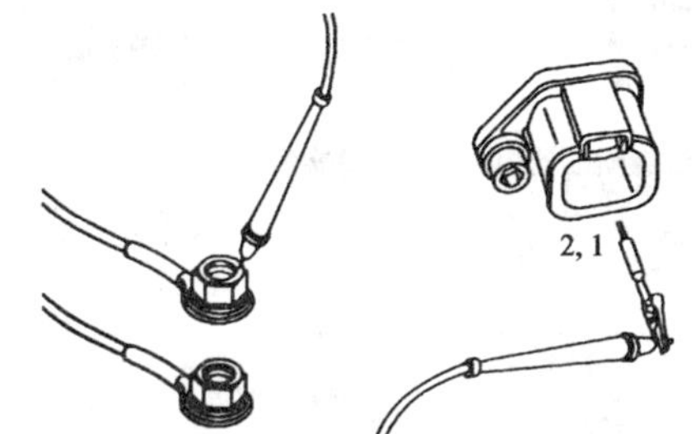
➢ 检查4针连接器中端子与端子间是否短路： ■ 分别测量4针连接器中的2号端子、1号端子与该连接器中的其他端子间的电阻。 ■ 电阻应大于100kΩ	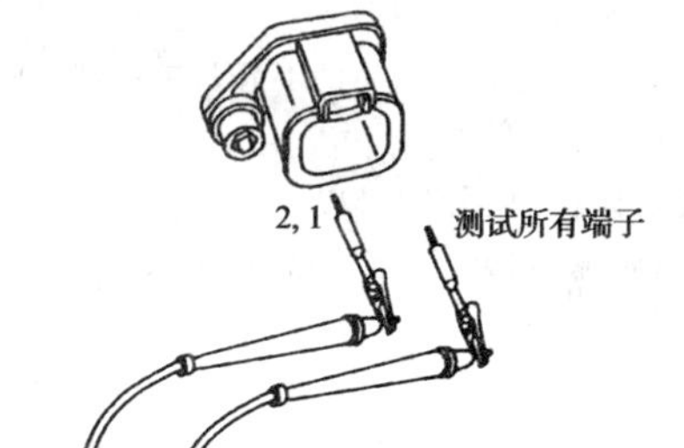
➢ 检查4针连接器是否短路搭铁： ■ 分别测量4针连接器中的2号端子、1号端子与机体间的电阻。 ■ 电阻应大于100kΩ	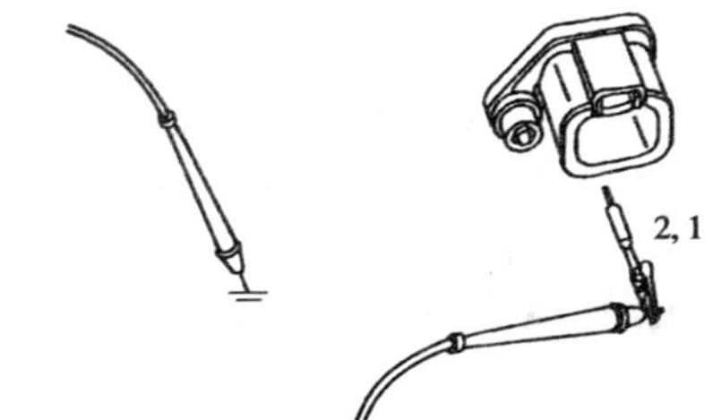
➢ 检查喷油器电磁线圈电阻： ■ 测量2号喷油器两个线圈端子间的电阻 ■ 电阻应小于0.5Ω	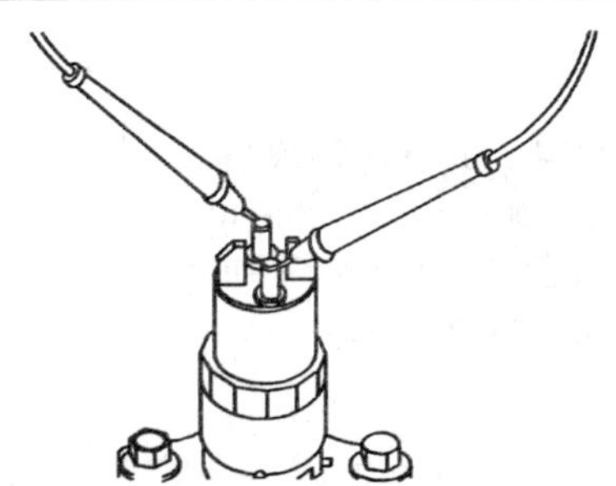
13. 检查进排气系统是否有堵塞	

续上表

➢ 安装压力表到进气管	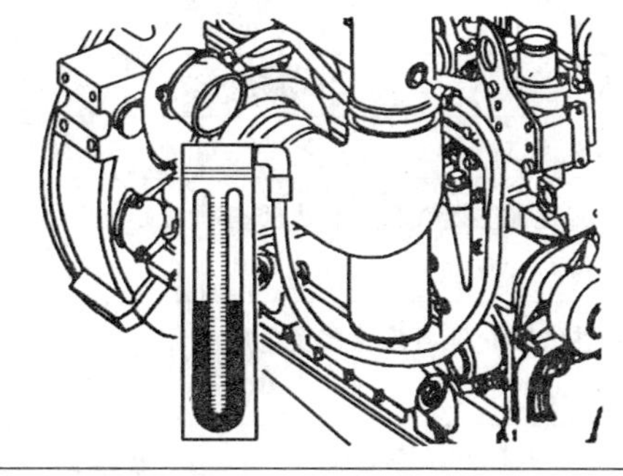
➢ 以最大油量,大负荷运转发动机,在额定转速下记录压力表的读数。 ➢ 规定最大进气阻力为635mmH_2O,如果进气阻力超过标准规范,更换或清洁空气滤清器	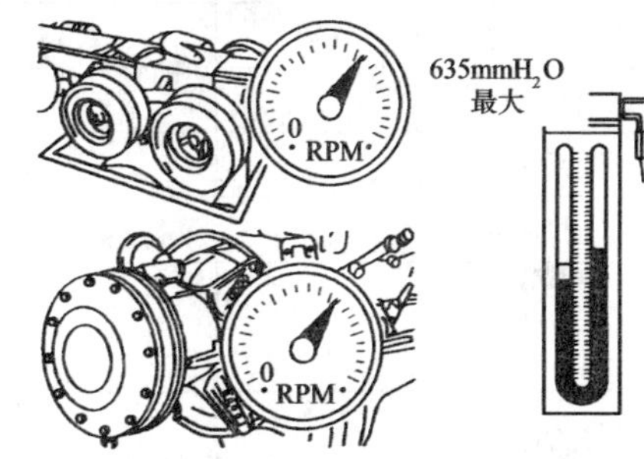
14. 检修机械故障并排除故障	

6 记录与分析(表6-6)

发动机动力不足故障的检修作业记录单　　表6-6

姓名		班级		学号		组别	
车型		发动机编号		作业单号		作业日期	

检修步骤	检修结果记录	是否正常
燃油箱中燃油油位是否较低		
检查故障码		
燃油滤清器是否堵塞		
燃油系统是否泄漏		
是否燃油电子控制执行器故障		
是否燃油泵溢流阀故障		
是否燃油压力减压阀故障		

续上表

姓名		班级		学号		组别	
车型		发动机编号		作业单号		作业日期	
检修步骤		检修结果记录			是否正常		
是否加速踏板或油量操纵杆有故障							
是否进气歧管压力传感器及电路故障							
是否燃油系统中有空气							
是否喷油器故障							
是否燃油泵故障							
是否进气系统故障							
是否发动机内部机械故障							
处理意见							
制订修复工艺							
维修记录							

项目4　发动机排放不正常故障的检修

1　项目说明

以金龙大客车的康明斯 ISBe 故障发动机为任务实施对象,根据故障诊断排除故障树的检测排除流程进行检修;运用康明斯电控系统 INSITE 软件和故障诊断设备进行检修。

2　技术标准与要求

(1)每个学员独立完成此项目。

(2)技术标准:

按照康明斯 ISBe 发动机故障维修手册,以故障树为故障排查流程依据。检修完毕试机检验。

3　设备器材

(1)康明斯 INSITE 软件;

(2)康明斯数据适配器;

(3)笔记本电脑;

(4)气压表;

(5)油压表;
(6)万用表;
(7)拆装工具;
(8)手持式转速检测仪。

4 作业准备

(1)清洁发动机;
(2)清洁工具设备;
(3)准备作业单。

5 操作步骤

发动机排放不正常故障检修操作步骤见表6-7。

发动机排放不正常故障检修操作步骤 表6-7

1. 试机,确认故障	
2. 用数据线连接INLINE和ECM故障诊断接口;用数据线连接笔记本电脑和INLINE	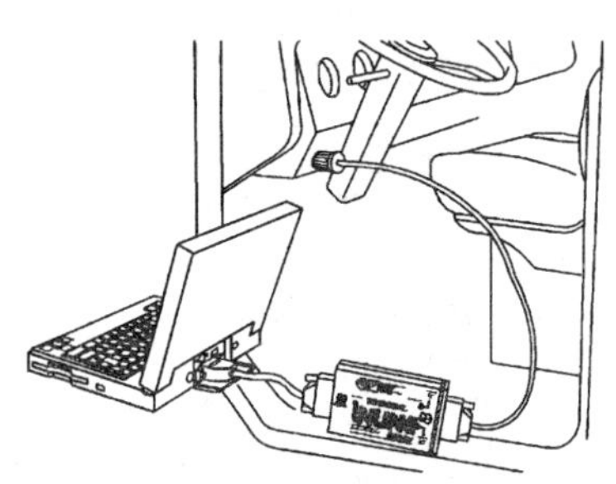
3. 读取故障码,并根据故障码的故障诊断树进行检修	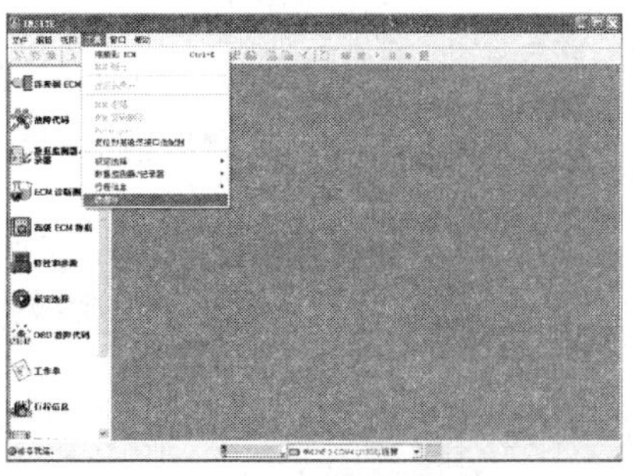

续上表

4. 检查进气压力传感器及线路	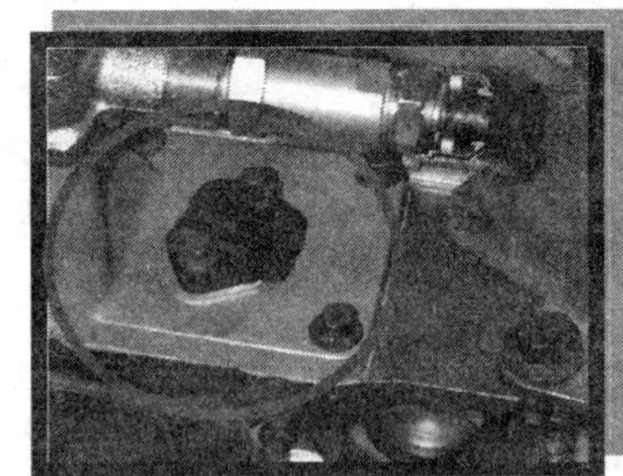
➢ 拆下进气歧管压力传感器连接器	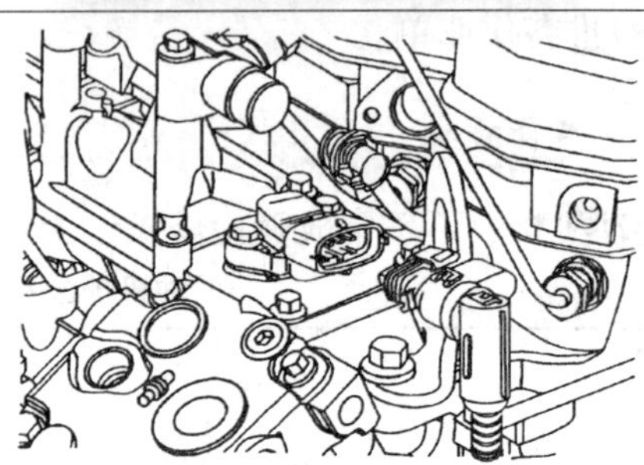
➢ 从发动机上拆下传感器。 ➢ 检查发动机线束连接器有无损坏。 ➢ 检查进气歧管压力传感器有无损坏	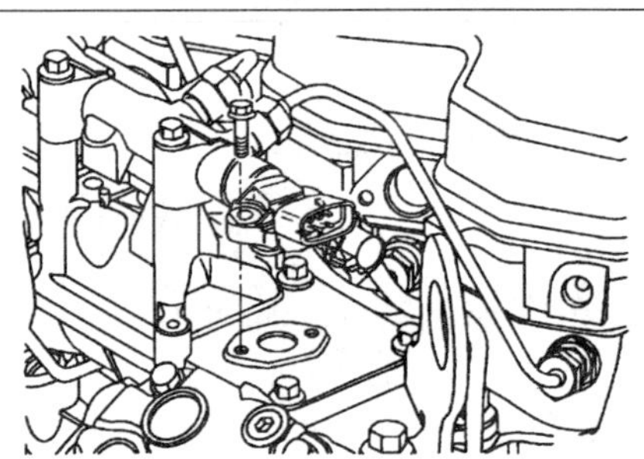
5. 测量燃油滤清器前后的燃油压力	
➢ 拆下输油泵到燃油滤清器进口的低压燃油管	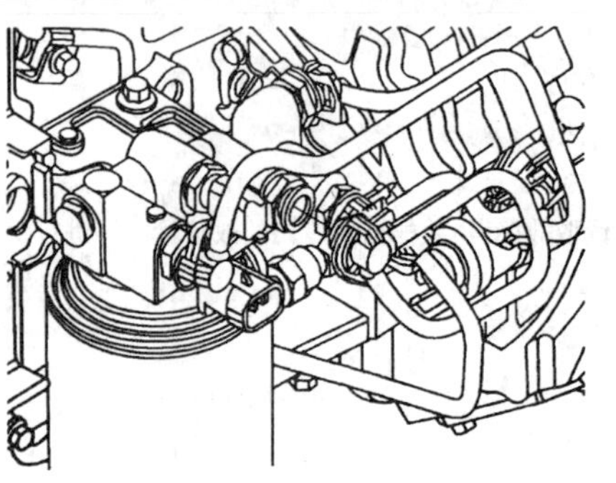

续上表

➢ 将燃油压力表连接到燃油滤清器座,重新安装低压燃油管	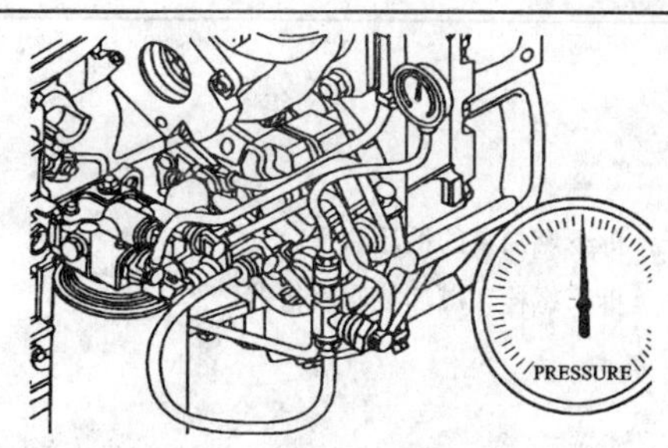
➢ 测量低怠速下的燃油压力。要求燃油滤清器进口处的压力为0.5~1.3MPa。如果压力低于标准值,说明输油泵可能损坏	
➢ 从燃油滤清器出口拆下低压油管,安装燃油压力表重新连接低压燃油管	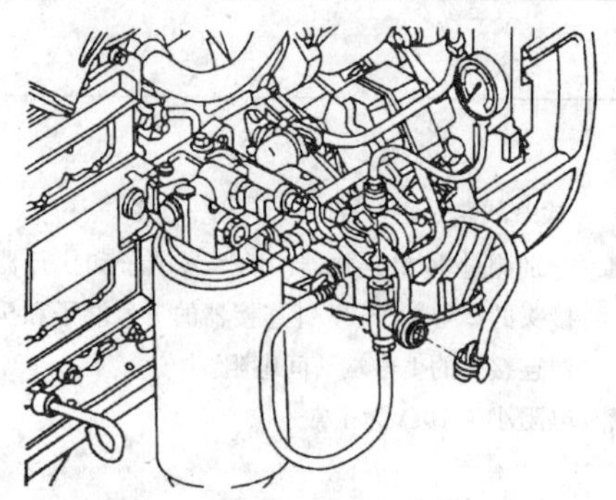
6. 检查燃油电子控制执行器,必要时给予更换	
➢ 接通再断开电源开关,检查电子燃油控制执行器有无“咔嗒”声,若没有则为故障。 ➢ 清洗油泵,并用压缩空气吹干	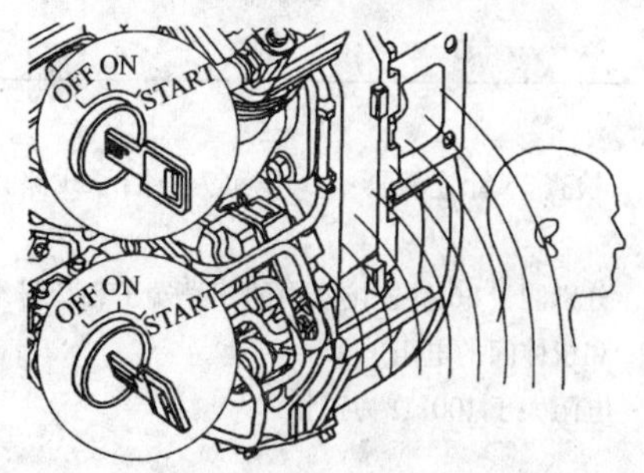

续上表

<table>
<tr><td>➢ 拆下燃油泵的低压油管。
➢ 拆下螺栓和燃油控制执行器</td><td>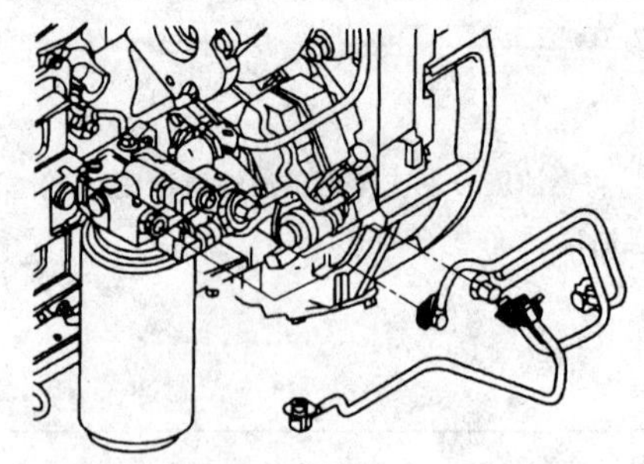</td></tr>
<tr><td>➢ 测量燃油压力控制阀电磁线圈电阻，即测量1号、2号端子间电阻值。
■ 正常值应为1～2.2Ω</td><td>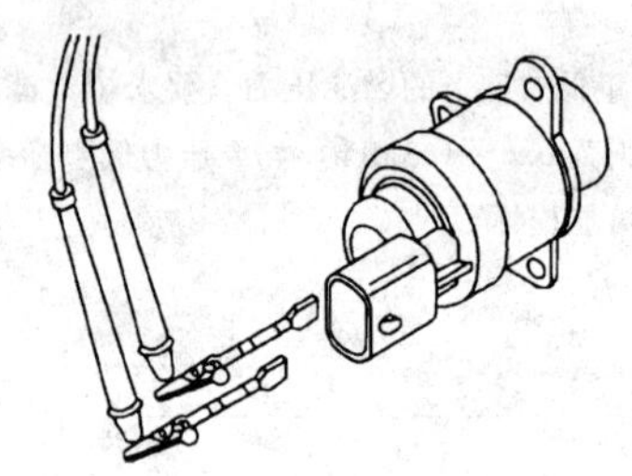</td></tr>
<tr><td>➢ 检查线路是否开路：
■ 分别测量36针连接器中的5号端子和执行器连接头的2号端子；36针连接器的7号端子和执行器连接头的1号端子间电阻。
■ 电阻小于10Ω为正常</td><td>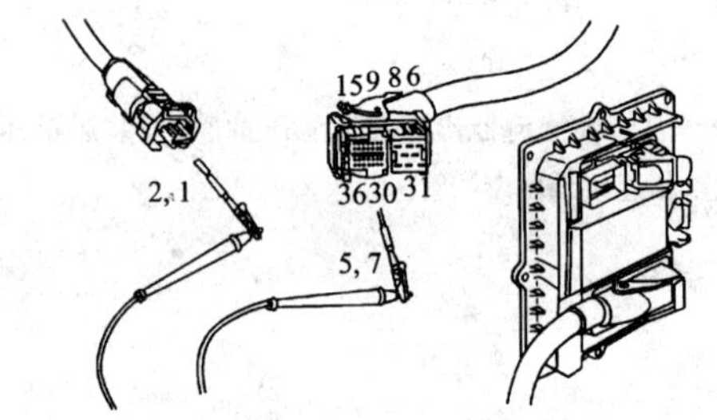</td></tr>
<tr><td>➢ 检查36针连接器中的端子线路是否短路：
■ 分别测量36针连接器中的5号端子及7号端子和36针连接器的其他端子间电阻。
■ 电阻大于100kΩ为正常</td><td>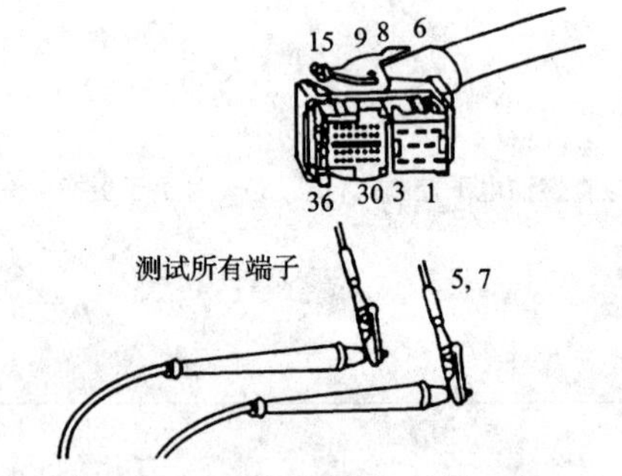</td></tr>
<tr><td>➢ 检查36针连接器中5号和7号端子线路是否搭铁：
■ 分别测量36针连接器中的5号端子和7号端子和机体间的电阻。
■ 电阻大于100kΩ为正常</td><td>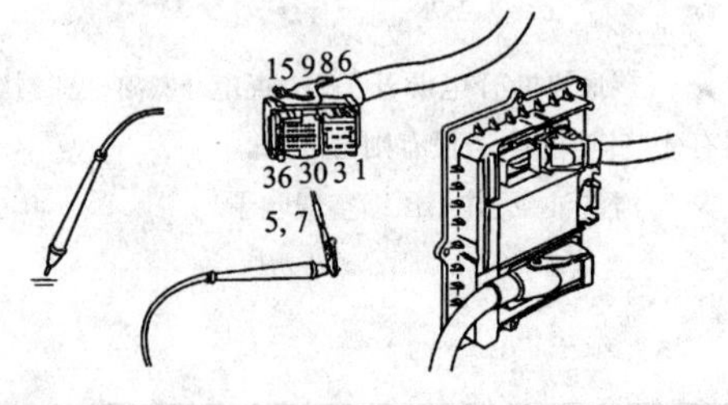</td></tr>
</table>

续上表

<table>
<tr><td>

➢ 对故障执行器做更换处理。
➢ 对线路故障做修复处理。
➢ 安装电子燃油控制执行器。
➢ 安装低压燃油管

</td><td>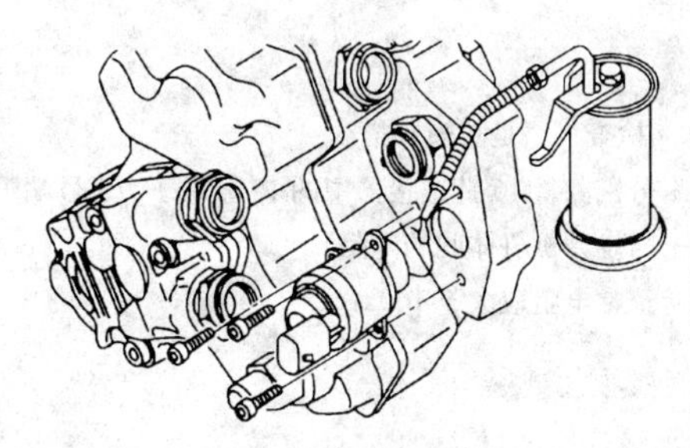</td></tr>
<tr><td>7. 检查喷油器(以六缸喷油器为例)</td><td>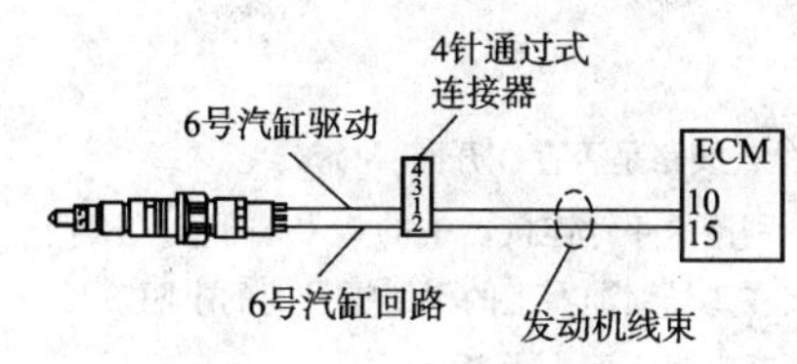
</td></tr>
<tr><td>

➢ 检查喷油器电路电阻:
■ 测量喷油器连接器中的1号与2号端子间的电阻。
■ 电阻标准值应小于0.5Ω。
■ 否则为喷油器电磁阀线圈故障,建议更换

</td><td>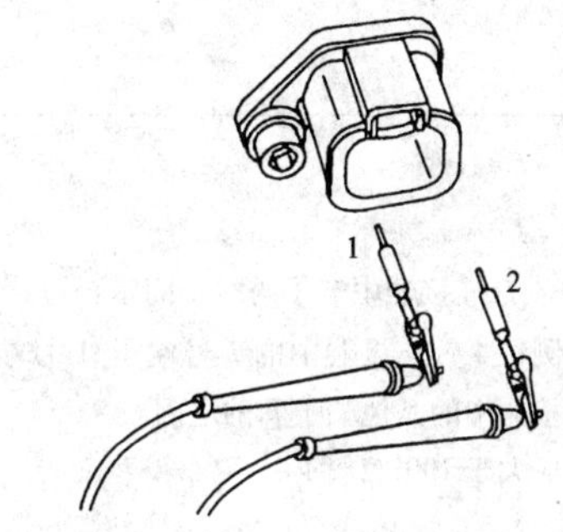
</td></tr>
<tr><td>

➢ 检查电路是否开路:
■ 分别测量16针连接器中的10号端子和4针连接器中的1号端子间的电阻,以及15号端子与2号端子间的电阻。
■ 电阻值应该小于10Ω

</td><td>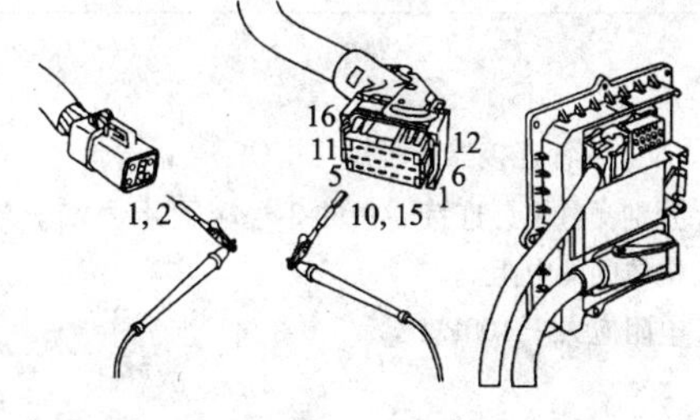
</td></tr>
<tr><td>

➢ 检查端子与端子间是否短路:
■ 分别测量16针连接器中的10号端子、15号端子与该连接器中的其他端子间的电阻。
■ 电阻应该大于100kΩ

</td><td>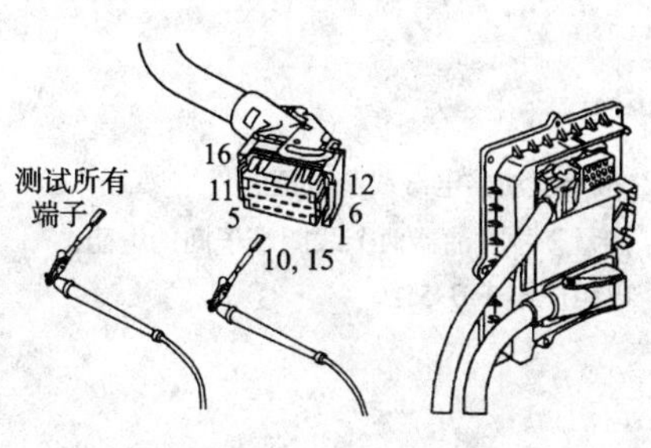
</td></tr>
</table>

续上表

➢ 检查线路是否短路搭铁： ■ 分别测量16针连接器中的10号端子、15号端子与发动机机体间的电阻。 ■ 正常电阻应大于100kΩ	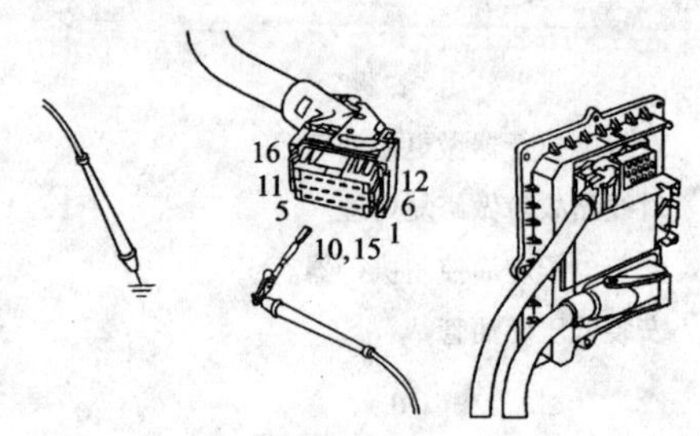
➢ 检查线路是否存在开路： ■ 分别测量4针连接器中的2号端子、1号端子与接在2号喷油器上的引线螺母间的电阻。 ■ 正常电阻应该小于10Ω	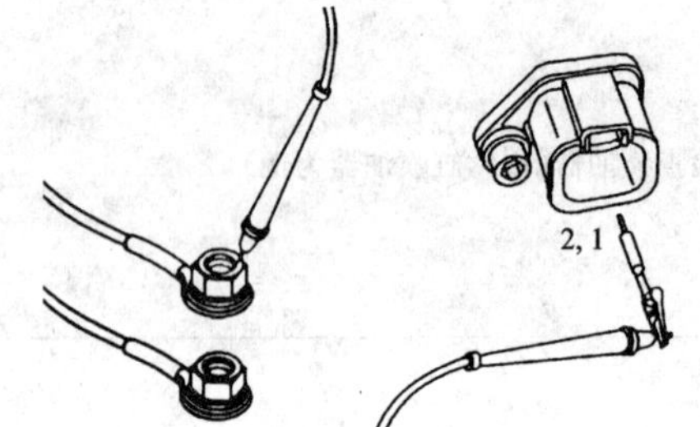
➢ 检查4针连接器中端子与端子间是否短路： ■ 分别测量4针连接器中的2号端子、1号端子与该连接器中的其他端子间的电阻。 ■ 电阻应大于100kΩ	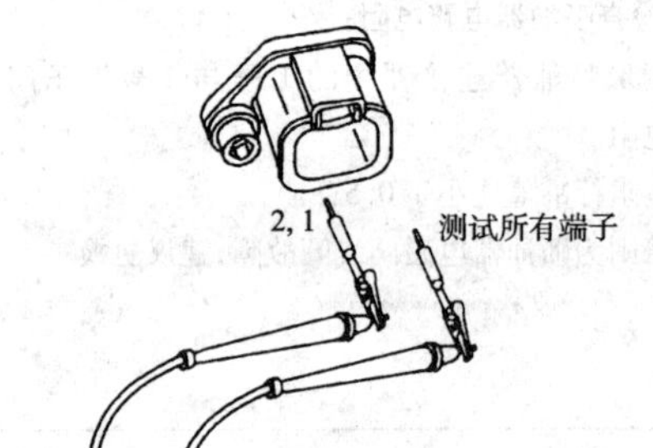
➢ 检查4针连接器是否短路搭铁： ■ 分别测量4针连接器中的2号端子、1号端子与机体间的电阻。 ■ 电阻应大于100kΩ	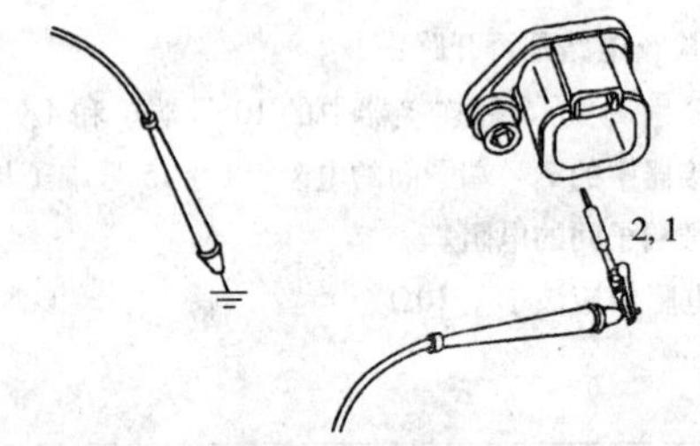
➢ 检查喷油器电磁线圈电阻： ■ 测量2号喷油器两个线圈端子间的电阻。 ■ 电阻应小于0.5Ω	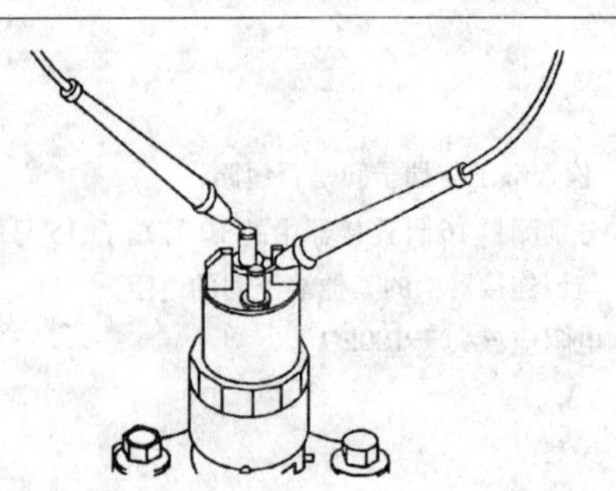

续上表

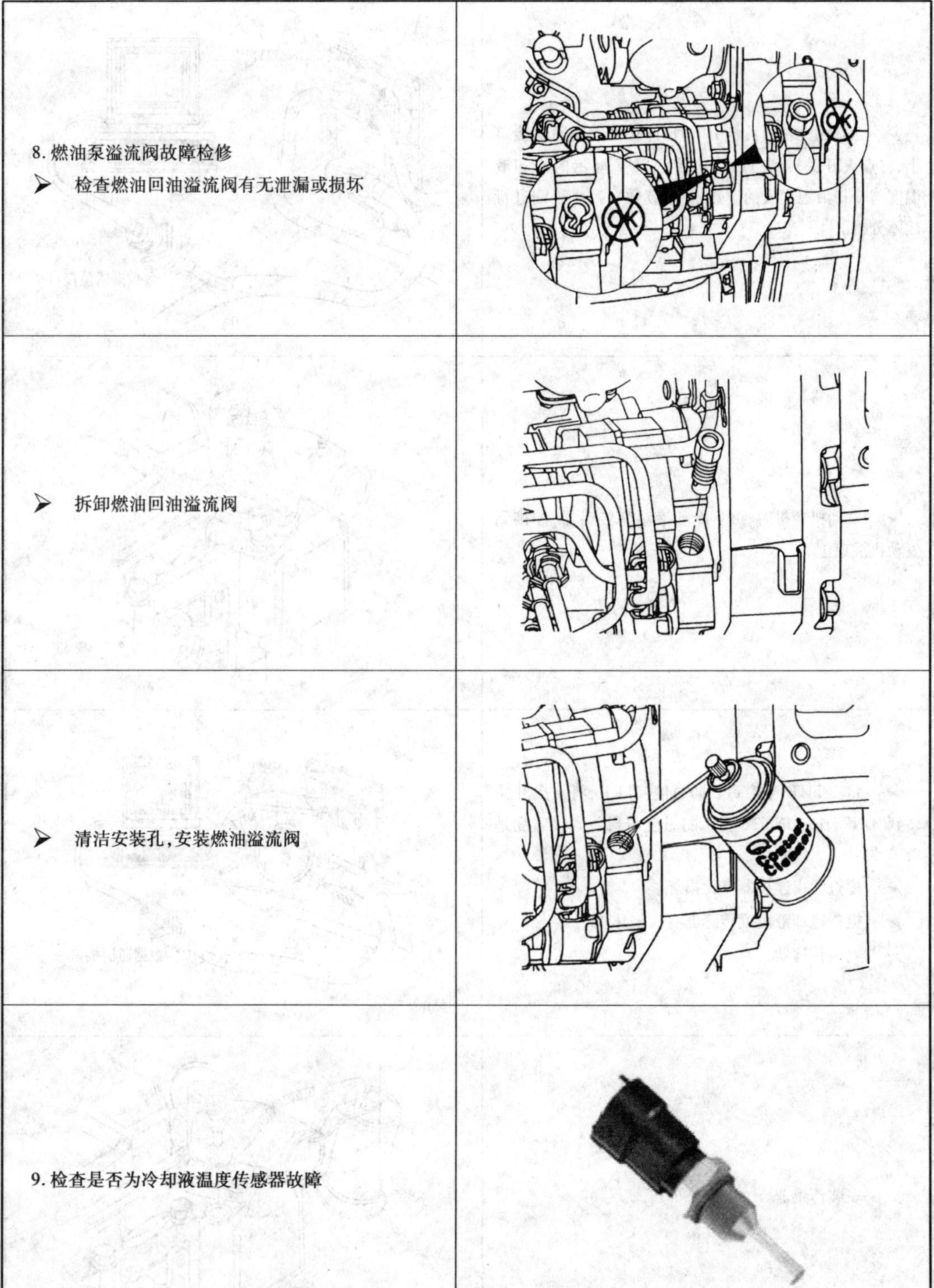

8. 燃油泵溢流阀故障检修 ➢ 检查燃油回油溢流阀有无泄漏或损坏	
➢ 拆卸燃油回油溢流阀	
➢ 清洁安装孔,安装燃油溢流阀	
9. 检查是否为冷却液温度传感器故障	

续上表

➢ 发动机预热后,将 INSITE 连接到数据通信接口上,将点火开关转到“ON”,比较 INSITE 显示的冷却液温度与冷却液温度表的读数,要求读数一致。否则进行故障分析	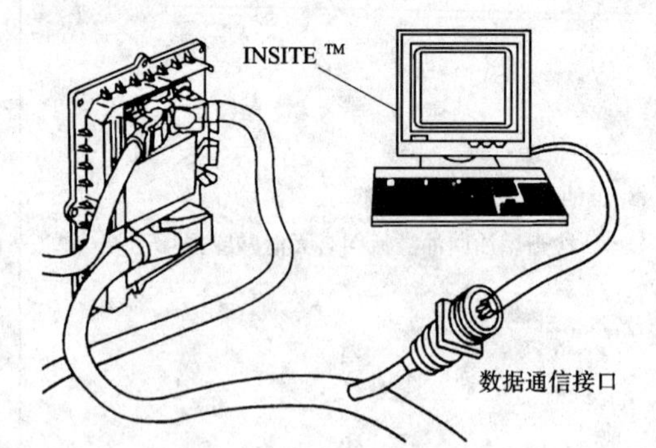
➢ 发动机冷机时,拆下冷却液温度传感器,连接到发动机线束上	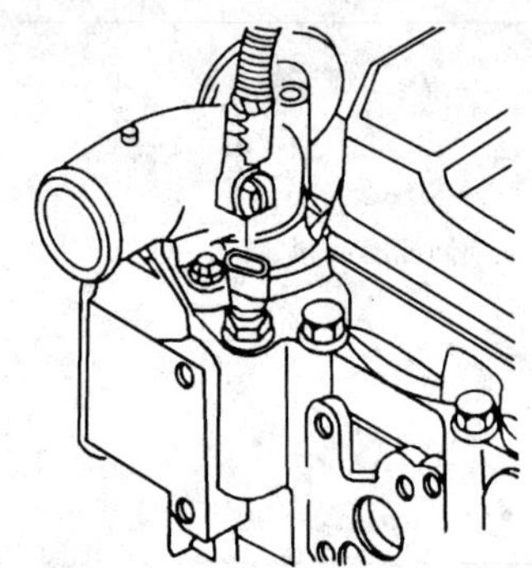
➢ 将 INSITE 连接到数据通信接口上,将点火开关转到“ON”,比较 INSITE 显示的温度与当前大气温度是否一致。 ➢ 检查线束连接器有无损坏。 ➢ 检查冷却液温度传感器有无损坏。 ➢ 更换传感器	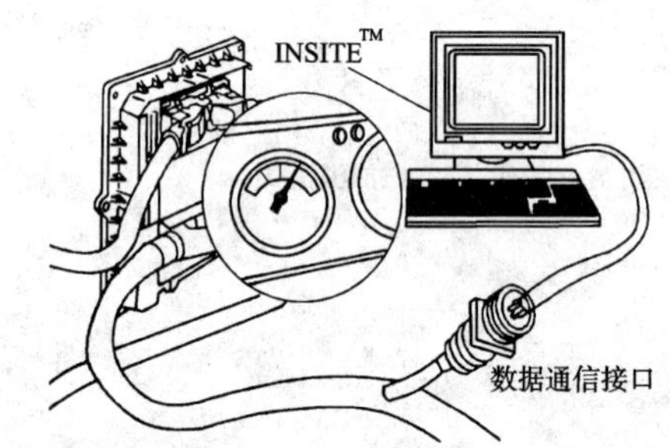
➢ 安装传感器	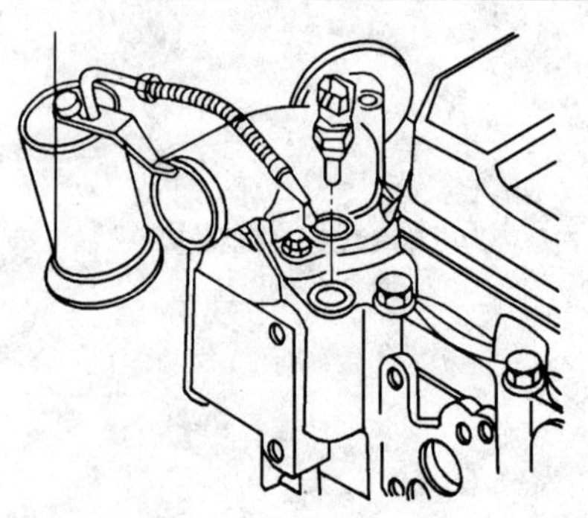

续上表

10. 检查燃油系统中有无空气,如果有则排除空气	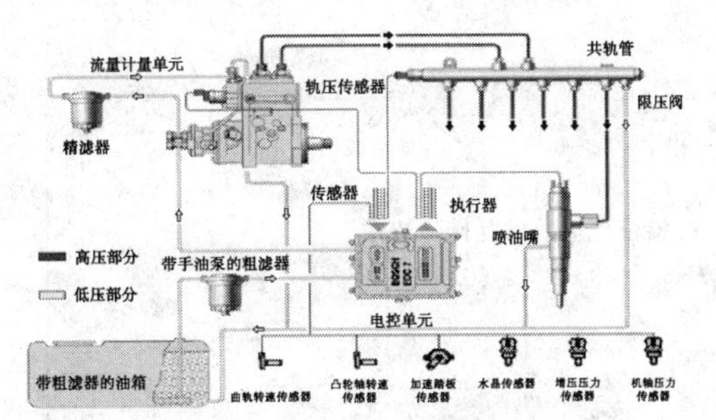
11. 检查进排气系统是否有堵塞,如果有则排除故障	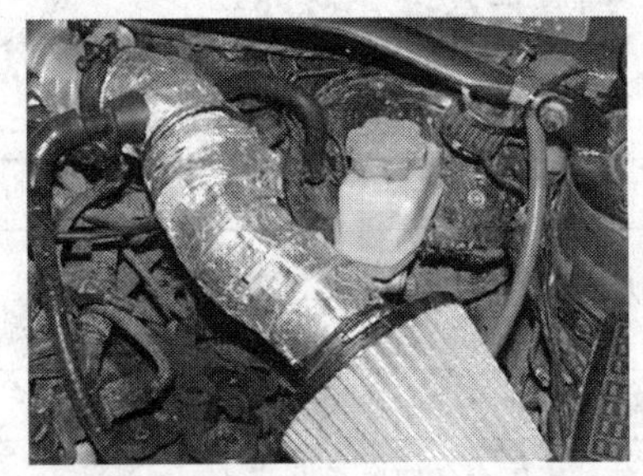
➢　安装压力表到进气管	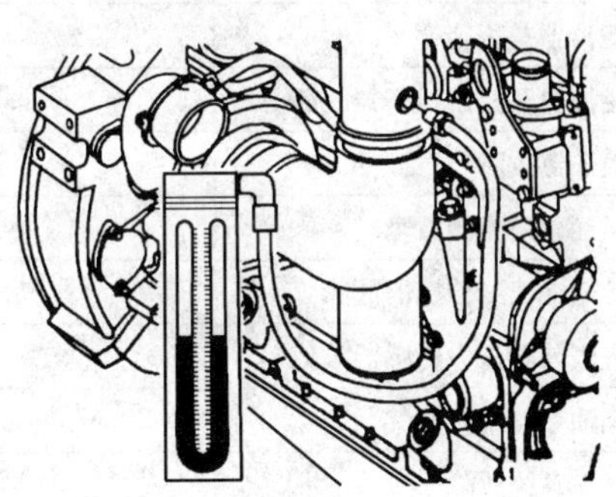
➢　以最大供油量,大负荷运转发动机,在额定转速下记录压力表的读数。 ➢　规定最大进气阻力为635mmH_2O,如果进气阻力超过标准规范,更换或清洁空气滤清器	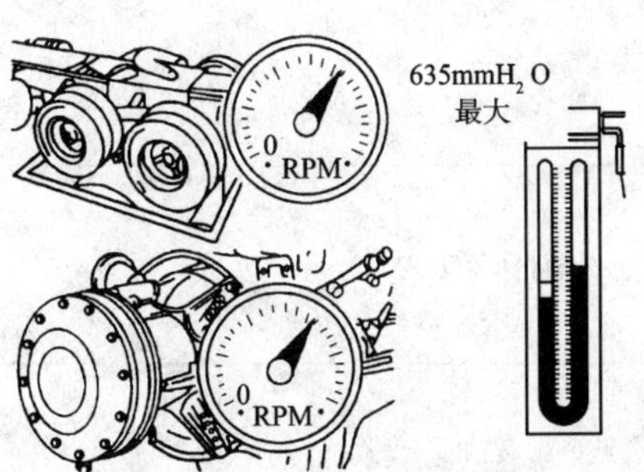

续上表

12. 检修机械故障并排除故障	

6 记录与分析(表6-8)

发动机排放不正常故障的检修作业记录单　　表6-8

姓名		班级		学号		组别	
车型		发动机编号		作业单号		作业日期	

检修步骤	检修结果记录	是否正常
检查故障码		
是否进气歧管压力传感器及电路故障		
燃油滤清器是否堵塞		
是否燃油电子控制执行器故障		
是否喷油器故障		
是否燃油泵溢流阀故障		
是否冷却液温度传感器故障		
是否进气歧管压力传感器故障		
是否燃油系统中有空气		
是否进气系统故障		
是否发动机内部机械故障		
处理意见		
制订修复工艺		
维修记录		

三、学 习 评 价

(一)理论考核

1. 分析题

(1)简述康明斯 ISBe 电控柴油机的结构特点。

(2)简述康明斯 ISBe 电控柴油机采用的高压共轨系统的工作原理。

(3)分析 ISBe 电控柴油机综合故障的诊断过程。

2. 判断题

(1)喷油器燃油连接管用于控制喷油的计量和正时。　(　　)

(2)中央布置喷油器的优点是提高了燃油经济性。　(　　)

(3)冷却液温度数据是使 ECM 确定何时使用进气加热器的主要输入数据。　(　　)

(4)维护指示灯点亮时表明进气加热器处于预热循环。　(　　)

(5)可调低怠速导致发动机在低温环境下以较高怠速运转 20s。　(　　)

(6)断电记忆存储特性允许巡航控制设定转速在发动机关闭后存储在 ECM 存储器中。

(　　)

(7)“PTO 最大车辆速度”的设定范围是 0 ~ 99mile/h。　(　　)

(8)能够同时与 J1939 和 J1587 数据通信接口通信是对多路通信的最佳定义。　(　　)

(9)有晶体结构的三针传感器是温度传感器。　(　　)

(10)J1939 数据通信接口末端的终端电阻器的标称阻值是 60Ω。　(　　)

3. 选择题

(1)以下哪个为断电记忆存储功能供电?

A. 备用蓄电池

B. 钥匙开关控制的电源

C. 主断路器

D. 无开关电源

(2)以下哪个不是用于发动机控制系统的组合式传感器?

A. 发动机机油压力传感器

B. 发动机机油和进气温度传感器

C. 进气温度传感器

D. 都不对

(3)ECM 工作时会出现温度过高的现象,从而导致 ECM 电子元件工作异常,以下哪项用于冷却 ECM?

A. 发动机冷却液

B. 进气道空气

C. 无需冷却

D. 输油管中的燃油

(4)以下哪个是送至电子燃油控制阀的信号?

A. 控制输送到喷油器的燃油

B. 控制燃油油轨压力

C. 限制输送到燃油油轨的燃油量

D. 限制输送到高压燃油泵腔的燃油量

(5)当电压或电流值达到什么值时会限制 ECM 驱动电路向继电器的供电?

A. 1A

B. 12V

C. 5V

D. 2A

(6)以下哪个同时定义了硬件和软件通信协议?

A. 所有答案都对

B. J1587

C. J1708

D. J1939

(7)发动机使用以下哪个燃油系统?

A. CAPS 燃油系统

B. Inline 分配器燃油系统

C. PT 燃油系统

D. 高压共轨燃油系统

(8)以下哪个部件不是低压供油回路的组成部分?

A. ECM 冷却器

B. 燃油滤清器

C. 水分离器和预滤清器

D. 喷油器燃油连接管

(9)以下哪个部件不是高压供油回路的组成部分?

A. 喷油器燃油连接管

B. 燃油油轨

C. 喷油器

D. 齿轮泵

(10)以下哪个是燃油油轨的功能?

A. 进入缸体前冷却燃油

B. 增加燃油喷射压力

C. 减少油缸压力

D. 防止压力波动

(二)技能考核

项目1　发动机起动困难故障的检修的评分表见表6-9。

发动机起动困难故障的检修项目评分表　　表6-9

<table>
<tr><td rowspan="2">基本信息</td><td>姓名</td><td></td><td>学号</td><td></td><td>班级</td><td colspan="2"></td><td>组别</td><td></td></tr>
<tr><td>规定时间</td><td></td><td>完成时间</td><td></td><td>考核日期</td><td colspan="2"></td><td>总评成绩</td><td></td></tr>
<tr><td rowspan="12">任务工单</td><td rowspan="2">序号</td><td colspan="4" rowspan="2">步　骤</td><td colspan="2">完成情况</td><td rowspan="2">标准分</td><td rowspan="2">评分</td></tr>
<tr><td>完成</td><td>未完成</td></tr>
<tr><td>1</td><td colspan="4">考核准备：
机件：
量具：
故障诊断设备及软件：</td><td></td><td></td><td>10</td><td></td></tr>
<tr><td>2</td><td colspan="4">清洁机件</td><td></td><td></td><td>5</td><td></td></tr>
<tr><td>3</td><td colspan="4">零件拆装</td><td></td><td></td><td>5</td><td></td></tr>
<tr><td>4</td><td colspan="4">量具使用</td><td></td><td></td><td>5</td><td></td></tr>
<tr><td>5</td><td colspan="4">故障诊断设备及软件使用</td><td></td><td></td><td>10</td><td></td></tr>
<tr><td>6</td><td colspan="4">传感器检测</td><td></td><td></td><td>5</td><td></td></tr>
<tr><td>7</td><td colspan="4">执行器检测</td><td></td><td></td><td>5</td><td></td></tr>
<tr><td>8</td><td colspan="4">故障诊断</td><td></td><td></td><td>10</td><td></td></tr>
<tr><td>9</td><td colspan="4">试机</td><td></td><td></td><td>5</td><td></td></tr>
<tr><td>10</td><td colspan="4">清洁及整理</td><td></td><td></td><td>5</td><td></td></tr>
<tr><td colspan="2">安全</td><td colspan="6"></td><td>5</td><td></td></tr>
<tr><td colspan="2">5S</td><td colspan="6"></td><td>5</td><td></td></tr>
<tr><td colspan="2">沟通表达</td><td colspan="6"></td><td>5</td><td></td></tr>
<tr><td colspan="2">工单填写</td><td colspan="6"></td><td>10</td><td></td></tr>
<tr><td colspan="2">工艺制订</td><td colspan="6"></td><td>10</td><td></td></tr>
</table>

项目2　发动机运转不稳故障的检修的评分表见表6-10。

发动机运转不稳故障项目评分表

表6-10

基本信息	姓名		学号		班级		组别	
	规定时间		完成时间		考核日期		总评成绩	
任务工单	序号	步　骤			完成情况		标准分	评分
					完成	未完成		
	1	考核准备： 机件： 量具： 故障诊断设备及软件：					10	
	2	清洁机件					5	
	3	零件拆装					5	
	4	量具使用					5	
	5	故障诊断设备及软件使用					10	
	6	传感器检测					5	
	7	执行器检测					5	
	8	故障诊断					10	
	9	试机					5	
	10	清洁及整理					5	
安全							5	
5S							5	
沟通表达							5	
工单填写							10	
工艺制订							10	

项目3　发动机动力不足故障的检修的评分表见表6-11。

发动机动力不足故障项目评分表

表6-11

基本信息	姓名		学号		班级		组别	
	规定时间		完成时间		考核日期		总评成绩	
任务工单	序号	步　骤			完成情况		标准分	评分
					完成	未完成		
	1	考核准备： 机件： 量具： 故障诊断设备及软件：					10	
	2	清洁机件					5	
	3	零件拆装					5	

续上表

基本信息	姓名		学号		班级			组别	
	规定时间		完成时间		考核日期			总评成绩	
任务工单	序号	步　骤			完成情况			标准分	评分
					完成		未完成		
	4	量具使用						5	
	5	故障诊断设备及软件使用						10	
	6	传感器检测						5	
	7	执行器检测						5	
	8	故障诊断						10	
	9	试机						5	
	10	清洁及整理						5	
安全								5	
5S								5	
沟通表达								5	
工单填写								10	
工艺制订								10	

项目4　发动机排放不正常故障的检修的评分表见表6-12。

发动机排放不正常故障项目评分表　　表6-12

基本信息	姓名		学号		班级			组别	
	规定时间		完成时间		考核日期			总评成绩	
任务工单	序号	步　骤			完成情况			标准分	评分
					完成		未完成		
	1	考核准备： 机件： 量具： 故障诊断设备及软件：						10	
	2	清洁机件						5	
	3	零件拆装						5	
	4	量具使用						5	
	5	故障诊断设备及软件使用						10	
	6	传感器检测						5	
	7	执行器检测						5	

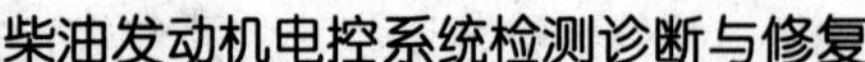

续上表

<table>
<tr><td rowspan="2">基本信息</td><td>姓名</td><td></td><td>学号</td><td></td><td>班级</td><td colspan="2"></td><td>组别</td><td></td></tr>
<tr><td>规定时间</td><td></td><td>完成时间</td><td></td><td>考核日期</td><td colspan="2"></td><td>总评成绩</td><td></td></tr>
<tr><td rowspan="5">任务工单</td><td rowspan="2">序号</td><td colspan="4" rowspan="2">步　骤</td><td colspan="2">完成情况</td><td rowspan="2">标准分</td><td rowspan="2">评分</td></tr>
<tr><td>完成</td><td>未完成</td></tr>
<tr><td>8</td><td colspan="4">故障诊断</td><td></td><td></td><td>10</td><td></td></tr>
<tr><td>9</td><td colspan="4">试机</td><td></td><td></td><td>5</td><td></td></tr>
<tr><td>10</td><td colspan="4">清洁及整理</td><td></td><td></td><td>5</td><td></td></tr>
<tr><td colspan="2">安全</td><td colspan="6"></td><td>5</td><td></td></tr>
<tr><td colspan="2">5S</td><td colspan="6"></td><td>5</td><td></td></tr>
<tr><td colspan="2">沟通表达</td><td colspan="6"></td><td>5</td><td></td></tr>
<tr><td colspan="2">工单填写</td><td colspan="6"></td><td>10</td><td></td></tr>
<tr><td colspan="2">工艺制订</td><td colspan="6"></td><td>10</td><td></td></tr>
</table>

参考文献

[1] 宋福昌,宋萌.康明斯 ISBe 高压共轨柴油机维修手册[M].北京:机械工业出版社,2008.

[2] 宋福昌.电子控制高压共轨柴油机故障检修[M].北京:国防工业出版社,2007.

[3] 张西振.汽车柴油机电控技术[M].北京:人民交通出版社,2007.

[4] 康明斯发动机有限公司.ISBe 系列发动机故障判断和维修手册.